高等院校旅游专业应用型系列规划教材

旅游经济学

刘　涵　刘　田　主　编
王　瑞　王　磊　副主编

对外经济贸易大学出版社
中国·北京

图书在版编目（CIP）数据

旅游经济学／刘涵，刘田主编．—北京：对外经济贸易大学出版社，2012
高等院校旅游专业应用型系列规划教材
ISBN 978-7-5663-0454-4

Ⅰ．①旅…　Ⅱ．①刘…　②刘…　Ⅲ．①旅游经济学－高等学校－教材　Ⅳ．①F590

中国版本图书馆 CIP 数据核字（2012）第 207303 号

旅游经济学

刘　涵　刘　田　主编
责任编辑：朱　洋　刘　静

对 外 经 济 贸 易 大 学 出 版 社
北京市朝阳区惠新东街 10 号　　邮政编码：100029
邮购电话：010－64492338　　发行部电话：010－64492342
网址：http://www.uibep.com　　E-mail：uibep@126.com

山东省沂南县汇丰印刷有限公司印装　　新华书店北京发行所发行
成品尺寸：185mm×260mm　　15 印张　　347 千字
2012 年 9 月北京第 1 版　　2012 年 9 月第 1 次印刷

ISBN 978-7-5663-0454-4
印数：0 001－5 000 册　　定价：28.00 元

高等院校旅游专业应用型系列规划教材

编写委员会

总序

在世界经济飞速发展的今天，旅游业是世界经济中发展势头最强劲、规模最大的产业之一。我国已经成为全球规模最大的国内旅游市场、亚洲最大出境客源国和最活跃的国际旅游市场，2010 年我国首次成为世界第三大旅游目的地国，实现了由旅游资源大国到世界旅游大国的历史性跨越。整合旅游教育资源，加强专业建设，深化教学改革，提高教育水平，为旅游业输送更多高素质人才，是旅游院校的基本任务，也是促进旅游业持续快速健康发展、实现世界旅游强国宏伟目标的战略措施之一。

为了适应旅游业的发展、培养高端技能型人才，也为了满足学校更新旅游教育教材的迫切需要，加强旅游专业教材建设是改善和提高旅游教育水平的当务之急。为此，对外经济贸易大学出版社安徽信息中心自 2011 年 10 月份起就开始精心策划、组织，在广泛征求高职高专院校旅游专业的专家、学者、学生以及旅游业界专业人士对旅游专业教材建设的意见与建议的基础上，成立了“高等院校旅游专业应用型系列规划教材”编写委员会，研究审核高职高专旅游专业教学内容和规律，统一明确高职高专教材的指导思想、体系结构、职业要求、格式特色、编写标准、编者资格、选用程序等，以之来规范教材的编写和选用。本套“规划教材”的作者中既有直接从事旅游专业一线教学和科研工作的教授、学者和“双师型”教师，执教的课程很多都是省级、校级的精品课程或重点课程，有着丰富的理论基础和教学经验，也有长期任职于旅游主管部门以及大型旅游企业的领导、业务骨干，具有丰富的管理实践经验。

本套“高等院校旅游专业应用型系列规划教材”是 2011 年中央财政支持高等职业学校提升专业服务能力项目的建设成果，教材编写主要体现如下特色：

1. 在体例上打破传统教材固定的结构体系

每章根据教学内容设置了“任务介绍”、“任务分析”、“任务实施”等模块，从介绍完成任务的思路、技能点和知识点开始导入新课，每章都穿插图表、相关知识，章后还附有归纳总结、拓展提高、练习或实训，锻炼学生的实际操作能力，以突出旅游专业应用性、实践性的特点。

2. 在形式和文字等方面满足高职教育教和学的需要

针对高职学生抽象思维能力较弱，书中都配有一些图示，并结合旅游产业的最新案例来分析，做到图文并茂，激发学生的学习兴趣，加强学生对内容的理解和掌握。

3. 注意突出教材内容的技能性特点

对于理论部分，运用形象化的语言使抽象的理论更易于被学生认识和掌握，同时注重介绍旅游业界的最新动态和趋势；对于实践性内容，每小节通过设计较简单的工作任务或项目，依照实际工作流程或模块循序渐进来完成，因此整章内容就完成了一个较复杂的任务，突出了旅游教材的实用性、实践性。

4. 注重校企联合开发教材

在编写教材时邀请了相关旅游企业的专家或资深从业人员来共同研究开发，实现理论学者与一线专家的紧密结合，反映了旅游企业生产岗位的最新技术和最新要求，也有利于学生“双证书”的获取，适应学生未来进步的需要。而且，不同教材编写人员之间可加强了解、沟通和协作，在不同教材之间统筹兼顾，避免了内容的重复和交叉。此外，通过校企合作编写实训教材，促进了旅游学校和旅游企业间的合作发展，例如建立或深化校外实习基地合作、促进教师“双师型”建设等。

本套教材的编写得到了省市旅游主管部门、旅游企业及兄弟院校和企事业单位的大力支持与帮助，它们是：安徽中澳科技职业学院、安徽国际商务职业学院、安徽财贸职业学院、安徽经济管理学院、安徽工业经济职业技术学院、芜湖职业技术学院、安徽国防科技职业学院、亳州职业技术学院、安徽粮食工程职业学院、安徽三联学院、安徽涉外经济职业学院、万豪国际集团、安徽好之旅国际旅行社、安徽环球国际旅行社、安徽塞纳河畔酒店集团等。对此，编委会表示真挚的感谢。

本套教材可作为高等职业院校、高等专科院校、高等本科院校旅游专业学生用书，也可供五年制高职院校、中等职业技术学校及其他需要了解旅游产业的人员使用，还可作为政府旅游管理部门和科研机构、旅游培训机构以及有志从事旅游行业人员的参考资料。我们真诚地希望旅游教育界的专家学者以及使用这套教材的老师和学生们能及时提出批评和建议，使这套教材不断得到完善，更适应旅游教育改革的需要。

本套教材的编纂出版，从选题的确定到教材的出版，对外经济贸易大学出版社提供了许多有见地的建议，同时也得到了有关专家学者的鼎力相助，在此深表谢意！

编委会

2012 年 5 月

前言

21 世纪，旅游业已成为世界上最大的产业之一，有着广阔的发展前景，被称为“朝阳工业”。旅游经济学是伴随着旅游业、旅游活动和旅游经济活动的产生和发展而逐渐形成的一门新兴学科，是对人类社会旅游经济的实践所进行的系统概括和理论总结。旅游业的快速发展要求旅游经济理论不断完善和发展，为适应现代旅游业发展和旅游经济教学的需要，同时满足高等院校旅游专业建设、课程建设的要求，在对外经贸大学出版社的支持和帮助下，由亳州职业技术学院、安徽经济管理学院和亳州师范高等专科学校等院校从事旅游经济教学和研究的教师联合编写了《旅游经济学》一书。它是作者们多年从事旅游经济教学和研究的成果，既是一部关于旅游经济的论著，又是旅游专业必不可少的专业教材。

《旅游经济学》是研究旅游活动中所发生的经济现象、经济关系和旅游经济发展规律的学科。本书是根据“项目导向、任务驱动”的能力本位教学改革及“工学结合”的新型理念需要进行编写的，共设计了 10 个项目，具体内容包括：旅游经济学概述、旅游产品及开发、旅游需求、旅游供给、旅游消费、旅游市场、旅游价格、旅游产业结构与产业政策、旅游经济效益、旅游经济发展战略及模式。每个项目又分为若干个任务，每个任务包括：任务引入、知识链接、思考与练习、案例回顾、实训题、典型案例解析与常识补充。同时，本书内容体系新颖，框架结构清晰，理论与实践紧密结合，深入浅出，信息量大，融合了西方经济学、旅游学、管理学等多学科的知识和方法，充分体现了旅游经济学综合性学科的特色。既可作高职旅游管理专业的教材，亦可供旅游从业人员培训使用，也可以供广大旅游工作者学习和参考。

《旅游经济学》由亳州职业技术学院刘涵、刘田任主编，王瑞、王磊任副主编，参加编写的人员、单位及负责编写的章节如下：刘涵，亳州职业技术学院，模块一、三、五；刘田，亳州职业技术学院，模块八、九；王瑞，亳州职业技术学院，模块四；王磊，亳州职业技术学院，模块十；苏珍，安徽经济管理学院，模块二、七；余彩霞，亳州师范高等专科学校，模块六。

亳州宾馆王力经理、亳州职业技术学院蒋祥龙副教授审阅了书稿，并提出宝贵的修改意见，在此表示感谢。由于作者水平所限，书中尚有疏漏和不足之处，恳请读者批评指正。

编　者

2012. 6

目　录

模块一

旅游经济学绪论

学习目标

理论目标： 旅游经济学是伴随着旅游业、旅游活动和旅游经济活动的产生和发展而逐渐形成的一门新兴学科，是对人类社会旅游经济的实践所进行的系统概括和理论总结。通过本绪论学习，要求了解旅游经济学的产生和发展及学科特点、掌握其研究对象、研究内容和研究方法，从而在总体上把握旅游经济学的理论体系和架构。

实训目标： 旅游业已成为世界上最大的产业之一，有着广阔的发展前景，被称为"朝阳工业"。通过对旅游经济学的产生和发展的了解及对旅游经济活动过程中各种经济现象、经济关系的研究，以探索支配旅游经济活动运行的规律，更好地指导旅游实际工作，促进旅游业的协调、健康、可持续的发展，以获得更大的经济效益、环境效益和社会效益。

任务一　了解旅游经济学的产生和发展及学科特点

任务描述

在我国古代，"旅"和"游"是两个各自独立的概念。"旅游"就是旅行游览，是"旅行"和"游览"两种活动的有机统一。旅行，意为远行，即去外地办事或观光、游览的行程。人类旅行的起源并不是为了休闲和度假，而是由产品交换而促发的一种经济活动，是生产力和社会经济的发展推动了产品交换，从而推动了人们对旅行的需要。游览，表示从各地到各处参观、欣赏名胜、风景等。近代对旅游的定义是人们为寻求精神上的愉快感受而进行的非定居性旅行和在游览过程中所发生的一切关系和现象的总和。

旅游业，又称为旅游产业，是凭借旅游资源和设施，专门或者主要从事招徕、接待游客，为其提供交通、游览、住宿、餐饮、购物、文娱等六个环节的综合性行业。研究旅游业同其他有关部门和行业的经济关系，它同国民经济与世界经济的联系，能动地发挥旅游业的功能，便成为研究旅游经济学的主要背景。

现代旅游经济学，是伴随着现代旅游经济的形成及发展而产生的一门新兴学科。早在19世纪后半叶，欧洲旅游活动兴起，旅游经营业开始繁荣。关于如何促进旅游经济发展的研究工作也相应地开展起来。其研究范围不仅包括国内和国际旅游的现状，而且包括旅游统计、旅游业经营等。早期的著作有1889年意大利学者博迪奥发表的《关于意大利外国旅游者的流动及其花费》及20世纪初意大利学者马里奥蒂出版的《旅游学讲义》，第二次世界大战后，旅游经济学得到迅猛发展，主要著作有德国博尔曼的《旅游学概论》，英国奥格尔维的《旅游者流动论》，德国的克拉普特的《旅游消费》，南斯拉夫乌恩科维奇的《旅游经济学》等。第二次世界大战后，旅游作为一项新兴的事业，美国、意大利、英国、德国、日本、南斯拉夫等国的学者、专家对旅游业的经营管理、饭店经营管理、旅游市场、旅游心理、旅游经济等进行了比较广泛的研究，为旅游经济学的建立做了理论准备。

中国旅游经济的研究是随着中国旅游业发展而不断深入的。总体来看，中国旅游经济学理论和方法论体系的构建，目前尚处于引进与研究并重阶段。20世纪20年代，一些经济界人士曾对旅游业的性质、特点及其发展的政治、经济意义等进行过讨论。1949年后，特别是1979年以来，旅游业发展迅速。经济学界结合中国旅游经济发展的实际，阐述和论证了旅游经济在国民经济中的地位和作用，中国旅游资源开发、利用和保护，旅游业经营管理体制，旅游企业的经营管理以及中国旅游业发展的道路等问题，为中国旅游经济学的建立和发展做出了一定的贡献。

我们可以通过上述任务描述初步认识旅游经济学的发展历程。那么，旅游经济学的产生和发展及学科特点是怎么样的呢？

任务实施

一、旅游经济学的产生和发展

（一）旅游活动、旅游经济活动与旅游业的关系

旅游活动，就是人们出于各种个人或社会动机离开居住地区到另一地区或另一国家旅行游览一段时间，返回原居住地的整个活动过程。它包含着旅行与游览两方面内容，其中游览是旅游的目的，旅行则是实现这一目的的手段。旅游活动早在古代便已产生，不过由于当时生产力水平很低，这类活动多限于社会上层，旅游表现为一种社会文化活动，经济性质不明显。

旅游经济活动是旅行活动采用商品交换形式所形成的游客同旅游经营者之间的需求和供给关系以及由这种关系引起的旅游行业同政府和社会经济中其他相关行业之间的经济联系和经济关系的总和。旅游经济活动是在旅游活动发展到一定阶段产生的，特别是在19世纪60年代，英国开始的工业革命，一方面使社会生产力得到了很大的发展，另一方面为促进商务旅游与度假旅游的兴起与发展奠定了旅游需求的基础，而且在旅游供给上，形成了为满足旅游活动需要，以营利为目的的旅游经营行业。所以说旅游经济活动的产生和发展过程是旅游活动被商品化的过程。

旅游业是向旅游者进行旅游活动提供旅游产品的行业。它在19世纪中叶以前还只是零星、分散、互不连结的，为游客提供食、住、行等服务的行业。自19世纪中叶后，

由于旅行社的出现，这种分散的旅游服务被组合成整体旅游产品，这些服务主要包括住宿服务，餐饮服务，交通客运服务，旅行计划和接待服务，参观游览服务，娱乐、购物服务等。旅游业是世界重要的产业之一，并成为许多国家和地区的经济支柱之一。发展进口旅游，能增加国家的外汇收入。发展国内旅游业是回笼货币、稳定市场的一个重要途径。旅游业基本上是劳动密集型的服务性行业，它需要的资金少，技术限制少，人员培训期短，而劳动量大。同时，旅游业又是综合性的行业，它既以其他部门的发展为基础，又能带动和促进酒店、餐饮、交通运输、建筑、商品贸易、金融等第三产业的发展以及为旅游业培养各类服务管理人员的旅游教育的发展。

（二）旅游经济活动的产生和发展

商品化是指对生产资料和消费资料的供给和需求都是采用商品交换的方式来完成的，供给方和需求方之间是平等的商品交换关系。旅游经济是建立在商品经济基础之上的，是以旅游产品的生产和交换为主要特征的旅游活动。对旅游者而言，旅游产品就是旅游者花费了一定的时间、费用和精力所换取的一次旅游经历；而对于旅游经营者而言，他们的任务就是有效地满足旅游者在旅游过程中所产生的各种需求，以打造旅游者完美的旅游经历与体验。旅游需求存在指向性或不稳定性，而旅游供给具有相对稳定性，二者的共同作用，形成了旅游经济活动的波动性。旅游经济活动的萌芽出现在原始社会末期至产业革命前期，产业革命的成功，从旅游需求和旅游供给两方面为旅游经济活动的产生奠定了基础。从旅游需求方面来看，产业革命的结果扩大了旅游者的范围，提高了旅游需求强度，如新兴资产阶级加入旅游大军，商贸发展促进了流动人口的增加等。从旅游供给方面来看，产业革命的结果使一些主要的资本主义国家形成了以满足旅游活动需求，以营利为目的的旅游经营行业，如交通运输业、旅游业及餐饮业等。此时旅游经济活动实现普及性发展，旅游消费质量迅速提高。旅游业的经济地位也日益提升。19 世纪末 ~20 世纪 50 年代，旅游经济活动为缓慢发展阶段。20 世纪 50 年代以后，旅游经济活动为快速发展阶段，旅游经济活动规模较以前更大，旅游经济活动的地域范围已十分广泛，旅游经济活动的发展具有明显的世界性大波动特征。

（三）中国旅游业的产生和发展

1. 中国旅游业的诞生

20 世纪 20 年代，中国作为经济产业的旅游业在上海诞生。陈光甫先生于 1923 年 8 月在银行创办一个旅游部专门经营旅游业务，为出游者安排行程及办理各种手续事宜。1924 年春，旅游部组织了第一批国内旅游团。1924 年秋，组织了赴海宁观潮旅游团。1925 年春，旅游部组织赴日本“观樱”旅游团，开始办理出国旅游的业务。1927 年春，旅游部还出版发行了中国第一本《旅行杂志》。1927 年 6 月，旅游部独立，成立“中国旅行社”，这是中国人自己设立最早的规模最大的一家旅行社。

2. 中国旅游业的发展

建国初至 1978 年，由于经济发展水平落后，不具备满足现代旅游需求的必要条件，国内旅游活动规模有限。而就国际环境看，迫切需要打开外交新局面，树立自身的国际形象。因此，“宣传自己，了解别人”，成为建国后相当长一段时间内发展旅游业的主导方针和目的。1978 年以后，中国旅游业步入全面发展时期，具体表现在：旅游业从外事接待型转为经济创汇型，确立了旅游业经济产业的属性，旅游业成为国民经济的重要组成部门，并逐步发展成为国民经济新的增长点；旅游管理体制得到改革与完善；三大市场全面发展，国际地位日益提高；旅游产业规模不断扩张；旅游业经济作用日趋重要，综合功能全面显现；旅游产品体系初步形成；旅游教育从无到有蓬勃发展。

（四）旅游经济学的产生和发展

旅游经济学是伴随着旅游经济的产生及发展而逐渐形成的一门学科，是对旅游经济实践所进行的理论概括和总结。旅游经济学研究的主要背景是研究旅游业同其他有关部门和行业的经济关系，旅游业同国民经济与世界经济的联系并能动地发挥其功能。旅游经济的产生需要三个条件，即旅游者的休闲时间、可自由支配收入和旅游动机。国际国内对现代旅游经济学的研究是一个逐步推进的过程。

意大利：1899 年，意大利国家统计局局长博迪奥发表了“关于在意大利的外国旅游者的流动及其花费”的论文，揭开了现代旅游经济研究的序幕。以后，意大利的尼切福罗和贝尼尼分别于 1923 年和 1926 年发表了“在意大利的外国人流动情况”和“关于旅游者流动计算方法的改进”等论文。1927 年，意大利罗马大学的教授马里奥出版了《旅游经济》讲义，次年又出版了该书的续编，首次对旅游经济进行了全面、系统地研究和讲授。

德国：1935 年德国柏林商业大学旅游研究所所长格里克思曼发表了《一般旅游论》，不仅从经济学角度，而且从社会学角度对旅游经济的发展进行了研究。

美国：1969 年美国迈克尔·彼德斯出版的《国际旅游业》，1984 年美国朱卓仁教授出版的《旅游业》。

英国：1974 年英国博卡特和梅德里克教授合著出版的《旅游业的过去、现在和未来》。

南斯拉夫：1978 年南斯拉夫贝尔格莱德大学副校长翁科维奇教授出版了《旅游经济学》，运用科学的理论分析和丰富的数据，全面阐述了现代旅游经济的理论和原则，分析了旅游市场的特点和旅游接待国的政策，预测了现代国际旅游业的发展趋势，成为有代表性和影响力的旅游经济学教材。

中国：《中国旅游经济学》（王立刚和刘世杰. 1982.），《旅游经济学》（林南枝和陶汉军. 1986.），《旅游经济学》（黄辉实和张汝昌. 1990.），《现代旅游经济》（罗明义. 1994.）。

二、旅游经济学的学科特点

（一）旅游经济学的学科特点

1. 旅游经济学是一门应用性学科

旅游经济学以经济学的一般理论为指导，研究旅游经济活动中的特有现象及矛盾，揭示旅游经济发展的规律及其作用的条件、范围及表现形式，具有较强的应用性，属于应用经济学范畴。

2. 旅游经济学是一门部门经济学

旅游经济学研究旅游经济活动过程中各种经济现象之间的内在联系，揭示旅游经济运行中的特殊矛盾及规律，以促进旅游产业健康、持续地发展。同时，它也是针对某一部门及领域的经济活动进行研究的。

3. 旅游经济学是一门基础性学科

旅游经济学是在旅游学理论指导下，揭示旅游活动在经济领域中所发生的矛盾运动、经济关系的发展规律的科学。它是旅游专业的一门基础课。同时，旅游经济学又为旅游管理学的研究奠定了基础，旅游管理系实际上是旅游经济学的延伸。

4. 旅游经济学是一门交叉边缘学科

由于旅游经济活动的综合性特点，使旅游经济学与其他学科相比，成为一门新兴的交叉边缘学科，它必须借助各种学科的理论及研究成果来丰富其研究内容。

（二）旅游经济学与其他相关学科的关系

1. 旅游经济学与经济学的关系

经济学可以划分为政治经济学和西方经济学（包括宏观经济学、微观经济学）。旅游经济学需要运用马克思主义政治经济学的基本原理作指导，也必须借鉴和吸收西方经济学中有关调节旅游供求和资源分配的市场、价格、竞争和消费方面有益的内容。

2. 旅游经济学与旅游学的关系

旅游学是研究旅游的产生、发展及其活动的最一般规律的科学，旅游经济学是旅游学的一部分，两者之间是特殊与一般的关系。

3. 旅游经济学与其他旅游学科的关系

旅游经济学是研究旅游活动及其发展规律的一门新兴的综合性经济科学。研究旅游经济活动过程中的各种经济关系和旅游业发展规律的学科。它和农业经济学、工业经济学、商业经济学、物资经济学一样，是研究国民经济中某一部门的经济学科。旅游经济学区别于旅游饭店管理学、旅游市场学、旅行社管理、旅游地理学等学科。这些学科是以旅游业中某一具体业务作为研究对象，而旅游经济学是从整个旅游经济活动全过程进行研究的。

任务二 掌握旅游经济学的研究内容和研究方法

任务描述

旅游方式的多样化

1. 乡村旅游

乡村旅游已成为21世纪旅游的一大特色，深受城镇居民的青睐。随着城市现代化建设的加快，人们更希望能返璞归真，回归大自然，乡村旅游能充分满足人们的这种需求。在这些追求的驱使下，城镇居民纷纷赶往农村，住农家、吃农家饭，既可观光又可亲身感受耕作的乐趣，同时还可以参加采摘、垂钓、骑马、划船、狩猎等活动。这些也充分体现了人们对于体验的热衷。

2. 工业旅游

以参观、学习为目的，以工业景观、生产流水线、工艺流程及劳动场面为主要的旅游吸引物，是集知识性、科学性和教育性为一体的旅游活动。法国可以说是工业旅游的发祥地，早在50多年以前，雪铁龙汽车制造公司就组织客人参观生产流水线，取得了很好的社会效益，引起了许多厂家的仿效。工业旅游不仅可以满足人求知、求新、求奇的愿望，同时还可以创造新的经济增长点，提高企业的社会知名度。

3. 冰雪旅游

是体育旅游的一种，其特点是以休闲、健身、观战、刺激和竞技等不同方面来满足人们的旅游需要。其客源量大，普及性强，趣味性浓，同时兼有游览休闲与体育锻炼两大旅游功能，在国外已有百年的发展历史。拥有阿尔卑斯山冰雪旅游资源的法国、奥地利、瑞士现在都是世界上冰雪旅游业发达国家。近年来，随着我国人们生活水平的提高，尝试滑雪、喜欢滑雪的爱好者日益增多，冰雪旅游已成为我国冬季旅游的热点，在我国旅游市场上刮起了一股强烈的银色旋风。作为我国冰雪旅游发源地的黑龙江、吉林二省，冰雪旅游产品成了它们的金字招牌，得天独厚的条件带动了当地旅游经济的发展。

4. 野外拓展

野外拓展训练（Outward Bound）是指在自然地域（山川湖海）通过探险活动进行的情景体验式心理训练。其功能是提高个体的环境适应与发展能力，提高组织的环境适应与发展能力，同时，增进参与者之间的沟通和交流，培养互助互爱的团队合作精神。与传统的场地式训练不同，野外拓展训练依靠奇、秀、峻、险的自然地貌，很好地将拓展与旅游结合在一起，通过旅游的形式达到拓展训练的目的。拓展训练概念于20世纪90年代初引入中国，近几年来得到迅速的发展，不断受到企业推崇，逐渐被列入国家机关、外企、大中型企业和不少私营企业的培训日程。野外拓展旅游的需求日益旺盛。

5. 太空旅游

世界上第一位太空旅客蒂托乘坐的俄罗斯联盟号飞船安全而准确地返回地球，意味着对于普通公民来说“九天揽月，上天摘星”将成为现实，同时标志着人类在太空飞行史上一个新时代的来临。航天技术的发展为人们带来了有关太空的信息，使人们对宇宙有了一定的了解，同时也增加了太空对人们的吸引力，而世界航天技术的发展为满足太空旅游需求提供了现实可能性，也许有一天太空旅游就普通飞行一样普遍。太空旅游业具有很大的发展潜力，将来可能会成为新的经济增长点。

从上述案例我们可以看出，由于旅游方式是多种多样的，为更好的发展旅游产业，掌握旅游经济学的研究内容和研究方法是十分必要的。

任务实施

一、旅游经济学研究的主要内容

旅游经济学的研究对象是旅游经济活动中旅游产品的需求与供给的矛盾，其研究目的是通过对旅游经济活动过程中各种经济现象、经济关系的研究，以探索支配旅游经济活动运行的规律，更好地指导旅游实际工作，促进旅游业的协调、稳定、持续的发展，获得更大的经济和社会效益。旅游产品是旅游经济学研究的出发点，旅游产品的需求与供给的矛盾是旅游经济学研究的中心矛盾。为达到上述研究的目的，旅游经济学研究的内容主要包括：

（一）旅游经济的形成及产业化标志

具体研究内容包括旅游经济的形成过程、发展特点；旅游经济产业的主要标志；旅游经济在国民经济中的主要地位及对社会、文化和生态环境的作用和影响。

（二）旅游产品开发及供求关系

具体研究内容包括旅游产品的含义及构成；产品的市场生命周期和旅游产品的开发策略等。

（三）旅游市场及开拓策略

旅游产品的供给和销售都离不开旅游市场，因此了解旅游市场特点及竞争态势；规范旅游市场的相关法律、法规；掌握市场开拓策略及产品定价策略及促销策略等是十分必要的。

（四）旅游消费及投资

具体研究内容包括旅游者消费倾向、消费行为和消费结构；旅游投资的内容和特点，以及旅游投资项目可行性研究方法。

（五）旅游收入与效益

具体研究内容包括旅游收入形成及影响；分配与再分配；旅游经营成本及降低成本途径；经济效益及指标体系；旅游宏微观经济效益的分析。

（六）旅游经济结构与旅游经济发展

旅游经济活动对旅游经济的发展会在不同程度和方面产生不同的影响，因此，要通过研究旅游经济结构以寻求旅游经济的合理化和可持续发展。

二、旅游经济学的研究方法

要使旅游经济学的研究成果具有科学性，并能对实际工作具有指导意义，就必须选用科学的研究方法。

（一）辩证唯物主义和历史唯物主义相结合的方法

马克思主义的辩证唯物主义和历史唯物主义，是研究任何学科都必须遵循的根本指导思想和方法，也是研究旅游经济学必须遵循的基本指导思想和方法。

（二）理论与实际相结合的方法

一方面，从旅游经济活动的客观实际出发，运用现代经济理论，解决旅游经济发展中的实际问题；另一方面，对旅游经济实践的理论归纳和总结，又拿到实际中进行反复检验，使旅游经济理论体系不断成熟和发展。

（三）坚持系统分析的方法

首先，坚持全面分析的方法，着眼于旅游经济活动的全局，掌握旅游经济活动的客观规律性；其次，坚持历史的观点和方法，从不同历史时期的角度来分析旅游经济活动；再次，必须对旅游经济进行动态的分析，用发展运动的观点来考察旅游经济的发展规律性。

（四）定性分析与定量分析相结合的方法

把定性分析与定量分析结合起来，通过定量分析揭示各种旅游现象之间的变动关系及发展趋势，为定量分析提供科学的依据；通过定性分析，准确界定事物的本质和属性，为定量分析提供指导，达到事物质和量的统一。

（五）多学科综合方法

旅游经济的研究涉及多种学科，要拓宽思路、开阔眼界、充分运用其他学科的最新研究成果，丰富本学科的内容，提高旅游经济的研究水平和对实践的指导性。

任务分析

经济学是研究各种经济现象和经济活动规律的科学，旅游经济学是经济学的一个分支，同其他学科相比较，具有自己的特点。旅游经济学研究的目的是通过对旅游经济活动过程中各种经济现象和经济规律的研究，揭示影响和作用于旅游经济活动的基本因素和经济关系，探索支配旅游经济运行的内在机制和规律性，寻求获取旅游经济效益、社会效益及环境效益的最佳途径，并为各级政府制定旅游业发展规划及各项方针、政策和法规提供理论依据。通过本章的学习，了解旅游经济学的产生和发展历程，明确其学科特点，掌握其研究内容和研究方法，并在此基础上熟悉旅游经济学这门学科的特性。

相关知识

现代旅游具有旅游活动的普及性、增长的持续性、地理集中性、季节性和竞争的激烈性等特点。从参加者的范围看，现代旅游已经广泛普及到社会各阶层和普通的劳动大众。旅游活动已经发展成为人们现代生活的基本需要。全球 80% 以上的国际旅游者集中分布在欧洲和美洲，而非洲、中东、南亚等地区国际旅游流量很小。

旅游业作为一项产业，在第三产业中是一个非常重要的行业。党的十四届五中全会提出了今后十五年国民经济和社会发展的奋斗目标，把旅游业确定为第三产业“积极发展”的新兴产业序列中的第一位，标志着在国民经济的社会发展大局中，旅游业的产业形象进一步明确和提高。在 1998 年 1 月召开的中央经济工作会议又做出了把旅游业列为国民经济新的经济增长点的决策，为旅游业在新世纪的发展创造了重要的发展机遇。目前全国已有 22 个省、自治区、直辖市把旅游业作为本地经济发展的支柱产业和将旅游业和将旅游业作为当地未来的支柱产业培植发展。其中，云南、海南、陕西、江苏、湖南、湖北、黑龙江、安徽、贵州把旅游业定为本省经济发展的支柱产业；上海、福建、辽宁、山西、新疆、河南、甘肃把旅游业确定为重点产业或先导产业；广东、北京、河北、四川、江西等省、市把旅游业发展作为第三产业的先导产业和龙头产业。这些省、区、市都在加大对旅游业和相关行业的投入，以期形成一系列新的经济增长点。

根据中国旅游业“十五”发展计划和2015年、2020年远景目标纲要，我国旅游业将形成更大的规模效应。以1999年中国旅游业发展情况的实绩为基数，规划数量指标为：到2005年，旅游业总体产出为7 500亿元，相当于国内生产总值的5.8%；到2015年，旅游业总产出为2.1万亿元，相当于国内生产总值的7%；到2020年全国旅游业总收入将超过3.3万亿元人民币，相当于国内生产总值的8%，真正成为国民经济体系中的支柱产业。由此可见，21世纪我国旅游业将会以更大的规模、更高素质和更完整的体系成为国民经济的支柱产业，成为21世纪我国最有活力的新经济增长点之一，并最终成为我国国民经济的支柱产业之一。

课外阅读

案例　欧洲旅游——到巴黎去做乞丐

目前，欧洲旅游的新时尚就像我们当年吃忆苦饭——体验社会，以往欧美旅行社的主打招牌“阳光沙滩、异国风情”已被各种形式的社会旅游所替代。体验乞丐生活，到贫困地区走一走，成了欧美旅客最时髦的事情。

1. 追随流浪汉的生活

荷兰卡姆斯特拉旅行社推出了“巴黎流浪4日游”，全程花费459欧元。这类旅游一般都是在每年的4月~9月组团，因为那时的气候比较好。这类旅游的顾客群是些又好奇又有社会责任感的人。这种旅行团一般10人起组团，参加旅行团的成员不得随身携带现金、信用卡和手机，他们在行程中要学会像流浪汉一样靠在街上捡一些有用的东西或者靠卖艺来维持生活。旅行社会向他们提供乐器、画笔等，并监督他们确实一切都按照要求做。到了晚上，旅行社会发给他们硬纸板和报纸供他们御寒。不过，行程的最后一晚旅行社会让他们住进高级酒店，同时提供给他们一顿丰盛的晚餐，让他们感受到鲜明的对比。

这项旅行的策划人冈森斯说，有过这样一次经历之后，旅游者会对流落街头的人的生活有更深的体会，也许他们以后会帮助乞丐们改变生活状况。不过伦敦客提出特殊要求，旅行社还可以组织他们去布拉格或者其他城市。不过伦敦市政府不同意这家旅行社在伦敦组织这样的旅游，市政府表示不能保证游客的安全。

2. 没有土地的农民们

去遥远的巴西看看那里的农民是怎样生活的，也是社会旅游的一个新趋向。

现在欧洲旅行社共有6条访问巴西庄园的旅游线路，“无土地农民运动”是其中一条。旅行社保证来这里的旅客都能吃到完全生态的食品，他们还可以亲自参加收割活动，学习种植和饲养技能，或者亲手制作一些手工艺品。这条线路的价格也太贵，除去往返的机票钱，每天只需要1 958欧元（编者注：数目可能有出入）——其中包括他们住店和从饭店到庄园的路费。当地农民对来访者非常欢迎，免费为他们提供参观和参与的机会，希望他们能够了解自己的生活。

巴西的旅行社还委托德国的一家旅行社专门组织欧洲旅客来这里参观，这里的旅游资源还在开发中，里约热内卢市政府已经同意开放南美最大的贫民窟罗新哈，让更多的外国游客了解这里。

任务结论

旅游经济学研究的主要范畴有：旅游经济活动在国民经济中的地位、作用以及它同国民经济各部门之间的关系；旅游业的产生和发展及其性质、特点；旅游业在国民经济中的地位和作用；旅游业与国民经济其他部门的关系以及旅游业内部各企业之间的经济关系；旅游者的需求及其消费构成，旅游收入的分配与再分配；旅游业的宏观经济效益与微观经济效益；旅游企业的经营管理；旅游经济的发展模式。

课堂训练与测评

1. 如何认识旅游经济活动的产生与发展？
2. 有关旅游经济学研究对象有不同理解和认识，谈谈你的看法？
3. 举例说明你对旅游经济学某一研究方法的理解。

模块二

旅游产品与开发

学习目标

理论目标：旅游产品是旅游经济活动的主要对象、是现代旅游业存在和发展的基础。通过本章的教学，促使学生全面掌握旅游产品的概念、内涵、经济性质和基本特征，掌握旅游产品的构成及各种分类方法，掌握旅游产品的开发原则、开发内容和开发策略等。

实训目标：掌握如何开发旅游产品；熟悉旅游产品生命周期的特点，能够避开旅游产品的衰退期，实现旅游产品生命周期的延续。

项目一　认识旅游产品

任务一　旅游产品概念和特征分析

任务描述

在旅游史前期，那些开创旅行历史先河的早期探险者、传教士、朝圣者和商人在外出旅行时是没有什么人帮助他们克服旅途中的种种困难的，也没有媒体为他们提供相关的信息，一切要靠自己的勇气、智慧和信心，这个时期没有旅游产品的存在。

19 世纪的产业革命带来了社会经济的繁荣，加之铁路的廉价运费，使更多的人开始有能力支付旅行费用。长期劳资斗争的结果，也使得某些传统假日带薪休假的权利最终得以确认。所有这一切为更多的人外出旅行提供了机会，用经济学的语言来说就是市场出现了潜在的获利机会。这种潜在的获利机会向市场发出“信号”：这些有外出旅行动机的潜在消费者需要有人为其提供专业化的旅行服务。正是在这样的背景下，一批具有创新意识的革新者很快就意识到了旅行服务的重要性，开始创办旅行社。英国人托马斯·库克（Thomas Cook）就是其中的典型代表之一。

1841 年 7 月 5 日，托马斯·库克采用包租火车的方式成功组织了一次从英国的莱斯特前往拉夫伯勒的团体旅行。参加这次旅行活动的人数达 570 人之多，每人交 1 个先令，往返全程 24 英里，除交通费以外，还包括乐队演奏赞歌、一次野外午餐和午后茶点，旅行团的目的是参加该地举行的一次禁酒大会，这次旅行活动被认为是近代旅游的开端，它具备以下特点：第一，这次旅游活动的参加者来自各行各业，具有规模性和较为广泛的群众性；第二，托马斯·库克本人不仅发起、筹备和组织这一活动，而且自始至终随团陪同照顾，这是现代旅行社全程陪同的最早体现；第三，组织这个旅游团体虽然在当时是非商业性的，旅游目的也是非观光消遣性的，但却为托马斯·库克正式创立专门的旅行代理机构打下了基础。1845 年，托马斯·库克以企业家的眼光看到了产业革命后旅游需求发展变化的新趋势，正式开办了商业性的旅行代理业务。当年夏季，托马斯·库克首次组织团体消遣旅游。这次旅游是从莱斯特出发，最终目的地是利物浦，参加人数是 350 人。与 1841 年的那次团体旅行相比，本次活动具有以下特点从而标志着近代旅行社业务的正式开始：第一，组织这次活动不再是过去的“业余活动”而是纯粹商业性的活动；第二，此前托马斯·库克组织的旅游活动都是当日往返的一日游，而这一次则是在外过夜数天的长途旅游；第三，库克在这次活动前沿途做了大量的考察，并预先确定了参观游览的地点和入住的廉价饭店，首创了低价的团体旅行；第四，库克为这次旅游专门编写并出版了《利物浦之行手册》；第五，库克本人不仅担任了旅行团的陪同和导游，而且在沿途一些地方还另外聘请了一些地方导游。分析以上活动，我们可以发现现代包价旅游产品的雏形。

在组织国际、国内各类旅游经营活动的过程中，托马斯·库克的专业经验得到越来越多的积累，托马斯·库克于 1865 年正式在伦敦开设了“托马斯·库克父子公司”，标志着世界上第一个以盈利为目的的，向普通公众提供专门化旅游服务的机构正式成立。

我们可以通过上述案例所介绍的“近代旅行代理业的产生”认识旅游产品的最初形态。那么，到底什么是旅游产品呢？

任务实施

一、旅游产品的概念

旅游产品是旅游经济的基本细胞，现代旅游活动之所以具有经济性，就在于旅游需求与旅游供给双方要交换旅游产品，从而使双方的利益获得满足。由此可见，旅游产品是旅游经济研究中的一个基本问题。对于旅游产品的认识和理解应从不同的角度出发。

从旅游经营者的角度看，所谓旅游产品是指旅游经营者向旅游者提供的，满足其一次旅游活动所需的各种物品和服务的总称。现代的旅游活动，是以商品交换为特征的旅游经济活动。旅游者在外出期间所需要的食、住、行、游、购、娱等方面都需要采取商品形式予以提供。因此，作为旅游经营者，他向旅游者提供的任何能使其满足需要的产品都属于旅游产品。其包括有形的，也包括无形的；包括实物性的，也包括精神性的。

从旅游者的角度看，所谓旅游产品是指旅游者花费了一定的时间、精力和费用所获得的一次完整的旅游经历。旅游者外出旅游，其目的是为了实现旅游活动带来的体验的感受，是一种经历。但是这种体验和感受的获得，必须亲自前往旅游地才能实现。因此，就旅游者本身而言，这种短暂的异地生活所需的一切，如食宿、交通、游览、娱乐、购物等，都是保障他实现旅游目的所必需的。因此，旅游产品对于旅游者来说，是一种系列性的产品。

二、旅游产品的使用价值和价值

旅游产品主要是以服务形式存在的无形产品，但它和其他商品一样，能够成为市场交换的对象，具有商品的基本属性，即价值和使用价值。

（一）旅游产品的使用价值

商品的使用价值是指商品能够满足人们某种需要的效用。旅游产品的使用价值就是指旅游产品具有能够满足游客在旅游活动中所需要的效用。与一般商品不同的是，旅游产品的效用不是单一的使用价值，而是综合性的，即能够满足游客在旅游活动中包括物质和精神在内的多种需要。具体来说，旅游产品与一般商品在使用价值上的不同主要表现在以下几个方面：

1. 旅游产品的使用价值具有综合性和多效性

一般商品的使用价值只满足人们某一方面的主要需求，例如一块手表的使用价值主要是满足人们掌握时间的需要，或许其外观美也可以满足人们审美和自我价值实现的需要；一台洗衣机，它的使用价值主要是代替人工清洗衣物；一部电话，它的使用价值主要在于传递声音和交流信息。所以说，一般商品的使用价值只有一个或者说只能满足人们的一个主要需求。

旅游产品与一般商品的使用价值不同，旅游产品的使用价值是满足人们在旅游活动过程中从物质到精神方面的多种需要。既包括参观、游览、娱乐、交流和参与活动等心理需要，又包括人们在旅游活动过程中食、住、行的基本生理需要。其中，旅游产品可以解决旅游者在旅游活动中基本的吃、住、行等物质生活问题，满足旅游者物质生活需求方面所发挥的效用，这是旅游产品使用价值的基础性内涵。此外，旅游者外出旅行在食、宿解决的基础上，更主要的还是参观景点、探访奇风异俗、体验旅游目的地的传统文化，达到开阔视野、增长见识、调节身心、促进交流的目的，从精神上得到更高层次的满足，这是旅游产品在满足旅游者精神需求方面所体现出来的效用，是旅游产品使用价值的发展性内涵。

2. 旅游产品的使用价值具有共享性

某一旅游吸引物在不同的时间地点，可以为不同的旅游者欣赏和享用，其使用价值的体现不是占有的关系，而是共享的关系，并且这种旅游吸引物在被旅游者使用或享用的过程中其所有权并没有发生转移，这是旅游产品与一般商品在使用价值上最大的不同。

如在某一时间内，黄山风景区的人文或自然资源可以被甲旅游者享有，但该旅游者无法避免与更多的旅游者同时享有这一景区。另外，景区可以在此刻被旅游者享用也可在彼刻被享用，旅游者享用的是其人文的、历史的知识以及感受其自然景观物所带来的体验，或是增长见识或是放松身心，这些都体现为它对旅游者所具有的使用价值，且旅游者在享用这些旅游吸引物的过程中其所有权并未发生转移。

因此，旅游产品可以多人同时使用，也可以在不同时期多次使用，其使用价值不为某人独占和享受；旅游者对旅游产品只是暂时具有使用权而不具备所有权。

3. 旅游产品的使用价值对购买者来说具有暂时性

正是因为旅游产品使用价值具有共享性，所以，对于旅游者来说，它就具有了暂时性。一般商品的交换：买者可以通过支付货币给卖者，获得商品的使用权并同时获得所有权。卖者卖出商品后，就失去了对商品的所有权。然而，旅游者购买旅游产品（除了旅游商品）之后，只是取得了暂时的使用权，而没有取得所有权，这就造成旅游者只能是就地消费，即时消费。例如，宾馆客房的床位，可以在不同的时期供多人使用，从而在较长时间里发挥它的有效性；又如每个游客都可以通过购买门票观赏到九寨沟的美景，从而得到精神上的某种满足。游客这种观赏权是和其他旅游者共有的，并且是一次性的、暂时的。游览结束，旅游者对景区的使用权即告结束。

4. 旅游产品的使用价值可以分为基本部分和附属部分

旅游产品使用价值的基本部分是指可以满足旅游者最根本需求的那部分效用，它是旅游产品使用价值构成中必不可少的部分。如一次旅行活动中，旅游经营者向旅游者提供的食、住、行、游等。附属部分是旅游产品价值构成中可有可无的部分，并不是对每一位游客在每一次旅行中都一定要体现出来。如某旅游者在爬山过程中意外滑落，导游人员及时提供急救服务、报警服务等，这些服务和帮助就属于旅游产品使用价值中的附属部分。这与导游人员的景点讲解不同，不是在每一次游览过程中都要发生并体现的，它具有较大的随机性。

（二）旅游产品的价值

价值是商品的社会属性，是凝结在商品中的一般人类劳动。旅游产品的价值是指凝结在旅游产品中的一般的无差别的人类劳动或抽象的人类劳动。与一般产品相比，旅游产品在价值构成、价值决定和价格形成等方面又具有自身的特殊性。

1. 旅游产品的价值构成

旅游产品的价值是旅游服务所凭借的物化劳动的价值和服务本身所创造的价值的总和。

旅游产品价值与一般商品价值相同，由下面三个部分组成：

（1）旅游服务所凭借的基础设施、接待设施的折旧；向游客提供饮食和一切用品的原材料成本；旅游企业因自身经营管理和服务需要而消耗的各种物资和用品。

（2）支付旅游从业人员用以维持劳动力再生产所需要而消耗资料的价值。

（3）旅游从业人员创造的新价值。

2. 旅游产品的价值量

根据马克思政治经济学的商品价值原理：商品所含价值量的大小是由生产该商品的社会必要劳动时间决定的。这一原理同样适用于旅游产品，旅游产品的价值实体和其他任何商品的价值实体一样，都是人类无差别的、一般的、抽象的劳动。从价值决定和价格形成的角度来看，旅游产品的价值又有其特殊的性质，主要表现在以下几方面：

（1）旅游吸引物价值量的确定

旅游吸引物分为两大类。一类是以人文资源为依托的旅游吸引物，如历史遗产、文物古迹、建筑物等，除了是前人劳动的结晶外，历代人们的维修保养也付出了大量劳动，同时还具有无法替代的历史价值，这种价值不能简单地以消耗多少劳动来衡量，其价值难以估量；而社会制度、风土人情、传统生活方式等社会现象则是经过漫长的历史演进积累而成的。蕴藏着人类的智慧与勤劳，是人类脑力劳动和体力劳动的结晶，具有不可替代的社会价值和历史价值，在价格上也表现为垄断；另一类是以自然资源为依托的旅游吸引物，例如，野生生物和温泉等纯自然因子，它们并非是人类劳动所创造出来，没有人类劳动的投入因而没有价值。这些纯自然因子如果要作为旅游产品提供给游客，则必须经过人类的开发投入人类体力劳动和脑力劳动，从而也就具有了价值。

由于旅游吸引物种类繁多，价值量的表现也存在很大差异。旅游吸引物是旅游者决定流向的主要依据，是旅游产品构成的重要内容。如果没有旅游吸引物，旅游者也就不会被吸引前来访问，没有旅游者来参观，也就不会有旅游市场的需求。

（2）旅游服务价值量的确定

由于旅游服务是旅游产品的核心，其价值量的大小同服务质量的高低密切相关，服务质量的好坏直接影响旅游产品的质量和形象。在服务设施条件相同的情况下，服务方式、服务效率和服务态度的差别会产生迥然不同的服务效果。例如，同样的两个旅游景点提供的旅游娱乐项目也是一样的，但是由于从业人员的文化素质、性格修养和职业道德水平的不一样，也会对两个景点带来截然不同的经济效益。

高质量的服务反映旅游产品的质量好，价值高；低质量的服务反映旅游产品的质量差，价值低。服务质量的优劣虽然与投入劳动量的多少有一定关系，但两者并不总成正比，更重要的是与旅游从业人员的文化素质、性格修养、职业道德水平密切相关，这些素质和修养决定了旅游从业人员会以什么样的态度、方式和技巧服务于游客，使游客产生不同的满意度，从而影响到游客对旅游产品价值高低的评判。

（3）旅游产品有形部分价值量的确定

旅游产品中的有形部分如旅游设施、旅游商品等，它们同市场上的其他物质产品一样，其价值无疑是由凝结在其中的社会必要劳动量决定的。它们是有关物质资料生产部门生产的劳动产品，其价值是由物化在有形产品中的抽象劳动决定的。旅游产品的价值除主要决定于生产它所耗费的社会必要劳动时间之外，还要受到历史的、社会的、自然的等因素影响。如山地景区的一根手杖，在上山时购买的价格通常比下山后再购买的价格要高；再如就餐时的一个座位，如果把它从一个普通的餐厅移到三、四星级的饭店，提供给旅游者使用，座位的使用价值没有发生改变，但使用这些功能的环境条件和服务内容却要比原先优越得多，而这些环境条件和服务内容都是由旅游从业人员用劳动创造出来的，因而设施的价值和价格自然也就会相应提高。

三、旅游产品的特点

旅游产品是一种特殊的产品，它不是以物质形态表现出来的具体劳动产品，而是能够满足旅游者在旅游活动中各种需要的服务性产品。因此，它除了具有一般产品的基本属性——价值和使用价值外，还具有自身的独特性，主要表现在以下几个方面：

（一）旅游产品的综合性

旅游产品的综合性是由旅游活动的性质与要求决定的。旅游活动是一种涉及社会、经济和文化诸多方面的活动，其活动本身就具有综合性；另外，旅游者在旅游活动中的需要也是涉及食、住、行、游、购、娱等多方面，既包括有形的物质需要，又包括无形的精神需要。旅游活动的性质和旅游者需要的特点客观上要求旅游产品在面向市场时应具有相应的综合性。

首先，旅游产品的综合性表现在旅游产品的构成上。旅游产品由旅游资源、设施和服务等多种成分组合而成，其中既有有形的部分，也有无形的部分；既有物质产品，又有精神产品，可以满足旅游者在食、宿、行、游、购、娱等多方面的物质和精神需要。

其次，旅游产品的综合性还表现在，旅游产品的生产和经营涉及众多部门和行业。除了有直接面向旅游者的旅行社业、饭店业、交通运输业和景区、景点外；还有间接面向旅游者物质资料生产部门，如工业、农业、建筑业等，也包括一些非物质资料生产部门，如文化、教育、科技、卫生、金融、保险等。

旅游产品的综合性势必要求旅游经营者在组合旅游产品时必须全面规划、通盘考虑、协调安排，以确保提供的产品能够满足旅游者的整体需要。

（二）旅游产品的无形性

旅游产品中相当部分的产品不是表现为具体形态的物质产品，而是以多种服务形式表现出来的无形产品。无形性是服务性产品的普遍特点。旅游产品的无形性的特征，可以从旅游产品购买之前、购买之中和购买之后的具体情况中反映出来。

旅游产品在购买以前只是旅游者心目中的一种印象。旅游者在选择旅游目的地时看不到旅游产品的具体形态，也无法对旅游产品的质量作出评价。旅游者只能通过亲朋好友的介绍，或通过旅行社、报刊、杂志、电视、互联网等宣传媒体获取旅游产品的相关信息，感受旅游产品的形象。

此外，旅游产品在购买时主要是以服务的形式表现出来。服务作为一种活动、一种行为，无法被人们触摸，也无法用数量来衡量，因而无形性是服务性产品的普遍特点。对旅游产品而言，旅游者只有踏上旅游征途之后，并在旅游活动中享受到交通、住宿、餐饮、游览、娱乐的服务时，旅游产品的使用价值和价值才会体现出来。

从旅游产品被购买以后的情况来看，旅游者购买所得的不是一件有形物品（除旅游购物品外），主要是一次完整的旅游经历和体验。

综上所述，旅游产品具有显著的无形性特征。针对这一特征，旅游目的地和旅游企业应提高旅游服务的质量和水平，并加强旅游产品的宣传促销，树立良好的形象和提高产品的知名度，以优质的服务和良好的形象获取旅游消费者的认可。

（三）旅游产品的不可转移性

旅游产品的不可转移性是相对一般物质产品的流通情况而言的。其不可转移性主要表现在两个方面：

首先，旅游产品中的核心产品——旅游服务所凭借的吸引物和旅游设施往往是固定在某个特定地方，无法从旅游目的地运输到客源地进行消费的，在空间上具有不可移动性。因此，对旅游产品的消费不能通过物的流动来实现消费过程，只能通过人（旅游消费者）的流动来实现。

其次，旅游产品的不可转移性还表现在产品销售后的所有权变更上。一般的物质产品，消费者支付了全部货款，商品的所有权就随之发生转移，即消费者取得了商品的所有权。而旅游产品，当消费者支付一定的费用后，只能获得对该旅游产品暂时的使用权，而不是永久的所有权。例如，旅游者购买了一张车票，他得到的只是一定时间从出发地到目的地对该车座位的使用权，而并不占有对该车座位的所有权；他花钱聘请一位导游，所得到的也仅是某一段时间内导游为他所提供的讲解服务，而不是占有该导游。

旅游产品的不可转移性的特点，决定了旅游产品的流通只能通过旅游产品信息的传递以及由此而引起的旅游者的流动而实现。因此，与一般商品相比，旅游产品的宣传与推销工作意义更大。只有将旅游产品的相关信息传递到每一位潜在旅游者手中之后，当旅游者选择旅游产品时才有可能将我们的旅游产品作为参考对象。

（四）旅游产品生产、交换与消费的同一性

对于一般物质产品而言，生产、交换、消费是产品生产过程中的三个先后环节。而旅游产品生产、交换与消费则具有时空上的同一性，其同一性表现在两个方面：

一是空间上的同一性。旅游产品是以服务为主要内容的产品，旅游产品的生产表现为旅游服务的提供。只有旅游者到达旅游目的地，旅游服务的提供才会发生，旅游产品才开始生产：也只有当旅游者接受旅游服务时，旅游消费才开始发生，生产与消费都在旅游目的地进行，不存在异地交换和异地消费的问题。在此之前，旅游者虽然可以对旅游产品进行预定，但对服务性行业而言，预定并不意味着真正的购买行为发生，也不意味着旅游产品生产的真正开始。

二是时间上的同一性。旅游产品的生产、交换与消费在时间上是同时发生、同时结束的。旅游者到达旅游目的地，旅游产品不断地生产出来，旅游消费也不断地发生，旅游产品不需要也不能够进行贮存。待旅游者离开旅游目的地后，旅游活动与旅游消费全部结束，旅游产品的生产也立即终止。这与一般物质产品总是首先经过生产过程的生产，然后进入流通领域进行消费显然是大不相同的。

旅游产品的这一特性，使得旅游者无法在购买和消费旅游产品之前检查和验证旅游产品的质量。尽管宣传与推销对旅游产品的销售具有重要的现实意义，但旅游产品的质量却是其价值实现的根本保证。因此，旅游产品生产、交换与消费的同一性对旅游产品的生产者提出了更高的要求。

（五）旅游产品的易波动性

旅游产品的易波动性又称为旅游产品的敏感性或脆弱性。由旅游产品在空间上的不可移动性，在时间上的不可贮存性的特点所决定，在销售上它要受诸多因素的制约，必然派生出易波动性的特点。

这些制约因素主要包括：一是旅游产品的内部因素，首先是构成旅游产品各部分之间的比例关系。旅游产品是综合性很强的产品，涉及到食、宿、游、娱等多个产品要素。这些产品要素或产品构成部分之间存在着一定的比例关系，一旦比例关系失调，就会导致旅游产品组合的失败，影响到旅游产品功能的发挥。此外，旅游产品构成中的某些吸引物，特别是原始森林、野生动物类生物景观，它们本身有很强的时令性，会直接造成旅游产品销售的淡旺季，影响旅游产品价值的实现。

二是旅游产品的外部因素，涉及旅游客源地和旅游目的地的政治、经济、社会、自然环境和突发事件等。例如经济要素中的世界性经济危机、汇率变动、贸易摩擦和通货膨胀；政治要素中的国际恐怖活动、旅游地社会政局动荡和战争；社会、自然环境要素中的风霜雨雪、地震、瘟疫、环境污染和社会治安等都会引起旅游需求的较大波动，给旅游产品的生产和销售带来困难。

任务分析

必须强调的是上述旅游产品是一个总体概念，它不是指为了某个目的而提供的服务，而是指为了实现一次旅游活动所需要的各种服务的组合。在实际经营中，旅游产品是由多种类型的旅游企业提供的，这些不同类型的企业按照传统的产业划分标准分别属于若干相互独立的行业，例如：住宿、餐饮方面的服务由饭店业、餐饮业提供，旅游者的空间转移由交通部门承担等。由于这个原因，旅游产品中的诸要素在经营中往往是分散的。但是，旅游者的需要却是整体的，对于旅游者整体而言，旅游产品的各个组成要素只有有机地结合在一起，才能创造出合乎旅游者需求的使用价值。这一点从旅行社的诞生以及包价旅游的出现和普及便可以明显地看出。当然，旅游经营活动存在着多种形式，有的以包价形式出现，有的则采取零星的销售方式。因此，旅游产品在市场交换中存在着不同的方式，具体又可以区分为不同的形态，形成一个不同层次的旅游产品概念体系。

其一是单项旅游产品。它是指旅游者在旅游活动中向不同的旅游经营者多次购买的，有关食、宿、行、游等某一方面或几方面的物品或服务。例如飞机上的一个机座、酒店里的一间客房、景区里购买的一件旅游纪念品、景点的一次导游讲解等都属于单项旅游产品。单项旅游产品可以是不同的旅游经营部门和企业围绕各自特定的目标开展的独立的经营活动，提供特定的旅游服务，而旅游者可以根据自己的特殊需要随机购买。

其二是组合旅游产品。它是指旅行社根据旅游市场的需求，把多个单项旅游产品组合起来提供给旅游者，以满足其旅游需求。组合旅游产品又称为旅游线路产品，如旅行社所提供的综合包价旅游，是团体旅游者经常购买和消费的旅游产品形式。

其三是整体旅游产品。是指某一旅游目的地能够提供并满足旅游者需求的全部物质产品和服务，又称为旅游目的地产品。整体旅游产品作为一个区域性的概念，它包涵着单项旅游产品和各种旅游线路产品。在旅游市场上，与旅游者发生交换关系的主要是旅游目的地整体旅游产品中的单项部分和线路部分，而不是整体旅游产品本身。

任务二 旅游产品的构成分析

任务描述

"江南第一水乡"周庄将全新包装迎世博

新华网北京3月11日专电（记者钱春弦）列入"长三角世博主题体验之旅"示范点的周庄古镇，将在上海世博前全新包装推出，以迎接中外游客。

根据中旅集团日前与"中国第一水乡"周庄就旅游战略合作签署的相关协议，中旅集团将利用其旗下网络平台，全球区域公司、分公司以及海外推介会，对周庄进行全方位宣传推广。中旅集团将着力对周庄进行旅游产品的升级包装，全方位多渠道地对周庄景区进行推广推介，周庄也将大力提升景区建设及服务质量，开发更多旅游资源。

感受本土文化，体验民风民俗，将成为周庄线路主旨，飘缈的烟雨江南、幽静的田园风情、灵动的水韵情怀、淳朴的古园巷宇、原生态曲艺绝技、诱人的风土美食都将融入游线之中。据中旅总社副总裁时来顺透露，目前中旅正积极布点长三角，设计"最美世博旅游线"，待春花烂漫时，便可呈现给海内外游人。

从上述案例我们可以看出，旅游产品是由哪些部分构成的呢？

任务实施

旅游产品包含着十分丰富的内容，为了更好地对旅游经济活动进行分析和研究，保证旅游活动的顺利实施，获取更大经济效益、社会效益和环境效益，有必要对旅游产品的构成进行分析。本书将重点讨论从市场营销、旅游需求和旅游供给分析入手的旅游产品构成。

一、旅游产品的一般构成

现代市场营销理论认为，产品都是围绕消费者需求发展而来的，都是由核心部分、形式部分和延伸部分所组成的。根据对现代产品构成的分析，旅游产品的一般构成也可以分为三部分，即旅游产品的核心部分、形式部分和附加部分。

（一）旅游产品的核心部分

产品的核心部分是指产品满足消费者需求的基本效用和价值，是消费者购买和消费的主体部分。旅游产品的核心部分是指旅游资源和旅游服务，它们可以满足旅游者进行旅游活动的根本需要，是旅游产品形成的基础和最具竞争力的部分。

旅游资源是指自然界和人类社会凡是能对旅游者产生吸引力，可以为旅游业开发利用，并可产生经济效益、社会效益和环境效益的各种事物和因素。它们可以是物质的，也可以是非物质的；可以是自然的，也可以是人文的。

旅游服务是旅游从业人员依托旅游资源和旅游接待设施向游客提供的各种劳务。根据旅游经营活动的不同阶段，它又可划分为售前服务、售中服务和售后服务三部分。售前服务即旅游活动实施前的准备性服务，包括旅游线路编排、旅游咨询、签证、货币兑换、保险服务等；售中服务是在旅游活动过程中向旅游者提供的食、宿、行、游、购、娱及其他服务；售后服务是旅游者结束旅游活动后离开目的地时的服务，包括办理离境手续、送机、托运行李、旅客委托代办服务及旅游者返家以后的信息跟踪服务等。

（二）旅游产品的形式部分

产品的形式部分是指构成产品的实体和外形，包括产品的形状、式样、品牌、质量等，是保证产品的效用和价值得以实现的载体。旅游产品的形式部分主要与旅游产品的物质载体、形象、品牌、特色、声誉及组合方式等有关。旅游产品的载体是以物化形式反映出来的实体部分，如反映着典型传统文化特征的一个民族村寨，用于景区内部的特色交通工具以及原始森林中的一个观鸟点等等。这些载体既可以是各种旅游景区、景点，也可以是各种旅游接待设施和旅游购物品。

旅游产品的形象、品牌、特色和声誉，是产品依托旅游资源、旅游设施而反映出来的外在价值，是激发旅游者的旅游动机，引导和强化旅游消费行为的具体形式。不同旅游产品，由于其旅游资源和旅游接待设施等方面的不同，会导致旅游产品品位、形象、特色、声誉的不同，产生产品差异性。

各种功能和类型互异的旅游产品有各自特殊的组合方式，但组合的目的都是要把产品要素有机地组织起来，形成不同的旅游线路和旅游活动，满足旅游者多样化和个性化的需求。因此，旅游产品的组合方式也是旅游产品的形式部分之一。

（三）旅游产品的附加部分

产品的附加部分又可称产品的延伸部分，是指随着产品的销售和使用而给消费者带来的方便性和附加利益，如包装装潢、售后服务等。旅游产品的延伸部分是指旅游者在购买和消费旅游产品时获得的各种优惠条件和其他附加利益。例如团队游客在购买团体票时所得到的价格优惠，消费者乘坐游船观光时所获赠的一件小礼品。附加部分虽然不是旅游产品的主要构成部分，但在旅游产品的核心部分和形式部分存在较强替代性的情况下，往往成为旅游者对旅游产品进行选择和决策的重要因素，这是有效的竞争手段之一。因此，在旅游经济活动的分析和研究中，要对旅游产品的附加部分给予足够的重视。

二、旅游产品的需求构成

旅游产品由食、宿、行、游、购、娱等多个产品要素组成，但在旅游活动中，旅游者对产品构成中每一部分的需求程度是不同的，因此，可将旅游产品区分为基本旅游产品和非基本旅游产品。

（一）基本旅游产品

基本旅游产品是指旅游者在旅游活动中必须购买的，需求弹性较小的旅游产品，如住宿、餐饮、交通和游览等。它们在旅游者的任何一次外出旅游中都是必不可少的。其中，游览是旅游活动的中心内容；饮食和住宿是旅游者最基本的生活需要；交通能使旅游者在居住地和旅游目的地，或者在旅游目的地的景区景点之间实现来回的空间位移。由于它们的需求弹性较小，它们是旅游经济收益来源中较为稳定的一部分。

（二）非基本旅游产品

非基本旅游产品是指旅游者在旅游活动中不一定购买的，需求弹性较大的旅游产品，如旅游购物、医疗保健、通信服务、美容美发等。非基本旅游产品在某种特定的情况下，可能会转换为基本旅游产品。例如，香港有“购物天堂”的美誉，不少国家和地区都有专门为此开展的香港购物旅游。在这里，旅游的主要目的和内容是为了购物，因此，旅游购物就成了基本旅游产品。

区分非基本旅游产品，有助于旅游经营者根据它们需求弹性较大的特点，提供有针对性的服务，满足不同旅游者的多样化需求；也有助于旅游者在选择、购买旅游产品的过程中，有计划地制订、调整自己的需求结构和消费结构，提高旅游活动的舒适度和满意度。

三、旅游产品的供给构成

从旅游经营者的角度看，旅游产品应包括旅游资源、旅游服务、旅游设施、旅游购物品和旅游通达性五方面的要素。

（一）旅游资源

旅游资源是旅游活动的客体，自然界和人类社会中凡是能吸引旅游者进行旅游活动的各种事物都可称之为旅游资源。按照其本身的属性和组成要素，可分为自然旅游资源和人文旅游资源两大类。其中自然旅游资源包括地文景观类（如名山、洞穴、典型地质构造、奇特与象形山石等）、水域风光类（如风景河段、漂流河段、湖泊、瀑布、泉等）、生物景观类（如森林、草原、野生动物栖息地等）、气象气候类（如雾凇、雨凇、佛光、蜃景等）；人文旅游资源包括古迹和建筑类（如长城、宫殿、楼阁、塔、桥、人类文化遗址等）、休闲求知健身类（如民俗风情、节日庆典、园林等）、购物类（如地方土特产品、地方风味、庙会、著名店铺等）。

旅游资源具有吸引功能，可以激发旅游者的旅游动机，促进旅游行为的产生。发挥旅游资源的吸引功能，就要求旅游目的地根据自身旅游资源的状况，遵循一定的原则，把旅游资源开发、组合成为特色鲜明、功能互补的旅游景点、景区。此外，由于旅游资源是旅游业赖以存在和发展的基础，对旅游资源必须做到开发与保护并重，确保旅游业可持续的发展。

（二）旅游服务

旅游服务是旅游产品的核心。旅游者购买的旅游产品，除了少部分的膳食和旅游纪念品外，大量的是无形的旅游服务。这些旅游服务主要包括导游服务、酒店服务、交通服务和商品服务。

导游服务是旅行社或旅游接待单位为旅游者提供的专项服务。当旅游者离开常住地来到异地他乡，如何更好地进行旅游活动，如何增强与当地居民的交流等一系列问题，都要依靠导游才能更好地得到解决。为此，旅游从业人员（导游员）不仅要掌握旅游地风土人情，还要了解不同旅游者的个体差异，有针对性地为旅游者提供更好的服务。

酒店服务是酒店向旅游者提供的住宿、餐饮、通信、贸易、洽谈等方面的综合性服务。酒店作为旅游者的旅途中的“家”，是旅游者恢复体力、休息放松的主要基地，能够保障旅游者其他活动的顺利进行。提供面对面的亲切服务是酒店业的行业特点，也是旅游服务的重点所在。要做到这点，旅游从业人员必须充分考虑旅游者在安全、环境、权利和尊重等各方面的需要。

交通服务是旅游者在各种交通工具及机场、车站、码头和港口接受的相关服务。由于旅游者在旅游活动中很大一部分时间都是在交通工具上度过。因此，旅游者对旅游产品价值高低的评价，很大程度上也与其所乘的交通工具和所接受的交通服务有关。舒适的交通工具和热情的交通服务能促进旅游活动更加愉快、顺利地进行。

商品服务是旅游者购买旅游商品时，旅游从业人员提供的信息咨询、包装、委托代办等服务。商品的特色与文化内涵服务周到与热诚能够激发旅游者的购买动机，使旅游地取得较好的经济效益。但旅游从业人员不能只顾自身的经济效益，一味地对旅游者进行诱导、误导，甚至是威胁、恐吓，而给旅游目的地整体旅游产品的生产和销售造成不良影响。

总之，随着旅游业的发展，旅游服务的内容是多种多样的，且不断变化。但服务质量一直是买卖双方关注的焦点，其质量的高低主要取决于服务的观念、态度、技巧和服务的价格。高质低价，是旅游者的追求，也是旅游企业获胜的法宝。

（三）旅游设施

旅游设施是旅游者进行旅游活动的必需条件，也是构成旅游产品的基本要素。根据其服务于旅游者的方式的不同，可以分为专门设施和基础设施两大类。

1. 旅游专门设施。这是旅游经营者用来直接服务于旅游者的凭借物，主要包括餐饮、住宿、交通、游览及娱乐设施等。餐饮设施通常有各种规模和档次的饭店、餐馆、茶室、酒吧、咖啡厅等；住宿设施通常有宾馆、度假村、别墅等；交通设施包括景区索道、滑竿、观光游船、游览汽车等；游览设施是由旅游景区规划和建设的，供游人登临、游览、休憩的各种设施、设备，如凉亭、扶杆、栈道、指示牌等。

2. 旅游基础设施。这是指旅游目的地城镇建设的公共设施，是旅游目的地乃至旅游业赖以生存和发展的基础，包括旅游目的地的道路系统，水热电气供应系统，三废排污处理系统，环境卫生系统，安全保卫系统，绿化系统，邮电通信系统，城镇标识系统等。这些基础设施是为当地城镇居民的生产生活服务的，不是为旅游者专门建设的。但在旅游经营中它们是旅游企业提供旅游服务的依托，如果没有这些基础设施提供的便利条件，旅游专门设施的功能就难以有效发挥，旅游活动也无法顺利进行。

（四）旅游购物品

旅游购物品又称为旅游商品，是旅游者在旅游活动过程中购买，以实物形式存在的物品。可以在旅途中使用、消费或携回使用、送礼、收藏的物品，对旅游者具有实用性、纪念性、礼品性和收藏性价值。旅游购物种类繁多，主要包括以下几种：

1. 特种工艺美术品。主要是指旅游者非常关注和具有较高经济价值的商品，如金银装饰品、精致雕塑、稀有珍品等。

2. 文物古玩与复制品。如不属于国家严禁出口的古玩、文房四宝、仿制古字画等，这类商品数量少，价格昂贵，适用于豪华型高消费游客；另外，也有价格便宜，适宜于大众旅游者的，如洛阳的仿唐三彩工艺品、西安的仿秦兵马俑模型等。

3. 土特产品。主要包括具有地方特色的工艺品、农副产品等，如贵州茅台酒、苏州刺绣、杭州龙井、黄山毛峰等。

4. 旅游纪念品。主要指以旅游景点的文化古迹或自然风光为题材，利用当地特有原料制作的带有纪念性的工艺品，如无锡泥人、黄河泥陶、各种旅游纪念章、旅游纪念图片、带有地方特色的各种玩具、雕塑、编织等。

5. 旅游日用品。指旅游者在旅游活动中购买的具有实用价值的生活日用品。如洗漱用品、化妆品、急救药品、防寒防暑用品等。尽管这些物品不像其他商品那样具有纪念意义和保存价值，但它们是生活的必需品，旅游企业只有重视这类商品的质量和数量，才能满足旅游者的需要，保证旅游活动顺利地进行。

（五）旅游通达性

旅游通达性是指旅游者在旅游目的地之间来回移动的方便、快捷、通畅的程度，具体表现为进出旅游目的地的难易程度和时效标准。主要可从下述几个方面加以考查：一、是否有完善、发达的交通网络；二、是否有方便的通信条件；三、出入境签证的手续，出入境验关程序、服务效率和信息咨询是否便捷等。旅游目的地的通达性对旅游产品的成本、质量、吸引力等有较大的影响作用，因此也是旅游产品构成的重要内涵。

任务分析

旅游产品的构成内容丰富，涉及的行业众多。虽然表面看起来各个组成部分与涉及的行业在性质和功能上各异，但由于它们都是以满足旅游者的需要为前提，因此，各个组成部分都是不可或缺的，缺少任一部分，旅游者的需求都不能顺利完成。

近年来，随着旅游业的发展和旅游者购物需求的不断变化，旅游购物品越来越受到旅游经营者和旅游者的关注。由于旅游购物品属于非基本旅游产品，因而其弹性大，发展空间大。旅游购物消费占旅游者总消费的比重，也成为衡量旅游业是否发达的重要标志。所以，旅游商品的生产与销售对旅游目的地国家或地区来说确实具有相当重要的经济意义和社会意义。随着我国旅游业的发展，我国旅游商品的生产和销售，从无到有，从小到大，有了长足进展。但同发达国家相比，也存在着明显的差距。旅游业发达国家的购物比重大约能占到总收入的 40% 以上。但目前我国国内的旅游购物花费较低，近几年购物比例有所上升，也勉强达到发达国家的一半。其主要问题表现在：首先，我国旅游商品的生产与销售尚缺乏统筹规划；在经营过程中缺乏应变能力；向旅游者提供的旅游商品尚不能适应市场需求的变化；缺乏整体营销决策和经营决策等。这就要求旅游商品供给方首先要对旅游商品在旅游业中的地位和作用有一个充分的认识；其次，加强旅游目的地旅游商品生产与销售的宏观管理；最后，要求旅游商品的生产和销售部门，面对不同的客源市场，要决策准确，经营灵活，管理有方，适销对路，以便提高经济效益。

相关知识

旅游产品是由多种要素组合起来的一种特殊产品，无论就满足需要的旅游服务类型而言，还是就经营旅游产品的旅游企业而言，旅游产品都比一般产品包含了更为广泛的内容。为了便于旅游目的地国家或地区制定全面的旅游业发展规划，也便于旅游经营者制定更有利的经营战略和策略，有必要认清旅游产品的构成及其构成间的相互关系。

旅游产品的构成关系是指旅游产品各组成成分之间的相互关系。旅游产品之间的相互关系主要是互补关系和互代关系。

一、互补关系

互补关系是指旅游产品功能不相同的组成成分之间相互依存、相互促进、共同发展的关系。旅游产品的构成中功能不同的组成成分，如食、住、行、游、购、娱等，都各自满足旅游活动中某一方面的需要，其使用价值不尽相同，它们相互补充以满足旅游整体需要。因此，每一部分的发展都是以其他部分的生存和发展为前提的。例如没有旅游资源，就难以吸引大量的游客，其他各部分就难以生存；又如旅游交通运送的游客量增加，住宿餐饮及其他旅游接待能力也必须随之增加，否则，仅仅是某一方面旅游供给的变化对于整体旅游供给没有任何意义。

旅游产品内部的互补关系，是由旅游需求的综合性决定的，它要求旅游产品能够满足旅游者各个方面的需求，要求旅游产品是一个综合性的产品。从互补关系上可以看到，旅游产品的各个组成部分必须齐备，共同组成一个完整的产品；也要求提供各单项旅游产品的行业和企业按比例协调发展，除了搞好本行业、本企业的经营，还要与其他行业和企业相互配合、互通信息，共同营造一个良好的旅游产品形象，增强旅游产品的招徕能力和竞争力。

二、互代关系

互代关系是指旅游产品中功能相同或相近的组成成分间相互替代的关系。例如提供交通服务的有汽车、火车、飞机、轮船等；汽车又有大客车、小客车、轿车等交通工具；住宿方面有商业旅馆、度假旅馆、野营帐篷等。虽然这些成分在外观上、方便与舒适程度上乃至消费档次上各有差异，但它们的功能都是满足同一种旅游需求。因此，这些同类型的经营企业之间就存在着互代关系。互代关系的出现，对于同一个旅游者来说，在同一时间、同一地点对同一种功能的单项产品的需求是惟一的。例如，一个游客住宿甲饭店不可以同时住宿乙饭店；乘坐火车就不能同时坐汽车或飞机；凡此种种，表现的都是互代关系。

旅游产品内部组分之间的互代关系使得相应的供给企业之间表现为竞争关系。这就要求各企业不能盲目跟风，例如投资建设旅馆，投资企业应当注意开发的产品与市场现有产品的差异，如提供功能不同的、档次各异的服务。或者说各企业在开发旅游产品时，要求在数量上、质量上、档次上有计划按比例地协调发展，力求旅游产品结构的合理性。同时也要求各旅游企业重视经营管理工作，改进服务质量，提高企业信誉和形象，提供有特色的旅游服务，避免过度的竞争。

三、互补关系和互代关系的转化

需要特别指出的是，旅游产品内部的各组成成分之间的互补关系和互代关系并不是绝对的、一成不变的。旅游经营者可以根据旅游需求的发展变化和自身条件，促使两种关系的互相转化。

（一）互补关系向互代关系转化

这种转化是由旅游者需求多样性和旅游企业经营的多样化促成的。在市场经济条件下，旅游企业为了获得竞争优势，必须不断地调整自己的经营范围，扩大服务内容，为旅游者提供方便。例如，旅游住宿和旅游交通从理论上讲是一种互补关系。但是，如果某家旅馆为了方便游客，自己拥有专门的汽车队，为到该家旅馆住宿的客人提供交通服务，这时，这家旅馆与其他交通服务的部门之间就由互补关系变成了互代关系。在实际情况中，这种转化的实例是很多的，如风景区和主题公园自备车辆接送游客；航空公司有自己的饭店；旅馆有自己的旅游车队、购物场所、旅行社等等，都是促成互代关系产生的因素。因此，旅游企业的多种经营和集团化经营是互补关系向互代关系转化的主要途径。

（二）互代关系向互补关系转化

互代关系向互补关系的转化表现在以下几个方面：

1. 提供相同服务的各企业相互联合，优势互补，共同促销，共创旅游产品的形象，增强产品的竞争力。例如，交通部门之间展开的联运业务使本来相互替代的关系变成了相互补充的关系。

2. 提供相同服务功能的单项旅游产品一般都有高、中、低等多种档次，满足旅游者的不同需求。多档次和多服务方式可以形成互补关系。例如，同为提供交通服务，飞机和火车需要汽车作为补充工具，才能满足游客在各种情况下的交通需求，这时它们就成了互补关系。如长距离的位移利用飞机能为游客节省时间，但市内或者景区内的交通就必须要借助客车和其他交通工具来完成。

3. 当供给小于需求时，提供相同单项产品的旅游企业之间可以互相帮助，解决燃眉之急。例如，A、B 企业都是提供住宿的企业，当 A 企业供不应求时，可以把客人介绍给 B 企业；当 B 企业在经营过程中发生某些原材料不足时，可以向 A 企业暂时借用，这时，两者的关系就成了互补关系。

4. 处在一条旅游线上的各个目的地的单项旅游产品之间有明显的互补关系。例如，甲地和乙地处在一条旅游线上，则甲地和乙地提供相同产品的企业（假若都是旅馆）之间是互补关系。

旅游产品的互代关系向互补关系转化表明各企业提供的旅游服务都是旅游产品的有机组成部分，它们在数量上、质量上和档次上共同组成了旅游产品的结构，是旅游中不可缺少的部分，共同形成了旅游产品的对外形象。

课外阅读

案例 旅游产品的内核——旅游体验

旅游体验是旅游活动最本质的特征。围绕如何打造旅游者独特的旅游体验，旅游专家匠心独运，策划了异彩纷呈的体验式旅游产品，以下几个实例是该类旅游产品的典型代表：

湖南衡山“做一天和尚念一天经”的宗教文化体验游。宗教具有神圣的感召力、神秘的吸引力和神奇的诱惑力，因其强烈的新奇感而吸引着无数的旅游者。旅游策划专家刘汉洪等为南岳衡山策划了“做一天和尚念一天经”或“做几天和尚撞几天钟”的宗教文化旅游产品。例如，为突出文化旅游的参与性、知识性和神秘性，游客可以到驰名中外的衡山南台寺聆听高僧大师讲经，同僧侣一道做晚课，到寺庙餐馆品尝久负盛誉的“南岳佛菜”，体验静心凝神的暮鼓晨钟，亲身体验一番“出家”的滋味。组织者同时在南岳大庙组织佛教、道教音乐和宗教仪式表演。通过特别的视、听、品、做等行为打造不一样的宗教旅游体验，让游客印象深刻。

“住网师别院，做苏州名士”的专题旅游产品。网师园作为古典园林中的“小园极则”，精制小巧，处处皆可入画。网师园逐步对其旅游产品进行更新换代，丰富其传统古典园林观光旅游产品，推出各种主题文化体验产品，满足现代人多样化的旅游需求。“住网师别院，做苏州名士”产品的基本内容是：建设带有浓郁苏州风格并与网师园总体氛围相协调的传统民居，独门别院，可以出租给有兴趣的人来此小住度假。园中活动按照过去苏州名士在园林中的生活内容和文化线索来编组，以古代名士所崇尚的“渔樵耕读，琴棋书画”为主题，区内设立各项与网师园文化内涵相协调的高品位文化休闲活动场所，如学习和了解中国的非物质文化遗产——昆剧的“昆剧传习所”，学习中国传统书法绘画艺术的“丹青养气斋”，学习中国传统音乐的“山水知音室”，以围棋为主要活动内容的“坐隐手谈苑”，针对度假家庭小孩的“木雕工艺场”。同时开辟道路与网师园花圃直接相通，在花圃开辟园艺场，让游客参加种花、锄草、整地、浇水等园艺活动，达到园艺健身的目的。区内定时播放《渔舟唱晚》等古乐，以增加其浓郁的文化氛围。

“红色瑞金”文化体验旅游产品。北京绿维创景规划设计院用情境化体验模式，打造“红色瑞金”旅游产品成为该设计院的经典旅游产品设计案例之一。“当一天红军，过一天苏区生活”是该产品的响亮口号。红军村是典型的红色原生态情境体验村，设红小鬼哨卡坐畜力车，使用革命语言，使用红军路条，用红军钱币，用红军小号和敲钟来报时，穿红军服装，扮演成各种革命角色，经历红色革命情景，还可以将这段难忘之旅拍摄制作成光盘留念。全部居民及服务人员穿着红军装及中式旧服装。旅游项目主要包括：(1) 红军训练场：大型土草坪军事训练场，设点兵台，设部分军训设施，游客在此可以体验打靶、刺刀、掷手榴弹等军事项目；也可作为省内大、中学生的军训基地。(2) 警卫营：为一民居改造的红军营房。(3) 司令部：由大地图，指挥所、通讯室、会议室等构成，有五次反围剿的展示。(4) 红军学校：由标语、黑板报、壁报和简陋课桌等构成，有红军课程表。(5) 红军食堂：长板凳、长桌子、标语等构成，有红军食谱。(6) 军民鱼水池：将某池塘改建为鱼池，池中放养大量红色鲤鱼；寓民为水、军为鱼、军民鱼水一家亲之意，游客可购买鱼食喂鱼和观鱼。(7) 宗祠大戏台：新建或搬迁一家大型宗祠作为客家文化陈列及客家人参加支持红军的展览。(8) 炮兵营：安排老式大炮、小炮、土炮等展示，举办关于中国炮兵的寻根展览，设计可以实际操作的现代高射炮等参与性游乐项目。(9) 阵地：由壕沟、碉堡、断墙、地道等共同构成，设立野战游戏场。(10) 医院：为红军医院恢复，设野战医院游戏。(11) 红军兵工厂：恢复红军武器制造军工厂，通过铸模、木刻等工艺，游客可参与旧式手枪、步枪、手榴弹、土雷等的 DIY 制作，并可作为纪念品留念。(12) 苏区红军生活体验基地 (党政机关干部吃苦教育培训基地)：客源以党政机关干部为主，其他普通游客也可参加。游客在此基地可参加短期苏区红军生活体验项目，恢复苏区红军生活方式，以粗茶淡饭、自耕自织、农活、旧址前或旧址内的纺线体验、军训、帮老乡收割庄稼为主，意在培养党政机关干部的艰苦奋斗和廉政为民精神。(13) 若干民居：利用现有四分之一的民居作为民俗文化展示和茶坊、小吃、商铺等小型游乐场所。(14) 水车：在池塘边放置小水车等情趣化物品。(15) 中央工农戏剧社和工农红军学校俱乐部：仿照原物比例和建筑形式，修建中央工农戏剧社和工农红军学校俱乐部。以古樟树、竹林、绿地等自然环境为背景，演出红色原生态歌舞和红色戏剧。

案例思考题：

1. 结合本案例试从旅游消费者角度分析旅游产品的含义。
2. 结合本案例谈谈你对旅游体验内涵的理解和认识。

任务结论

旅游产品是旅游经济学研究的出发点，本课程所有的研究都是从旅游产品开始的。旅游产品是旅游业存在和发展的基础，是旅游经济活动的主体，旅游产品的品种、数量和质量直接关系到旅游业的兴衰和旅游经济的可持续发展。因此，充分了解旅游产品的特征，是旅游企业开发旅游产品的基础和前提条件。

项目二 旅游产品的开发策略

任务一 旅游产品生命周期的分析

任务描述

四川碧峰峡景区的产品更新策略

碧峰峡景区是四川省风景名胜区的一个部分，该景区近年来因为民营企业投资景区开发颇为成功，在两年多就收回1.6亿元的投资，且生态环境保护得好，以“碧峰峡模式”频频受到我国政府领导人的赞赏。

而实际上，该景区的资源级别不高，属于三级资源，景区除了生态环境、空气质量尚好外，几乎无景观可言。但它现在却发展得很好。有什么窍门吗？

它的成功全靠大胆的资源整合和大手笔的策划，在没有能唤起旅游者购买欲望的产品的时候，景区在西南地区率先开发出“野生动物园”，对旅游者呈现出巨大的吸引力。

根据波士顿矩阵的分析，随着该产品的销售增长率和相对市场占有率的不断提高，成为该旅游地的主导产品，并靠这个主导产品收回了成本。但景区经营者清醒地意识到，该产品的生命周期不长，至多三年时间，也就是说，从1999年开园，到2002年底是它的自然生命周期。

景区要持续发展必须开发出新的主导产品。2001年12月，“重庆野生世界”开业，2002年12月“成都野生世界”开业，出现了两个竞争对手，由于竞争的加剧，该产品的销售增长率和相对市场占有率必将随之下降，并最终被市场所淘汰和遗弃。这时候景区应该如何发展呢？

其实景区在2001年底，就开始为推出中国第二个大熊猫研究基地而四处奔走。在“成都野生世界”开业前两天，碧峰峡大熊猫研究基地奠基并将于2002年5月开园，林业部已经批准40只大熊猫入住碧峰峡，“野生动物园”已不再是碧峰峡的主导产品，取而代之的是“中国第二个大熊猫研究基地”。

现在，碧峰峡已经将它的营销做到了海外市场。同时，它已经在为第三次高速增长策划，准备以女娲文化对景区进行全面包装，因为碧峰峡所处地四川雅安号称“雨城”、“西蜀漏天”，与女娲补天的神话传说有关联。同时，又在积极论证开发地热资源的可行性，对产品进行更新换代，优化产品体系，不仅仅是延长旅游产品的生命周期，更为景区以后的发展打下了坚实的基础。

旅游产品的生命周期会经历哪几个发展阶段呢？每个发展阶段具有什么特征呢？作为旅游目的地的经营者应该注意哪些负面影响因素，如何延续旅游产品的生命周期呢？

任务实施

一、旅游产品生命周期阶段

产品生命周期是指一个产品从它进入市场开始到最后退出市场的全部过程，旅游产品亦是如此。对于这一过程的划分目前比较流行的有四阶段学说和加拿大学者巴特勒提出的六阶段学说。四阶段学说将这一过程大体划分为推出期、成长期、成熟期、衰退期的周期性变化，如图2－1所示。一条旅游路线、一个旅游活动项目、一个旅游景点、一个旅游地开发等，都将经历这一由兴至衰的过程。旅游产品生命周期的各个阶段通常是以销售额和所获利润的变化来衡量的。同时，处于不同生命周期阶段的旅游产品也有着不同的特点。下面主要介绍生命周期的四阶段学说。巴特勒认为旅游产品的生命周期可划分为探索期、参与期、发展期、巩固期、停滞期和后停滞期。

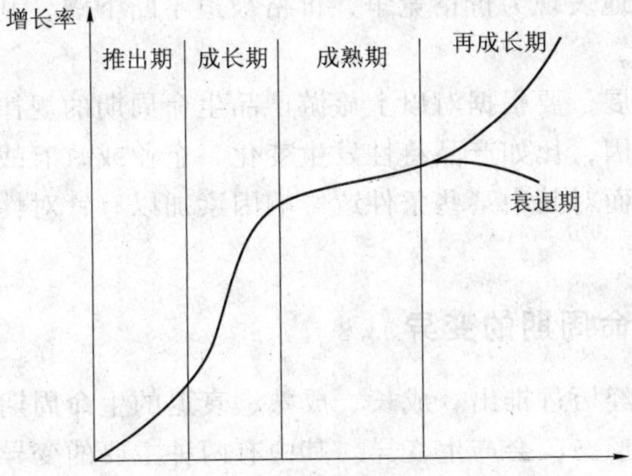

图 2-1　旅游产品生命周期

（一）旅游产品的推出期

推出期是旅游产品发展的初始阶段。旅游新产品正式推向旅游市场，具体表现为新的旅游景点、旅游饭店、旅游娱乐设施建成，新的旅游路线开通，新的旅游项目、旅游服务推出。在这一阶段，产品尚未被旅游者了解和接受，销售量增长缓慢，企业为了开发客源市场，需要做大量的宣传和促销工作，因此，旅游企业投入较大，经营单位成本高。在这个阶段内，旅游者的购买很多是试验性的，几乎没有重复购买，企业通常也采用试销态度，因而企业往往销售水平低，利润极小，甚至亏损。但处于这个阶段，市场上一般还没有同行竞争。

（二）旅游产品的成长期

在旅游产品的成长期，旅游景点以及配套旅游设施和旅游服务初具规模，旅游产品基本定型并形成一定的特色，前期宣传促销开始体现效果。这时，旅游产品在市场上拥有一定知名度，旅游需求快速增加，重复购买的旅游者也逐步增多；企业的广告费用相对减少，销售成本大幅度下降，利润迅速上升。因此，旅游供给的数量也快速增长，市场竞争开始出现。

（三）旅游产品的成熟期

在旅游产品的成熟期内，潜在顾客逐步减少，大多属于重复购买的市场。旅游产品的市场需求量已达到饱和状态，销售量达到最高点；前期的销售量可能继续增加，中期处于不增不减的平稳状态，后期的销售增长率趋于零，甚至会出现负增长。利润增长也将达到最高点，并有逐渐下降的趋势。很多同类旅游产品和仿制品都已进入市场，扩大了旅游者对旅游产品的选择范围，市场竞争十分激烈，而且还有来自更新产品的替代性竞争，差异化成为竞争的核心。为了迎合市场需求，同时稳定企业的市场占有率，降低产品价格甚至出现一些粗制滥造的产品成为可能，成功的发展开始埋下了自我破坏的种子。

（四）旅游产品的衰退期

旅游产品的衰退期一般是指旅游产品的更新换代阶段。在这一阶段，老的旅游产品逐渐衰退，新的旅游产品进入市场，逐渐代替老产品。旅游者或丧失了对老产品的兴趣，或被新产品的兴趣所取代。原来的旅游产品中，除少数名牌产品外，市场销售量日益下降。市场竞争突出地表现为价格竞争，价格被迫不断下跌，利润迅速减少，甚至出现亏损，直至衰亡。

对于旅游企业的发展，要根据对以上旅游产品生命周期的规律性分析，努力去发现影响这种变化的内在原因，比如产品特性发生变化、企业或政府战略的变化、其他不可预见因素的影响等。从而对其中某些条件或影响因素加以有针对性地控制和改善，保持企业稳定发展。

二、旅游产品生命周期的变异

一般旅游产品都会经历过推出、成长、成熟、衰退的生命周期，但也有很多的旅游产品生命周期为非常规形态，会产生变异。其中有两种主要的变异形态较为典型，即时尚旅游产品的生命周期和延伸旅游产品的生命周期。

（一）时尚旅游产品的生命周期

时尚旅游产品的生命周期只有两个阶段：一个是快速增长阶段；另一个是显著暴跌阶段。时尚旅游产品一般具有以下特点：

1. 一般传播媒介愿意用大量时间或空间对时尚旅游产品加以宣传，如目前采用的生态旅游、漂流旅游、劲歌热舞式的宣传等，许多电视、杂志和报纸等会主动加以宣传，而不需要旅游企业付费做广告。时尚旅游产品常常随着大量的宣传而推出，因此在生命周期中没有明显的缓慢增长的推出阶段，往往一开始就呈现出高速的增长。

2. 时尚旅游产品营销组合的目标在于快速的市场进入，且目标市场中，没有明显的选择行为，整个市场的选择同时在产品推出后的短时期内发生。

3. 时尚产品常常被一个分界很清楚的市场所选取，这一市场通常是一个特定的年龄群体。消费者常常认为自己的选择与其他人相比有显著的差异性或特殊性。

（二）延伸旅游产品的生命周期

这类产品有一个很长的成熟阶段，这一延伸的成熟阶段，也称之为饱和阶段。在饱和阶段中，高度的重复购买，带来一个稳定的销售额。最后可能会在市场的全部购买中找到一个持久销售的地位，几乎看不出衰退期。很多旅游产品都呈现出延伸产品的生命周期的形态。主要有以下几类旅游产品。

1. 大众旅游产品，是指那些为人民群众经常使用的旅游产品，在某种程度上已成为必需品，如欧美人把度假就视为必需品。

2. 风行旅游产品，是指那些在市场上影响广泛且吸引力较大的产品，如中国的长城、兵马俑观赏游览等，就风行于市场而经久不衰。

3. 功能性旅游产品，是指那些具有普遍功能的产品，如饭店的餐厅，就能满足旅游者多方面的需求，且具有较高的重复购买率。

4. 多效用旅游产品，是指那些具有多种用途而能满足旅游者多方面或多层次需求的产品，如旅游饭店等，就具有持久的重复购买率。

三、延长旅游产品生命周期的策略

旅游企业必须深刻认识产品生命周期的客观规律，运用各种经营策略，延长旅游产品的成熟期，使企业获得最佳效益。延长旅游产品生命周期的策略概括起来有以下几种。

（一）旅游产品改进策略

旅游产品改进策略，是通过对成熟期的旅游产品进行局部的改变或添加部分内容，以增强旅游产品的吸引力，从而巩固和拓展客源市场。改进旅游产品可以从旅游产品的功能、质量、形态等几个方面进行。如开发旅游产品新功能，增设新的旅游服务项目，开辟新的旅游景观等；提高服务质量，改进旅游设施和设备；改变服务方式方法，给老产品予以新面貌等。每进行一个方面的旅游产品改进，相当于刺激一个新的旅游需求热点，从而使旅游产品的成熟期阶段得以延长。如西班牙首都马德里市区游，过去主要靠著名的“东方宫”和几个广场等名胜古迹吸引旅游者，后来新增添了“星期日娱乐”项目，每逢星期日上午，在市内六个古董市场出售古董、古玩，供游客观赏和选购，下午则观看斗牛、赛马、足球赛等，使马德里市区对旅游者具有极大的吸引力而经久不衰。

（二）旅游市场开拓策略

旅游市场开拓策略，就是为成熟期的旅游产品寻找新的顾客，开发新的市场。具体做法有三种：一是发展旅游产品的新用途，寻求新的目标市场。即在原旅游产品功能的基础上开发新的旅游功能用途，使老产品焕发新的生命力，如某度假区在原接待度假游客的基础上，开辟健康、娱乐等旅游项目，使其具备新的功能作用而吸引了更多的旅游者；二是开辟新市场，即为原有旅游产品寻找新的目标，使产品进入新的细分市场，如中国的重点观光旅游产品在欧美主要传统市场上已无大的潜力，保持这一产品生命力的有效途径之一是为观光旅游产品寻找新的市场，通过开发新加坡、泰国、韩国、马来西亚等旅游市场，使中国观光旅游再度掀起热潮；三是增加宣传力度或变换宣传策略，使更多的潜在旅游需求变成现实旅游需求，使现有的顾客重复购买，扩大重游率。

（三）旅游市场营销组合策略

旅游市场营销组合策略，是对产品生产、产品价格、流通渠道和促销手段等因素的组合加以重新调整或改进，让原有产品以新的面貌出现在市场上，吸引更多的消费者，以刺激销售量的回升。如开发新的服务项目，改变分销渠道，增加直销，扩大宣传或在价格上加以调整等。

（四）旅游产品升级换代策略

延长旅游产品生命周期的一项根本途径是不断地实现旅游产品的升级换代，不断出现新的需求，这要求必须要做好旅游产品开发工作。如对于中国观光旅游产品来说，理想的情况是，当第一代观光产品，即以七大旅游城市为中心，散布于部分重点旅游城市的观光产品进入成长期后，就有第二代产品逐步进入开发建设阶段，如增加参与性活动在内的娱乐、观光型产品的出现。这样第一代观光产品进入成熟期后，第二代观光产品就进入了成长期，以此类推，使观光产品的生命周期得以延长。

任务分析

由于旅游产品存在着生命周期，就如同人会生老病死一样，任何一个旅游产品都会经历一个进入旅游市场、退出旅游市场的过程，如果我们将整个旅游目的地看作一个综合性的旅游产品，那么任何一个旅游目的地也都会面临从成长到衰退的生命周期问题。目的地的产生、成长、成熟等一系列发展过程，直接关系到目的地旅游经济的持续健康发展问题，也关系到旅游供给企业的收益率、进一步投资机会、当地就业水平，甚至会影响到当地自然环境、经济和文化生活。

四川碧峰峡景区就巧妙地运用了产品更新策略，优化了产品体系，延长了旅游产品的生命周期，更为景区以后的发展打下了坚实的基础。但值得注意的是，有些旅游产品的生命周期会发生变异，如果经营者能全面了解影响其发生变异的一系列因素，就可以避免负面因素的发生或将其负面影响降低到最低程度。这些因素归纳起来主要有外部因素和内部因素两大类。外部因素是指影响旅游产品在市场上发展状况的外部条件，具体包括政治、经济、社会、竞争及一些偶发因素，甚至旅游接待国或某一旅游客源国发生诸如地震、火灾、水灾等自然灾害或爆发战争，都会冲击旅游产品的供给与需求，从而影响旅游产品的生命周期的变异。内部因素是指旅游业内部的可控因素，主要包括资源特点、设施与服务因素和管理因素等。如新建的饭店、新开发的资源，由于管理不善，设备损坏严重，秩序杂乱无章，服务质量下降，都会对旅游者产生排斥作用，影响旅游产品的销售及旅游产品生命周期的延伸，从而导致旅游产品过早进入衰退期。

任务二　旅游产品的开发

任务描述

胡同里的老北京

1992 年以前，凡到北京旅游的海外旅游者都被带往长城、故宫、颐和园、天坛等景点，谁也没有想到那迂回曲折的古老胡同对欧美旅游者竟有这么大的吸引力。

早在 1989 年，专职摄影师徐勇拍摄了一系列以胡同为题材的作品并编辑成册，出版了《胡同一百零一》这本摄影集。许多外国人被照片中胡同的文化深深感染，对胡同产生了浓厚的兴趣。徐勇本人也被请去向他们介绍胡同的更多细节。一日，徐勇陪同来自英国的几位游客在胡同游览，他看到外国游客极希望从胡同了解中国的古老文化，这一切启发了他的灵感：我可以成立一家公司，以旅游的形式，帮助外国人了解胡同这种代表老百姓，反映百姓生活的文化。

首先，徐勇对胡同游的景点进行了认真的选择。北京什刹海地区成了目标：这里的胡同迂回曲折，闹中有静，又比邻碧波荡漾什刹海，其间又有名人故居、帝王花园点缀；这里众多的四合院被砖墙包围，自成一道亮丽的风景；与前两处风景形成对比的是附近的贵族大宅院——恭王府，在这里游客可以在戏楼里看戏，进一步体会中国文化的底蕴。舒适的环境和有节奏的韵律变化使人可以尽情领略独特风采。

其次，选择了具有老北京特色的交通工具——人力三轮车。徐勇没有考虑选择展现北京现代特点的旅游车或小型汽车，出人意料地选择了人力三轮车，三轮车轻巧、流动性强，可以营造独具一格的乘坐体验，与胡同游形成绝好的搭配，选择的人力车夫也十分具有中国特点：朴实、稳重、友善。

最后，徐勇创建的北京胡同旅游公司打出“不去胡同，不知北京”，“到胡同去，了解老北京，理解新北京”的响亮广告语，该广告语已为常住北京的数千海外人士所熟知。

公司自创建至今，接待了近34万游客，他们中有政府首脑、美中关系协会主席、比尔·盖茨等。公司还接受了英国广播公司、德国电视台的采访。

本案例的“胡同游”旅游产品是什么类型的旅游产品？开发这种类型的旅游产品要点是什么呢？其次，“胡同游”旅游产品取得市场成功的原因是什么？旅游产品开发又要遵循什么样的原则和运用哪些策略呢？

任务实施

一、旅游产品的类型划分

旅游产品构成丰富，内容涉及面广，是一种综合性很强的产品，但它往往也以单项产品的形式存在。因此，可根据不同的标准划分出不同的旅游产品类型。

（一）按旅游产品的功能划分

1. 康体型旅游产品

康体型旅游产品是指能够使旅游者身体素质和体能得到不同程度改善的旅游活动，这种类型的产品拥有较多的旅游消费群体，其突出的特点是运动性强、需要特定的场所和一定的设备器材。典型的康体型旅游产品如体育旅游和保健旅游，体育旅游有高山滑雪、漂流、冲浪、潜水、高尔夫球等等；保健旅游有温泉疗养、森林浴和沙疗等。

2. 享受型旅游产品

享受型旅游产品是指随着人们物质生活水平的提高，为满足人们物质和精神上的享受而提供，是目前许多国家积极发展的新兴旅游产品。其特点是旅游设施豪华、旅游服务专业、娱乐项目多、旅游活动自由度大、旅游价格高。典型的如豪华列车游、豪华游轮巡游、美食美味游、新婚游等。

3. 探险型旅游产品

探险型旅游产品是指旅游者从未见过、听过或经历过，既标新立异又使人特别兴奋或惊心动魄的旅游活动。这一类型产品的消费者数量不多，但相对稳定，旅游者对个体自我价值的实现有着强烈的要求，对挑战极限怀有强烈的兴趣，喜欢冒险，喜欢新鲜事物。产品的突出特点是危险性较高，要求特殊的消费场所和一定的专门知识。优点是惊险、刺激，能充分满足旅游者的好奇心，令旅游者时刻处于高度紧张和兴奋的状态，给旅游者留下深刻的记忆。典型的探险型旅游产品有原始森林探秘、海底旅游、火山旅游、极地旅游、斗兽旅游等。

4. 特种型旅游产品

特种型旅游产品是指旅游者外出旅游的同时，把学习和探求专业知识、技能等作为旅游目的的旅游产品。其突出的特点是：较强的业务性和较强的教育功能。由于旅游的内容大多是与专业有联系的活动，因而通过轻松、直观的旅游学习，旅游者可以增长知识、开阔视野、启迪智慧，求知欲得到较大的满足。典型的特种旅游产品如修学旅游、工业旅游、农业旅游、科技旅游、森林观鸟旅游、园艺旅游、考古旅游、生态旅游等。

（二）按旅游者的参与程度划分

1. 观光型旅游产品

观光型旅游产品是指以观赏、游览自然风光、名胜古迹等为目的的旅游产品。它是旅游业发展初期成长起来的一种产品，旅游方式以参观为主，旅游者在游览过程中主要是被动地“饱眼福”，旅游者对经营者提供的旅游产品没有更多的个性化要求，旅游的目的主要是观景，旅游的对象主要是旅游目的地中知名度较高的自然或文化景观，如北京的长城、故宫、天坛、香山，杭州的西湖、断桥、雷峰塔，等等。旅游者消费这些旅游产品时共同的特征是“走马观花”，旅游活动中参与性的内容较少。

2. 主题型旅游产品

主题型旅游产品是运用丰富的产品设计经验和对目的地旅游资源的深入了解，在观光型旅游产品的基础上，增加更多的文化、艺术、美食或娱乐方面的体验。选择此类旅游产品的游客通常在旅途中能够更加贴近当地的历史文化及风土人情，并可根据各自的不同喜好，就某一方面或某一主题对旅游目的地进行深度了解，从而获取全新而有特色的知性满足。为追求个性与自我的游客，以深入理解与体验目的地国家某种文化、某种主题的全新产品，此类产品可以使游客更加贴近当地的历史文化及风土人情，从而获取独具特色的知性满足。例如“丝路旅游”和“三国旅游”等。

3. 参与型旅游产品

参与型旅游产品的实质就是为旅游者带来审美和愉悦的感受，以游客体验为导向，选择有创意的主题，开发个性鲜明的旅游产品，从而在激烈的市场竞争中立于不败之地。参与型旅游产品和项目的设计是要尽量调动旅游者的积极性，积极参与旅游产品生产和消费的过程中，旅游者同旅游经营者以及旅游目的地居民之间的关系是互动的。旅游者通过身心的调动得到愉悦的感受，参与活动的兴趣更加被激发出来；旅游经营者和当地居民在轻松融洽的气氛中提供服务，服务的质量更有保障。例如“乡村旅游”、“烹饪旅游”和傣族的“泼水节狂欢”。

4. 体验型旅游产品

体验型旅游产品是指旅游者以个人化的方式来度过一段旅游生活，并从中获得一系列的感受和回忆。旅游者对这类旅游产品的选择具有强烈的主观意愿。在旅游活动的过程中，旅游者全身心投入，对旅游产品的价值和使用价值体验深刻，并能从中得到满足。这一产品类型的旅游者通常愿意花较多的钱去购买产品，进行专业化的组合是旅游产品获得成功的重要手段。如探险旅游、登山旅游、攀岩旅游等。随着人们旅游需求的日渐多元化和细分化，体验型旅游产品会被越来越多的旅游者认可和接受，因此，体验型旅游产品可以挖掘的市场空间还会更大。

（三）按旅游产品的销售方式划分

1. 全包价旅游产品

指旅游者参加旅行社组织的旅游，按旅行社推出的某条旅游线路，一次性支付旅游者在旅游途中必须购买的旅游产品的费用。

2. 半包价旅游产品

这是指不含午餐、晚餐的包价旅游线路的旅游产品。

3. 小包价旅游产品

这是指旅游者可从包价旅游线路中进行选择性购买，如顾客购买旅游期间的客房使用权、交通工具使用权等，其他项目自理。

4. 自助旅游产品

指旅游者按照个人需求和偏好，不通过旅行社而直接向各旅游服务部门购买旅游产品。

（四）从旅游产品的开发程度划分

1. 创新型旅游产品

创新型旅游产品是指旅游经营者为了满足旅游者的新需要，运用新技术、新方法、新手段或对新的旅游资源进行开发设计、生产出来的旅游产品。包括新的景点、新的旅游线路、新的旅游项目和新的旅游设施等。如美国的“迪士尼乐园”和深圳的“锦绣中华”。创新型旅游产品研制开发时间较长，对资金和技术的要求较高，因此开发的风险较大。

2. 换代型旅游产品

换代型旅游产品是指对现有旅游产品进行较大规模改造后而形成的旅游产品。例如旅游企业扩建新楼，增加服务内容，对原有的硬件设施进行更换，提高接待档次。又如旅行社对原来的旅游线路重新进行编排、调整，把一日游改为二日游、三日游，丰富了活动的内容。

3. 改进型旅游产品

改进型旅游产品是指对原来旅游产品进行局部的改变或添加部分内容，以提高旅游服务质量，增强旅游产品的吸引力，巩固和拓展客源市场。例如西安市大雁塔，景区原有的范围较小，游览内容较单一，为了适应不断变化的市场，景区新建了部分仿古建筑，增加了一些佛教塑像和壁画、浮雕，对延长旅游者的逗留时间起到了一定的作用。

4. 仿制型旅游产品

仿制型旅游产品是指模仿市场上已有旅游产品的基本原理和结构设计、生产出来的旅游产品。最多见的仿制型旅游产品，如人造景观等。

二、旅游产品的开发内容

旅游产品的开发要根据旅游目的地的特点以及旅游市场需求状况，对旅游资源、旅游设施、旅游服务及旅游商品等进行规划、设计、开发和组合。其内容主要包括两个方面：一是对旅游地的规划和开发；二是对旅游线路的设计和组合。

（一）旅游地的规划与开发

旅游地是旅游产品的地域载体，旅游者对旅游产品满意与否，主要取决于旅游者在旅游地所能参加的一系列旅游活动，以及能够得到的一切旅游服务。因此，旅游地的规划与开发必须遵循国家及当地的旅游发展规划，统筹规划，合理安排景区景点的建设、接待设施的完善、人力资源的培养、环保措施的制定等。由于开发历史和开发程度的不同，旅游地在开发的重点和方向上也不相同。

1. 全新旅游地的开发

开发一个新兴旅游地，要做好充分的市场调查。一是，需求市场的调查，将市场进行细分后，找准自己的目标市场，调查目标市场对这一类旅游资源的关注程度，以及他们的需求数量、需求档次等。明确市场需求情况，才能使产品开发有的放矢，产品开发之后有源源不断的顾客。同时，旅游地首先要了解自己的旅游资源基础，查明旅游资源的总量、种类、密度、丰度、品位等，对旅游资源基础的优劣做出判断。二是，供给市场的调查，尤其是竞争对手在市场运行中出现的问题。然后再具体考虑开发哪些景区、怎么开发、开发到什么程度等，制定出明确的旅游发展目标。

2. 发展中旅游地的开发

对于发展中的旅游目的地，旅游产品的开发已有一定的基础，开发的重点是扬长避短，利用原有旅游产品的声誉和开发优势，改进存在的问题，进一步开发新的旅游功能，增加新的旅游项目，突出旅游产品特色，加大旅游市场营销，进一步提高旅游产品的吸引力与竞争力。

3. 发达旅游地的开发

对于发达旅游地的开发，主要是继续巩固和提升旅游地的市场形象，不断提高旅游地的管理水平和服务水平，积极创新，开发一批对市场有引导作用的新的旅游项目。并不断改造和改进原有的老产品，提高原有产品的科技含量。使企业乃至整个旅游地的组织结构改善，竞争力进一步提高，市场知名度更大。

（二）旅游线路的设计与组合

旅游线路是旅行社或其他旅游企业根据旅游需求的综合性、连带性特点，以旅游中心城市、旅游景区为节点，以交通线路为线索，为旅游者提供旅游过程的具体走向和连带服务。在旅游市场上，如果旅游线路的设计与组合能够满足旅游者的心理预期，与旅游者的消费水平相适应，旅游线路就受到欢迎，销路就好。反之，则成为滞销品。因此，旅游线路销售的成败同旅游线路设计水平的高低密切相关。旅游线路的开发是综合旅游产品开发，必须综合考虑旅游资源、旅游设施、旅游成本和旅游服务等因素。其开发、设计的类型如下：

1. 按旅游线路使用对象的不同性质分类

按旅游线路使用对象的不同性质，可以分为团体旅游线路和散客旅游线路。团体旅游线路的设计主要是面向包价旅游的一系列设计。散客旅游线路的设计是面向散客旅游的分阶段的可自由选择、组合的产品设计。

2. 按旅游线路跨越的空间尺度分类

按旅游线路跨越的空间尺度，可以分为：跨区域的旅游线路，如“长江三峡旅游”

线路，贯穿了多个省市、“丝绸之路游”线路则涉及多个国家；中程旅游线路，主要涉及省际的和省区内的中短程旅游线路；短程旅游线路，主要是省内、市内或景区内小尺度的游览线路，它主要与旅游地的开发规划有关。

3. 按旅游者的行为和意愿特性分类

按旅游者的行为和意愿特性，可分为周游型旅游线路和逗留型旅游线路。周游型旅游线路的游客，其旅游活动以观光为主，线路中包含的旅游目的地数量相对较多。逗留型旅游线路，其包含的旅游目的地数量相对较少，旅游者的活动多为度假、参加会议等目的。

三、旅游产品的开发策略

为了最有效地利用旅游资源和设施，最大限度地满足旅游者的消费需求，必须制定正确的旅游产品开发规划策略，指导旅游产品的合理设计与开发。常用的旅游产品开发策略有旅游地的规划与开发策略和旅游线路的设计与组合策略。

（一）旅游地的规划与开发策略

旅游地产品是一种整体性的旅游产品，要进行旅游地产品开发，首先必须凭借其旅游资源的优势，环境保护、筑亭垒石、造园修桥，使之成为一个艺术化的统一游览空间，让原有风光更加增辉添色，更符合美学欣赏和旅游功能的需要。根据人工开发的强度和参与性质，开发策略可以分为以下几种：

1. 资源保护型开发策略

对于罕见或出色的资源，要求进行保护或维护性开发。有些景观因特殊的位置而不允许直接靠近开发，它们只能作为被观赏点，其开发效用只能在周围景区开发中得以体现，对这类旅游地的开发，其要求就是绝对地保护或维持原样。

2. 资源修饰型开发策略

对一些旅游地，主要是充分加以保护和展现原有的自然风光，允许通过人工手段，适当加以修饰和点缀，使风景更加突出，起到画龙点睛的作用。如在山水风景的某些地段小筑台亭；在天然植被风景中调整部分林相（指各种植物群）；在人文古迹中配以环境绿化等就属于这类开发。

3. 资源强化型开发策略

这类开发指在原有旅游资源的基础上，采取人工强化手段，烘托优化原有景物，以创造一个新的风景环境与景观空间。如在一些自然或人文景点上搞园林造景，修建各种陈列馆和博物馆，以及各种集萃园和仿古园等。

4. 资源再造型开发策略

这类开发不以自然或人文资源为基础，仅是利用环境条件或设施条件人工再创造景点，另塑景观形象。如在非资源点上兴建民俗文化村、微缩景观公园等。

（二）旅游线路的设计与组合策略

旅游线路开发以最有效地利用旅游资源，最大限度地满足旅游者需求，最有利于企业竞争为指导。遵循旅游产品开发的原则，可以制定出以下几种旅游线路产品的组合策略。

1. 市场专业型组合策略

市场专业型组合策略的要义是市场细分，向某一特定的旅游市场提供其所需要的旅游产品。如旅行社专门以青年市场为目标开发的新婚旅游、探险旅游、修学旅游等适合青年口味的产品。使用这一策略的优点是有利于集中企业的力量对特定的一个目标市场进行调研，充分了解其各种需求。开发满足这些需求的多样化、多层次性的旅游产品。但由于目标过于单一、市场规模有限，企业产品的销售量也受到限制，所以在整个旅游市场中所占份额较少。

2. 产品专业型组合策略

产品专业型组合策略的要义是向不同的目标市场提供同一类型的旅游产品，满足他们在某一方面的共同需要。如果某旅行社只开发一种观光型的旅游产品推向欧美市场、大洋洲市场和东南亚等市场。因为产品线路单一，所以企业经营成本较少，易于管理，可集中精力开发和完善某一种产品，进行产品的深度开发，树立鲜明的企业形象。但不足之处在于旅游企业的产品类型单一，增大了旅游企业的经营风险。

3. 特殊产品专业型组合策略

特殊产品专业型组合策略的要义是向特定的旅游市场推出特定的旅游产品，即针对不同目标市场的需求提供不同的旅游产品。如对欧美市场提供观光度假旅游产品，对日本市场提供休学旅游产品，对东南亚市场提供探亲访友旅游产品；或者经营冒险型旅游产品满足青年旅游市场的需求，经营休闲度假旅游满足老年市场的需求等。这种策略能使企业有针对性地开发不同的目标市场，使产品适销对路。但企业必须进行周密的调研，成本较高。

4. 全线全面组合型策略

全线全面组合型策略的要义是旅游企业经营多种产品线，推向多个不同的旅游市场。如旅行社经营观光旅游、度假旅游、购物旅游、会议旅游等多种产品，并以欧美市场、日本市场、东南亚市场等多个旅游市场为目标市场。采取这种策略的优点是可以满足不同的市场需要，占据较高的市场份额。条件是企业必须具备较强的经济实力，承担较高的经营成本。

任务分析

上述案例中的胡同旅游产品瞄准欧美旅游者，充分利用西方人对中国文化的好奇心，打破了几十年来外国人在北京旅游以帝王生活为中心的模式，将游客带入寻常百姓家，成功地迎合了西方人了解中国文化的猎奇心理，取得了巨大的成功。胡同游旅游产品的成功还在于深入挖掘旅游吸引物的文化内涵，打造旅游产品独特的文化魅力。北京胡同游旅游产品运用逆向思维，当大多数人把注意力放在与古代帝王有关的建筑、生活与文化上时，徐勇却把自己的关注点集中在表现平民生活的胡同上，胡同旅游产品的与众不同，唯我独有，选择了正确的目标市场，它的成功就在意料之中了。

相关知识

旅游产品的开发是一项系统工程。为此，需要对旅游市场需求、旅游市场环境、投资风险、宏观政策、旅游基础设施、劳动力素质等进行深入分析，制订出符合旅游目的地实际的旅游产品开发、设计的最优方案。旅游产品开发中必须遵循一定的原则。

一、市场导向原则

旅游产品的开发以旅游资源的分析、评价为基础，但开发什么，如何开发，开发到什么程度则必须以市场为导向，以市场需求为旅游产品开发的出发点。以市场为导向的原则具体包括两层含义：一是旅游市场定位，确定当地的主要客源市场，这样可以使旅游产品的开发具有较强的针对性；二是目标市场需求状况分析。在目标市场被确定的基础上，产品开发者还需要进一步掌握目标市场的需求内容、规模档次、水平及发展趋势，从而形成适销对路的旅游产品，取得预期的经济效益。

由于旅游市场和旅游环境总是处在不断的发展变化当中，在旅游业发展的不同阶段，旅游地的目标市场也要随之发生变化。这就要求旅游产品的开发者应具有发展和战略的眼光，保证旅游产品的开发重点突出、有序进行。

二、综合效益原则

追求经济利益最大化是资本的天性。旅游产品的开发要投入大量的资金，所以，在开发过程中要始终把提高经济效益放在很重要的位置。但是，由于旅游产品不是一般的物质产品，具有文化属性，因此，在保证旅游企业获得较好经济效益的同时，还要强调旅游产品开发所带来的社会效益和生态效益，努力提高旅游地的综合效益。

三、特色与精品原则

由于人类的求新求异的心理，单一的观光功能区和游线难以吸引游客回头。因此，在旅游产品设计上应尽量突出自己的特色，做到人无我有，人有我优，唯此才能具有较大的吸引力。

四、可持续发展原则

可持续发展强调人类需要，也强调资源限制和代际公平。因此，旅游产品的开发要充分考虑旅游资源和环境的承受能力，确定合理的旅游资源和环境容量，使开发对生态环境的破坏减少到最小，确保旅游资源持续利用。

课外阅读

案例一 昆明—香格里拉八日游日程安排

近几年，云南省成功推出香格里拉探幽旅游线路产品组合，吸引了大量的中外游客，成为云南精品旅游线路产品，香格里拉探幽旅游线路八日游日程安排见表 2－1。

表 2－1　　香格里拉八日游日程安排

日期	旅游地	交通工具	预定观光场所	宿泊地
第一天	抵昆明		游览西山龙门、大观楼	昆明
第二天	昆明—丽江	飞机	游览玉峰寺、云杉坪（乘索道）、干海子、四方街古城、黑龙潭	丽江
第三天	丽江—香格里拉	大巴	公园、途中游览虎跳峡、长江第一湾、小中甸牧场	香格里拉县
第四天		大巴	参观碧塔海、葛丹·松赞林寺	
第五天				
上午	香格里拉—大理	大巴	游览纳帕海、藏族家访	
下午		大巴	乘车赴大理	大理
第六天	大理—昆明	大巴	游洱海、三塔寺、蝴蝶泉、参观喜洲民居、大理古城	
第七天		飞机	游览石林	昆明
第八天	昆明—上海			
白天		大巴	参观世博园	
晚上			返程	

案例思考题：

1. 你认为这条旅游线路成功的原因是什么？

2. 同样是在云南旅游，如果是行程六天的少数民族风情体验旅游线路，你会怎么安排？

任务结论

通过对旅游产品的学习，要求正确理解旅游产品的构成及其相互之间的关系在旅游经营实践中的意义；学习旅游产生命周期及其特点，掌握延续旅游产品生命周期的战略方法；加强对旅游产品的理解，了解发展旅游商品生产和销售的意义。

课堂训练与测评

1. 试述什么是旅游产品的价值和使用价值，怎样认识它们与一般物质产品价值和使用价值的不同？

2. 结合实际，谈谈如何进行旅游产品开发。

模块三

旅游需求

学习目标

理论目标：掌握旅游需求的概念、特征和旅游需求产生的主观因素及客观条件，了解旅游需求的影响因素及其变化的规律性，掌握旅游需求的价格弹性、收入弹性及交叉弹性，熟悉旅游需求的衡量指标及需求调查和预测的方法。

实训目标：学生能独立设计出旅游需求调查问卷并对旅游者旅游需求进行调查分析，同时，利用旅游需求规律和旅游需求弹性相关知识解决旅游活动中实际问题。

项目一　旅游需求内涵和影响因素

任务一　认识旅游需求内涵和影响因素

任务描述

20多个知名景区门票将涨价

2012年“五一”节即将来临，继清明小长假爆出“国内部分景点涨价”之后，又一个消息传来：未来数月内，全国将有超过20个知名景区门票涨价，涨幅从20%到60%不等。“一家三口出游，一张景区通票动辄一两百元，相当于大多数人两天的工资，再加上餐饮、交通费的支出，有工薪阶层抱怨，真的有点玩不起了。”江西某旅行社负责人说。

今年进入了国家发改委规定的旅游景区票价3年一调整的第二个3年“解禁年”。专家分析认为，今年国内将出现新一轮景区涨价潮。成本的上涨和跟风涨价是促使部分旅游景区票价进入“三年必涨”怪圈的主要因素，必须防止新一轮涨价潮对我国旅游产业造成长远伤害。

现状

景区票价陷“三年必涨”怪圈

根据已公布的调价信息显示，未来数月内，全国将有超过20个知名景区门票涨价，涨幅从20%到60%不等。同时，国内一批景区也正在酝酿门票提价。值得警惕的是，除了知名景区外，一些和市民生活相关的城市公园也进入此轮门票涨价的行列，如武汉植物园的门票将由30元/人次调整为40元/人次；石家庄动物园门票将由40元/人次调整为50元/人次。

记者发现，旅游景区门票上涨是由于国家发改委的规定本是抑制票价过快增长，而现在“3年解禁”似乎成了景区涨价的借口，造成了票价“3年必涨”的怪圈。而运营维护成本上升、旅游产品结构单一、景区之间攀比等是门票“三年必涨”的主要原因。另外，从相关媒体报道来看，一些景区门票调价幅度惊人。如山东台儿庄古城门票价格由每张100元涨至160元，一次性涨价幅度达60%。绝大多数酝酿或已上调的旅游景区门票涨价幅度在20%以上。记者还发现，一些景区“偷梁换柱”等涨价花样层出不穷。一些游客反映，有一些知名景区在不触动涨价红线的情况下，通过剥离门票中交通费或提高索道交通费提升景区收入。安徽省九华山今年门票价格表面上继续实行旺季190元淡季140元，但实质已变相涨价：2月1日开始，原先30元交通费被剥离出门票，需游客另付。

危害

工薪阶层抱怨“玩不起”

让一些游客颇为恼火的是，很多景区门票上涨了，但服务设施却总是跟不上。不少游客反映，一些景区的配套设施建设非常落后，游客休息座椅不足，甚至连上厕所都不方便。此外，一些景点内的餐饮、住宿更是搭车涨价。

有关媒体对全国（不含港澳台）130家5A级景区门票价格（非淡季全票）统计发现，近半5A级景区门票已上百元，超过一成5A级景区在200元以上。其中山东省泰山、蓬莱阁、南山、刘公岛在内的8家5A级景区，门票价格几乎全部迈入百元序列；另有一些4A景区甚至暂不在A级序列的景区门票也突破百元大关。

在众多“百元景区”中，风景资源最好的5A级景区受到诟病最多。不少游客对此多有抱怨，认为高达百元的门票超出了多数民众的承受能力，将把他们挡在景区门外。

对比

我国景区票价高过国外

与国外相比，中国景区的门票普遍偏贵。如九寨沟旺季门票220元；张家界245元；莫高窟160元；黄山230元。而国外的一些景点如日本富士山免费，韩国汉拿山免费，俄罗斯克里姆林宫150卢布（约合人民币45元），法国卢浮宫8.5欧元（约合人民币85元）。

上述案例的背后是随着我国社会经济的发展，越来越多的人追求精神享受，出游已经成为大部分人的一种精神需求。全国知名景区门票的集体涨价，反映了旅游需求市场的旺盛。

任务实施

一、旅游需求的概念

（一）旅游需求的内涵

1. 需求与需要

在微观经济中，需求是商品和服务得以交易的市场双要素之一。需求是指在经济上可以实现的需要。换句话说，需求是指人们在一定时期内，消费者愿意并且能够以一定价格购买的商品和劳务的数量。需求与需要是不同的两个概念，需要是指人们对某种事物渴求满足的欲望，是产生人类一切行为的原动力；需求则仅仅是指有支付能力的那部分需要。

2. 旅游需要与旅游动机

随着生活水平的提高，旅游给人们带来了身心的愉悦，让人们能暂时放松身心，当人们产生休闲、度假、游览、观光等旅游欲望时，旅游需要也就产生了。旅游需要就是指当人处于旅游缺乏状态时而出现的个体对旅游愉悦行为的自动平衡倾向和择取倾向，是心理内驱力在潜在旅游者头脑中的意识反映。旅游动机是由旅游需要所催发、受社会观念和规范准则所影响、直接规定具体旅游行为的内在动力源泉。旅游需要和旅游动机属于心理学的范畴。

3. 旅游需求与旅游需要

正如前面所讲，当人们产生对休闲、度假、游览、观光等旅游欲望时，则意味着人们将产生旅游需求。因此，从旅游经济的角度看，旅游需求是指人们为了满足对旅游活动的欲望，在一定时期内愿意并且能够以一定价格购买的旅游产品的数量。可见旅游需求是一个经济化了的概念，而且是一个在旅游者旅游购买决策过程中表现出来的概念。但从旅游需要到旅游实现，之间存在着一定的障碍。只有克服这些障碍，才能使潜在的旅游需要转化为具有现实意义的旅游需求。正如一个人感到饥饿时，他就有“吃”的“需要”，如果此时有两种食物可以满足果腹需要——粗面窝头和细面馒头，那么，经验告诉他，馒头会比窝头好吃，于是他有了对馒头的“欲求”；然而，可能很不幸，他囊中羞涩，只有能买下窝头的“支付能力”，于是，他的需求就只能是“窝头”。

综上所述，旅游需求是旅游者对旅游产品的需求。旅游需求分为个人旅游需求和旅游市场需求。个人旅游需求是指单个消费者或家庭对某种旅游产品的需求，旅游市场需求是对市场上某一旅游产品所有个人需求的总和。个人需求是构成市场需求的基础，而市场需求则是所有个人需求的总和。在旅游经济学研究中，旅游需求通常多指旅游市场需求。

4. 如何把握旅游需求概念

首先，旅游需求表现为旅游者对旅游产品的购买欲望。旅游需求作为旅游者的一种主观愿望，其表现为旅游者对旅游活动渴求满足的一种欲望，即对旅游产品的购买欲望，是激发旅游者的旅游动机及行为的内在动因。但旅游需求并不是旅游者实际购买的旅游产品数量，它只表现为对旅游产品的购买欲望，而这种购买欲望能否实现则取决于旅游者的支付能力及旅游经营者提供旅游产品的数量。

其次，旅游需求表现为旅游者对旅游产品的购买能力，即旅游者的经济条件。旅游者的经济条件，通常是用个人可支配收入来衡量。在其他条件不变的情况下，个人可支配收入越多，则人们对旅游产品的需求就越大。此外，一定的旅游产品价格也是影响旅游者购买能力的首要因素。因此，旅游者对旅游产品的购买能力，不仅表现为旅游者消费旅游产品的能力，而且是旅游者的购买欲望转化为有效需求的重要前提条件。

再次，旅游需求表现为一种有效需求。在旅游市场中，有效的旅游需求是指既有购买欲望，又有支付能力的需求，它反映了旅游市场的现实需求状况，因而是分析旅游市场变化和预测旅游需求趋势的重要依据，也是旅游者制定经营计划和策略的出发点。凡是只有旅游欲望而无支付能力或者只有支付能力而无旅游欲望的需求均称为潜在需求。前一种潜在需求只能随社会生产力发展和人们收入水平提高，才能逐渐转换为有效需求；后一种潜在需求则是旅游经营者应开发的重点，即通过有效的市场营销策略，如广告、宣传、人员促销等，使其能够转换为有效的旅游需求。

（二）旅游需求的基本特征

同一般的商品需求相比，旅游需求具有以下特点：

1. 旅游需求的整体性

旅游活动是一个全程的活动，大多数旅游者在决定去某地时，并不只考虑某一方面的旅游产品或服务，而是将多种有关的旅游产品或服务综合起来进行考虑。这种对总体旅游产品的需求涉及食、宿、行、游、购、娱等各个方面，离开了对各个方面相关产品的需求，其目的也就无法实现。因此，旅游需求在客观上就是一种整体性的需求，是对各种不同旅游产品的组合需求。

2. 旅游需求的指向性

旅游需求的指向性是指旅游者对主要旅游产品的需求是定向的。旅游者外出旅游，总要事先确定一个旅游目的地。这些旅游目的地大多是以自然的、历史文化的资源为基础而形成的具有一定吸引力的旅游景点和景观。它们在空间上具有不可移动性，旅游者只有亲自前往才能实现。尽管在往返旅游目的地的过程中，同时也会有多种需求，但都是从对主要旅游产品的需求中派生出来的。旅游需求的指向性是由旅游者的目的性和旅游活动的地域性所决定的。

3. 旅游需求的季节性

旅游需求的季节性特点是十分明显的。其形成原因一方面同旅游目的地的气候对旅游环境的影响有关；另一方面也与旅游客源地的气候条件、假期安排和人们外出旅游的传统习惯等因素有关。旅游需求的季节性波动对旅游供求之间的平衡显然有不利的影响，通常表现为旅游旺季供不应求，旅游淡季供大于求，必然给旅游经营者带来困难。

4. 旅游需求的多样性

旅游需求的多样性是指人们在旅游地点、旅游方式、旅游等级、旅游时间和旅游类型等方面选择上存在的差异性。同时，旅游需求是个别旅游需求的总和，不同的个体由于知识水平、经济条件和个人爱好等原因，每个旅游者的需求都是不同的。

二、旅游需求的影响因素

旅游需求是在政治经济、社会文化和自然环境等各种因素的影响下形成的一种复杂的社会经济现象。因此，要很好地了解旅游需求状况，把握其变化发展趋势，还必须对影响旅游需求的各种因素进行分析。通过分析这些因素和条件，不但可以知道旅游需求产生的内在必然性，而且可以进一步分析和预测旅游需求的变化发展趋势。为便于理解，本书将影响现代旅游需求的因素分为客观因素和主观因素。客观因素是促使人们成为旅游者的外部因素，主观因素是促使人们成为旅游者的内部因素。

（一）内部因素

可支配收入。依据奥尔德弗的生存、关系和成长论，旅游需求主要是由人的成长的需要和相互关系和谐的需要决定的。可支配收入是衡量购买能力的重要指标。可支配收入是指人们从事社会经济活动而得到的个人收入扣除所得税的余额，是自己可以自由决定其用途的收入，随着经济的发展和社会的进步，人们的收入不断增加，生活水平逐步提高，人们在基本生存需要满足之后，将会把追求目标转移到精神方面去，会不断建立良好、和谐的人际关系，来完善和发展自己，现在，一些发达国家，人们已经把旅游看作现代生活方式中必不可少的重要组成部分。研究表明，我国居民可支配收入每增加1 000亿元，国内旅游收入将增加3 980万元，可见可支配收入的提高对我国国内旅游需求的影响很大。

人口因素。人口因素对旅游需求的影响主要涉及的是人口的年龄结构、性别结构和职业结构三个方面。老年人的时间比较富裕，而且今天的老年人身体健康情况较过去的老年人已大大改善，加之他们当中很多人有养老金和积蓄，因而他们能够经常外出旅游。而处于中年阶段的人在事业上往往有所建树，家庭经济状况普遍较好，旅游需求程度也普遍较高。相反，已婚且子女较小的青年，旅游需求往往会因孩子的牵累而受到限制。未成家的青年学生正在读书学习，虽然假期渴望旅游，但经济条件受限制。性别结构对旅游需求的影响也是客观存在的。无论是从全世界参加旅游活动的总体情况来看，还是从一个国家外出旅游者的情况分析，男性旅游者所占的比例都高于女性。但随着社会经济发展，家务劳动的社会化及妇女地位的不断提高，妇女出游率会不断上升，职业结构对旅游需求的影响主要体现在旅游者队伍中，专业人员、中级以上的管理人员以及其他所谓“白领”职业人员所占的比重高于所谓“蓝领”体力劳动者。

家庭人口与教育程度。这也是影响旅游需求的一个重要因素。目前，发达国家的家庭人口规模小型化，家庭牵累少，大大减轻了外出旅游的后顾之忧。受教育程度越高，社会地位越高，希望到世界各地旅游的愿望就更强烈，所以旅游需求就越大。

（二）外部因素

闲暇时间因素。旅游活动必须花费一定的时间，没有时间就不能实施旅游行为，因而闲暇时间是构成旅游活动的必要条件。20世纪60年代以后，西方很多工业化国家都开始以立法形式规定了带薪假期制度。特别是许多国家和企业推行每周五日工作制和带薪假日，使人们的闲暇时间越来越多。1995年5月，中国开始在全国职工中实行每周5日工作制，随即国内旅游出现“周末旅游热”，1999年9月出台了《全国年节及纪念日放假办法》，从此以后每年就出现了 3 个“旅游黄金周”，目前我国公民享受的年均休息日已达 114 天，于是，人们不仅产生短期休闲旅游，以度过美好的周末；而且逐渐增加远程旅游及国际旅游，到世界各地游览观光，到风景名胜区休闲度假。旅游已逐渐成为人们所乐意接受的一种生活方式。

政治因素。政治稳定性是激发旅游需求，促使旅游需求不断增加的重要因素。不稳定的政治环境，往往使旅游者要承担各种风险，从而造成旅游者的心理压力而使旅游需求下降。因此，旅游接待国的政局稳定，则对该国旅游产品的需求量就多；反之，则对该国旅游产品的需求量就少。有时，在一个旅游圈域内某一国家的政局不稳定，还会波及周围国家及整个旅游圈的旅游需求普遍下降。此外，旅游接待国的有关法律、法规及执行情况，也对旅游需求产生着直接和间接的影响。

经济因素。经济因素主要是指人均国内生产总值、旅游产品价格和外汇汇率等。从旅游经济学角度看，客源地的国内生产总值高，旅游需求量就会增加；旅游目的地设施及接待条件较好，对旅游者吸引力就大。从价格和汇率方面看，旅游需求与价格呈负相关关系。当旅游产品价格上升，旅游需求量就下降；价格下跌，旅游需求量就会上升。另外，在国际旅游中，当接待国的货币升值，则前往该国的旅游者或旅游停留时间就减少；反之，前往该国的旅游人数和时间会增加。

社会文化因素。不同国家或地区具有不同的社会文化背景，人们在价值观念、风俗习惯、语言文字、宗教信仰、美学和艺术等方面存在着差异，这将会影响到人们对旅游需求的选择。因此，在研究旅游需求时，就必须注意分析目标市场所在国家或地区的社会文化特征，以及在此背景下所形成的消费习惯和需求心理，尽可能地适应旅游者的需求习惯和爱好，最大限度地满足旅游者的需求。

交通运输因素。随着大型民航客机、高速公路、高速列车等现代化的交通运输工具的产生，人们出行更加便捷，特别是远程旅游和国际旅游，旅游者在旅游活动过程中，空间移动更加舒适、方便和安全，这有效地刺激了人们的旅游需求，也促进了旅游业的不断发展。有研究表明，我国旅客周转量每增加 100，国内旅游总人口将增加 800 万人次，可见交通条件的改善对旅游需求的影响是很明显的。

旅游资源因素。旅游资源是吸引旅游者的旅游对象物，是一个国家或地区的自然风貌和社会发展的象征，体现着该国家或地区自然、社会、历史、文化及民族的特色，从而对生活在其他国家或地区的人们产生着吸引力。旅游目的地国家或地区的旅游资源情况对客源市场的旅游需求有着决定性的影响。旅游资源一般是客观存在和不好改变的。旅游目的地国家和地区只能利用这些资源去寻找对其感兴趣的需求市场，不断满足现代旅游需求的多样化。

任务分析

人们旅游的一个重要动机就是：获得知识，增长见闻，实现自我提升。人们对于旅游的需求已经发展到对追求精神愉悦和文化享受的高层次，旅游的过程成为旅游者经历文化、体验文化和欣赏文化的过程。旅游需求并不是旅游者实际购买旅游产品数量，它只是旅游者对旅游产品的购买欲望，这种购买欲望能否实现则取决于旅游者的支付能力及旅游经营者市场营销效果。在其他条件不变的情况下，个人可自由支配收入越多，人们对旅游产品的需求就越大。政治稳定、法律法规的完善、国内生产总值高、现代化的交通运输工具的产生和丰富的旅游资源等都在一定程度上影响了旅游者的旅游需求。

任务二　设计旅游需求调查问卷并对旅游者旅游需求进行调查分析

任务描述

旅游中，您需要什么?

您好！我们正在进行一项关于旅游需求的调查活动，需要占用您宝贵的时间为我们提供一些资料。请您花一些时间为我们填写下表，我们将会对您的信息进行必要保护！感谢您的合作！请您在题目后的括号里填写您的答案。

1. 请问您的性别是（　　）

A. 男　B. 女

2. 请问您的民族是（　　）

A. 汉族　B. 穆斯林民族　C. 其他少数民族

3. 请问你的年龄是（　　）

A. 15岁~24岁　B. 25岁~39岁　C. 40岁~59岁　D. 60岁以上

4. 您的常住地是（　　）

A. 东北地区　B. 北部沿海地区　C. 东部沿海地区　D. 南部沿海地区

E. 黄河中游地区　F. 长江中游地区　G. 西南地区　H. 西北地区

5. 对于您来说，外出旅游这项活动（　　）

A. 必不可少　B. 视情况而定　C. 可有可无　D. 没有必要

6. 通常情况下，您获得旅游信息的途径是（　　）

A. 网络（如旅游论坛等）　B. 杂志期刊

C. 旅行社　D. 熟人介绍

E. 电视节目

7. 在您了解旅游目的地时遇到的问题是（　　）

A. 路线表达不清楚　B. 特色介绍不明确

C. 住宿、饮食介绍不全面　D. 缺少费用预算

8. 通常您会选择哪种旅游方式（　　）

A. 在旅行社报团　B. 与亲友自助游

C. 与网络上的“驴友”同行　D. 独自出游

9. 通常您会选择什么时间旅游（　　）

A. 黄金周　B. 周末　C. 小长假　D. 年假

E. 随时

10. 您一般选择哪种交通工具出游（　　）

A. 飞机　B. 火车　C. 汽车　D. 自行车

11. 您的月收入（生活费）是多少？（　　）

A. 1 000元以下　B. 1 000～2 000元

C. 2 000～3 500元　D. 3 500～5 000元

E. 5 000元以上

12. 您愿意为旅游提供多少可自由支配资金（　　）

A. 10%以下　B. 10%～20%　C. 20%～30%　D. 30%～40%

E. 40%以上

13. 您去旅游的最主要目的是什么？（　　）

A. 休闲放松，舒缓压力　B. 参观游览，增长见识

C. 消磨时间　D. 亲身体验，回归自然

E. 陪伴家人、朋友　F. 其他

14. 阻碍您外出旅游的因素通常有（　　）

A. 经济因素　B. 交通因素　C. 饮食、住宿问题　D. 身体健康因素

E. 时间因素　F. 天气因素　G. 其他

15. 在您旅游过程中，令您不满意的通常是（　　）

A. 费用不合理　B. 交通不方便

C. 住宿、饮食条件差　D. 景区规划不够人性化

E. 景区或旅行社工作人员职业素养不高　F. 其他

16. 在旅游过程中遇到您遇到不满意的事情时，通常会（　　）

A. 向相关部门投诉　B. 细心指出

C. 表示理解　D. 不加理会

17. 旅游结束后，对于您不满意的景区、酒店或旅行社您会（　　）

A. 再次光顾并希望其改正　B. 不在光顾

C. 让亲戚朋友也别再光顾　D. 其他

最后，再次感谢您对本次问卷调查工作的配合与支持！祝您生活愉快！

这个案例告诉我们如何设计一份旅游需求问卷调查表。那么在设计一份旅游需求问卷调查表时我们应该注意哪些问题呢？

任务实施

一、旅游需求调查问卷

一份有深度又能准确反映情况和分析问题的调查报告，可以成为领导制定方针政策、解决问题的有力依据，但如果调查报告中的资料、数据失实，则可能导致做出错误判断，失去其调查意义。因此，做好调查工作是写好调查报告的必要前提。在调查中，我们一般有多种方法，如开调查会、个别访谈、现场察访、统计调查、网络调查等。其中调查问卷作为一种省时省力，又能对事物进行比较全面系统的调查方法在日常工作中

倍受青睐。调查问卷又称调查表或询问表，是以问题的形式系统地记载调查内容的一种印件。问卷可以是表格式、卡片式或簿记式。旅游需求调查问卷就是有关旅游需求的调查表。旅游需求调查问卷作为实现调研目的和收集数据的必要手段在设计中有严格要求。调查项目的不同提问形式、提问方法，甚至题目编排顺序都会影响资料的真实性。那么应该如何设计旅游需求调查问卷呢?

二、旅游需求调查问卷的设计

(一) 旅游需求调查问卷的结构

旅游需求调查问卷的结构一般包括三个部分：前言、正文和结束语。

1. 前言。旅游需求调查问卷在多数情况下，是面向社会、面向消费群体进行的，所以需要向被调查者简单阐释本次调查活动的目的、意义，以引起被调查者的重视和兴趣，获得他们的支持与合作。例如：针对大学生旅游需求调查问卷的前言："同学您好：为了更好地了解您的旅游需求意向，为您提供更好的旅游产品，请您百忙中帮我们在下列备选项中进行选择。其中○为单选，□为多选。谢谢合作"!

2. 正文。正文部分是旅游需求调查问卷的主体部分，主要包括：被调查者信息、调查项目和调查者信息三个部分。

被调查者信息，主要是了解被调查者的相关资料，以便对被调查者进行分类。一般包括被调查者的姓名、性别、年龄、职业、受教育程度等。这些内容可以了解不同年龄阶段，不同性别，不同文化程度的个体对待被调查旅游需求的态度差异，在调查分析时能提供重要的参考作用。

调查项目，是旅游需求调查问卷的核心内容，是组织单位将所要调查了解的内容，具体化为一些问题和备选答案。

调查者信息，是用来证明调查作业的执行、完成，和调查人员的责任等情况，并方便于日后进行复查和修正。一般包括：调查者姓名、电话，调查时间、地点，被调查者当时合作情况等。

3. 结束语在调查问卷最后，简短地向被调查者强调本次调查活动的重要性以及再次表达谢意。如：为了保证调查结果的准确性，请您如实回答所有问题。您的回答对于我们得出正确的结论很重要，希望能得到您的配合和支持，谢谢!

(二) 旅游需求调查问卷项目设计

旅游需求调查问卷项目设计的好坏是关系到调查活动能否成功的关键因素，它对调查问卷的有效性、真实度等起着至关重要的作用。在设计问卷项目时，首先要确定调研目的，数据分析方法等因素，再确定问题类型。问卷项目按问题回答的形式一般可以分为封闭式问题和开放式问题。其中封闭式是为被调查者提供备选答案或者限定范围。这是旅游需求调查问卷中最常见的方式。开放式问题一般有完全自由式、语句完成式等。

1. 确定问题类型

(1) 两项选择题由被调查者在两个固定答案中选择其中一个，适用于"是"与"否"等互相排斥的二择一式问题。例如：

请问您在半年内是否有去旅游的打算：

是（ ）否（ ）

两项选择题容易发问，也容易回答，便于统计调查结果。但被调查人在回答时不能讲原因，也不能表达出意见的深度和广度，因此一般用于询问一些比较简单的问题。

（2）单项或多项选择题是对一个问题预先列出若干个答案，让被调查者从中选择一个或多个答案。例如：

您获取关于黄山旅游信息资源的渠道是（多选）：

a. 电视广告、广播、报纸、杂志介绍 b. 旅游宣传、促销活动 c. 通过旅行社咨询 d. 亲朋好友推介 e. 互联网

这类题型问题明确，便于资料的分类整理。但由于被调查者的意见并不一定包含在拟定的答案中，因此有可能没有反映其真实意思。对于这类问题，我们可以采用添加一个灵活选项，如"其他"来避免。

（3）开放式问题是一种可以自由地用自己的语言来回答和解释有关想法的问题。即问卷题目没有可选择的答案，所提出的问题由被调查者自由回答，不加任何限制。例如：

您认为发展亳州旅游，最关键的是什么？

使用开放式问题，被调查者能够充分发表自己的意见，活跃调查气氛，尤其是可以收集到一些设计者事先估计不到的资料和建议性的意见。但在分析整理资料时由于被调查者的观点比较分散，有可能难以得出有规律性的信息，并会导致调查者的主观意识参与，使调查结果出现主观偏见。例如：在您以前去过的旅游景区中印象最深的有哪些？这样的题目在整理答案时，要得出一个结论来是非常困难的。每一位被调查者去过的旅游景区五花八门，印象最深的也是琳琅满目，其所获得的资料难以提供真正有价值的信息。因此为避免出现上述问题，我们可以采用"假开放式"问题，即看似开放但实质有所限制。例如：在您以前去过的安徽旅游景区中印象最深的有哪些？这个题目看似是开放式题目，但实际上回答的范围在无形中已限定下来。因此，在进行分析研究时，能得出比较客观的结论。

2. 设计问题项目的注意事项

设计问题项目除需要根据调查目的来选择合适的题型外，还需要注意以下几个方面：

（1）必要性原则。为避免被调查者在答题时出现疲劳状态，随意作答或不愿合作，问卷篇幅一般尽可能短小精悍，题目量最好限定在 20 ~ 30 道左右，每个问题都必须和调研目标紧密联系。并需要考虑题目之间是否存在同语重复，相互矛盾等问题。

（2）准确性原则。问卷用词要清楚明了，表达要简洁易懂，一般使用日常用语，避免被调查者有可能不熟悉的俗语、缩写或专业术语。当涉及被调查者有可能不太了解的专业术语时，需对其作出阐释。

（3）客观性原则。调查问句要保持客观性，避免有引导性的话语。例如：

就"一流的资源，二流的产品，三流的导游。"这句话，你能站在客观的角度评价我市的旅游吗？

a. 不错，还是有不少可看之处（ ）

b. 一般，但是和有名景区相比，还需要进一步开发（ ）

c. 较差，应该加强旅游资源的整合（　　）

d. 其他（　　）

上面这道题在一开始就给被调查者灌输了“一流的资源，二流的产品，三流的导游”观念，在这种引导下，加之被调查者的从众心理，很难让他再“站在客观的角度”去对该市的旅游进行客观评价。

三、调查问卷设计的注意事项

1. 调查问卷必须方便数据统计分析，其结果能回答调查者所想了解的问题。

2. 问卷问题在排列时需注意其内在逻辑性。在安排上应先易后难，从一个引起被调查者兴趣的问题开始，再问一般性的问题、需要思考的问题，而将敏感性问题放在最后。这样可以使被调查者能在前面答题的基础上，更好地理解难一些的题意，从而节省时间，保证调查质量。

3. 在印刷正式调查问卷时，应注意其纸张及装订质量，保证调查问卷的整洁、庄重，让被调查者感觉到调查活动的正式、严肃。

任务分析

旅游市场需求调查内容及其广泛，主要包括有客源地市场环境、市场需求和潜在需求、旅游产品组合和顾客评价等。旅游市场需求调查的目的是为了摆脱个人有限的经验和主观臆断，以科学正确的方法主动收集、整理和规划经营决策相关信息。它是旅游规划和决策的重要依据。

相关知识

1997 年后我国国民经济持续走低，内需不足，国家采取了积极的财政政策和货币政策以拉动内需刺激经济发展，效果不尽如人意。1999 年第一个“黄金周”长假以来，旅游热潮令举国上下始料未及，持续走低的市场物价开始回升了，以后的各个“黄金周”里除了 2003 年“非典”影响不高之外均持续走高，见表 3－1。下表中的数据印证了“黄金周”假日旅游在提高人民生活水平、推动消费经济发展等方面有着重要现实意义，也证明了“黄金周”旅游市场的发展潜能巨大。

表 3－1　中国“黄金周”假日旅游旅游人数和收入情况（2000～2007 年）

年份	旅游人数（人次亿）			旅游收入（亿元）		
	“春节”	“五一”	“十一”	“春节”	“五一”	“十一”
2000 年	/	0.46	0.55	/	181	220
2001 年	0.449 6	0.737 6	0.639 7	198	228	250
2002 年	0.515 8	0.87	0.807 1	228	331	306
2003 年	0.594 7	/	0.899 9	257.6	/	346

续表 3－1

年　份	旅游人数（人次亿）			旅游收入（亿元）		
	"春节"	"五一"	"十一"	"春节"	"五一"	"十一"
2004 年	0.632 9	1.04	1.01	289.6	390	397
2005 年	0.69	1.21	1.11	313	467	463
2006 年	0.783	1.46	1.33	568	585	559
2007 年	0.922	1.79	/	438	736	/

课外阅读

案例　2002 年旅游者在穗状况调查分析报告

2002 年度广州市旅游统计调查工作的一个重要方面，是加强了对来穗旅游者开展业务问卷调查。从 2 月初到 10 月底，全年共完成各类面向旅游调查的有效问卷 27 263 份。调查结果如下所述。

(一) 来穗游客的结构和分类

1. 来源地分类

通过对 38 726 位游客的调查发现，在穗游客中，广州市（含郊县）居民约占 44.70%，省内游客约占 23.26%，外省游客约占 21.62%，境外游客约占 10.42%，见表 3－2。

表 3－2　在穗游客来源地调查表

游客来源	广州（含郊县）游客	省内游客	外省游客	境外游客	总计
调查样本量（人）	17 310 人	9 009 人	8 373 人	4 034 人	38 726
所占比例（%）	44.70%	23.26%	21.62%	10.42%	100%

2. 来穗游客目的

调查结果显示，在剔除了本地居民的问卷后发现，以公务/经商为主要目的的游客所占比例最高，约占 43.89%，来穗观光/休闲的游客占 41.11%，见表 3－3。

表 3－3　不同目的游客分类

游客来源	观光/休闲	探亲	公务/经商	其他	总计
调查样本量（人）	8 804	1 566	9 399	1 647	21 416
所占比例（%）	41.11	7.31	43.89	7.69	100

调查结果反映，来穗游客中，虽然仍以公务/经商的游客为主体，但以观光/休闲为主要目的的游客所占比例也达到四成以上，说明广州作为现代化旅游中心，旅游目的地

的特征非常明显。

3. 来穗旅游方式

调查表明，来穗游客因目的不同，选择的出游方式也不尽相同，如表 3－4 所示。其中，以个人或与亲友结伴而行的约占九成，构成来穗游客的主体；参加旅行社组织仅占约 5%，说明来穗游客以散客形式为主。以散客为主的市场，决定了旅游产品（包括服务和娱乐项目）应该有不同于团队游客特点的销售包装和组合定位，才能有针对性地组织供应，扩大需求。

表 3－4 各种旅游方式游客调查

游客类别	单位组织	个人/亲友结伴	旅行社组织	总计
调查样本量（人）	1 338	20 674	1 148	23 160
所占比例	5.78	89.27	4.95	100

4. 游客来穗次数

为了解来穗游客对广州的熟悉程度，调查设置了来穗次数这一项目。调查结果显示，来穗游客中，第一次来穗的仅占不到两成，而超过一半的游客来穗 4 次以上，如表 3－5 所示。

表 3－5 游客来穗次数调查表

项　目	住旅馆游客情况		景点游客情况		汇总情况	
	调查量（人）	比例（%）	调查量（人）	比例（%）	调查量（人）	比例（%）
第 1 次来穗	196	15.95	960	18.82	1 156	18.27
来穗 2 次－3 次	313	25.47	1 402	27.69	1 715	27.11
来穗 4 次以上	717	58.34	2 738	53.69	3 455	54.62
合　计	1 229	100	5 100	100	6 326	100

表 3－5 表明：

（1）广州的旅游环境十分适合这类游客的旅游活动，广州正在成为让游客常来常往的、舒适的旅游目的地城市；

（2）由于广州的旅游环境非常适合游客前来，因此只要游客来过广州，大多还会再来——广州具有较强的吸引“回头客”的魅力；

（3）广州旅游应当充分调动各方面的积极性，进一步开拓新兴客源地市场，增加“第一次”来穗游客的数量和比例。

（二）来穗游客停留天数

1. 各类游客的停留时间

调查显示，来穗游客的目的不同，导致其在穗停留时间也不同。在穗过夜的游客，平均停留时间为 3.77 天。其中以经商为主要目的的游客停留时间最长，在 4.51 天（如表 3－3 显示的来穗公务/经商游客在全部游客中所占比例最高，达 43.89%，因此可以说，这部分游客对广州的贡献率最大）；而以探亲访友和观光度假为主要目的游客，人均在广州停留时间依次为4.17天和3.65天，见表3－6。

表3－6　不同目的游客在穗停留时间

游客分类	调查人数	对应总天数	人均天数
观光	12 539	45 134	3.65
探亲访友	2 561	10 678	4.17
商务	719	3 241	4.51
会议	93	219	2.36
宗教	139	372	2.27
其他	144	391	3.36

注：本表数据不包含“本地居民”问卷。

2. 过夜游客与不过夜游客的比例

在剔除了本地居民的因素后，2002年来穗游客中（调查22 867），过夜游客约占57.57%（13 165），不过夜游客约占42.43%（9 702人），说明广州作为现代化的交通枢纽城市，具有便捷的长途客运条件，为各类游客提供了良好的交通服务。同时也说明，广州接待外地游客，还具有提高过夜比例、增加人均停留时间以达到增加有效需求的发展空间。

3. 游客对景区景点的选择

调查显示，游客对广州市近百处不同特色内涵的景区景点的选择也很有意思。年初春节时段调查中，游客对景德镇区景点的选择意向排名前8位的依次是：越秀公园（五羊塑像）、白云山风景区、北京路步行街、上下九步行街、动物园、香江/长隆野生动物世界、陈家祠、中山纪念堂；年底调查时游客的选择有了其中天河城广场和珠江游进入了前8位（见表3－7）。这表明广州市实行“一年一小变，三年一中变，十年一大变”工程以来的城市新面貌、新景观吸引了众多游客，也成为广州游的新项目、新招牌。在年末的调查中，也有个别深受游客欢迎的老景点“退居二线”，主要原因是门票大幅提价后游客需要一个适应过程。

表3－7　2002年年初、年末游客选择景区景点统计表

序号	年初游客选择结果	年末游客选择结果
1	越秀公园	白云山风景区
2	白云山风景区	北京中步行街
3	北京中步行街	上下九路步行街
4	上下九路步行街	天河城广场
5	动物园	越秀公园
6	香江/长隆野生动物世界	香江/长隆野生动物世界
7	陈家祠	珠江游
8	中山纪念堂	中山纪念堂

（三）来穗游客消费情况调查

表3－8采用节日与平时对比的方法，了解在穗游客用于住宿、餐饮、购物、参观景点等方面的花费占其总花费的比例，大体反映了本年度来穗游客的消费状况。除了“其他”一栏由于包括的内容不同无法进行对比分析外，其余“住宿”、“餐饮”、“购物”、“景点门票”等消费类别调查所显示的结果表明，节假日期间所占比例虽然明显高于平时，但差距没有想象的大。这个现象说明，广州消费市场在全年并无很明显的淡旺季；来穗游客的消费结构中，购物所占比例为1/4，超过了住宿和餐饮，但距离旅游业发展成熟的香港、新加坡等地旅游购物约占游客总花费40%的比例，广州还有很多工作要做。

表3－8 游客在穗消费结构调查表（%）

游客/时间分类		住宿	餐饮	购物	景点门票	市内交通	其他
国内游客	黄金周	22.91	20.87	27.75	9.70	12.62	8.01
	平时	23.00	20.89	25.69	7.33	3.54	19.28
境外游客	黄金周	24.38	21.15	32.46	6.39	8.41	7.19
	平时	21.66	26.15	21.35	11.53	3.02	16.30
全部游客	黄金周	23.28	20.95	28.93	8.88	11.58	7.81
	平时	23.00	20.91	25.94	7.35	3.53	19.27

任务结论

旅游需求的产生受个人可自由支配收入的提高、闲暇时间的增多及交通运输条件的现代化这三个因素的影响。旅游调查问卷的设计十分重要，调查问卷必须方便数据统计分析，其结果能回答调查者所想了解的问题。同时，问卷问题在排列时需注意其内在逻辑性和严肃性。

项目二 旅游需求规律和旅游需求弹性

任务一 分析旅游需求规律

任务描述

如前所述，旅游需求的产生受个人可自由支配收入的提高、闲暇时间的增多及交通运输条件的现代化这三个因素的影响，从客观上来说，它是科学技术进步、生产力提高和社会经济发展的必然产物。旅游需求量变化的规律性主要反映为旅游需求与价格、收入和闲暇时间的相关性和变动关系。

任务实施

一、旅游需求指标

旅游需求指标是衡量旅游需求发展情况的尺度。下面是几类主要的旅游需求指标：

（一）游客人数指标

1. 旅游者人数

旅游者人数是指旅游目的地国家或地区在一定时期内所接待的旅游者总人数。主要用来衡量旅游者对旅游产品的需求总量状况。

2. 旅游者人次

旅游者人次是指一定时期内到某一旅游目的地国家或地区的旅游者人数与平均旅游次数的乘积。

（二）旅游者停留天数指标

1. 旅游者停留总天数

旅游者停留总天数是指一定时期内旅游者人次与人均过夜数的乘积。这一指标从时间的角度反映了旅游者对旅游目的地国家或地区的产品需求状况，同时也体现了该目的地旅游产品吸引力的大小。

2. 旅游者人均停留天数

旅游者人均停留天数是指一定时期内旅游者在旅游目的地的旅游人次与人均停留天数之乘积。

（三）旅游费用指标

1. 旅游者消费总额

旅游者消费总额是指一定时期内旅游者总人次在某一旅游目的地为完成旅游活动所支付的费用总额。如旅游者在旅游过程中支出的餐饮费、住宿费、交通费等。

2. 旅游者人均消费额

旅游者人均消费额是指一定时期内旅游者消费总额与旅游者人次之比。它从平均数的角度以价值形态反映了某一时期的旅游需求状况。

（四）其他旅游指标

1. 旅游出游率

（1）旅游总出游率

旅游总出游率是指一定时期内一个国家或地区出国旅游的人次与其总人口的比率。用公式表示为：

$$旅游总出游率=\frac{出国旅游人次}{该国总人口数}\times 100\%$$

（2）旅游净出游率

旅游净出游率是指一定时期内一个国家或地区出国旅游的人数与其总人口的比率。

用公式表示为：

$$旅游净出游率 = \frac{出国旅游人数}{该国总人口数} \times 100\%$$

以上两个指标反映一定时期内一个国家或地区居民对出国旅游的需求状况。

2. 旅游重游率

旅游重游率是指一定时期内一个国家或地区居民的外出旅游人次与外出旅游人数之比。用公式表示为：

$$旅游重游率 = \frac{外出旅游人次}{外出旅游人数} \times 100\%$$

该指标反映的是一定时期内，一个国家或地区居民出国旅游的频率。

通过对旅游需求指标的测度和衡量，可以全面评价一个旅游目的地旅游业发展状况，还可正确估计现实的和潜在的客源市场，有针对性地进行营销工作。

二、旅游需求规律

旅游需求的产生和变化受多种因素的制约和影响，其中起决定性影响的因素主要是旅游产品的价格、人们的收入状况及闲暇时间。

（一）旅游需求量与旅游产品的价格呈反向变化

旅游产品价格是决定和影响旅游需求的基本因素。在影响旅游需求量的其他因素不变情况下，旅游需求量总是随旅游产品价格的涨落而发生相应的变化。当旅游产品价格上升时，旅游需求量就会下降；当旅游产品价格下降时，旅游需求量就会上升，根据旅游需求量与价格的关系，可以在坐标图上绘出旅游需求价格曲线（见图 3－1）。

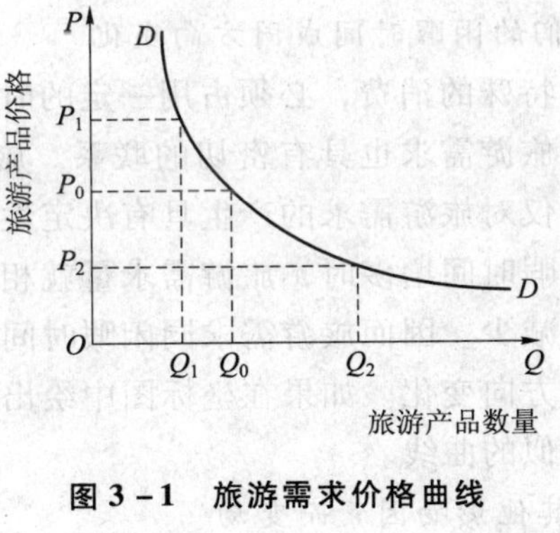

图 3－1　旅游需求价格曲线

在图 3－1 中，纵坐标代表旅游产品的价格，横坐标代表旅游产品的数量，于是，在坐标图中旅游产品价格的任一变动，都有一个与之相对应的旅游需求量，从而形成了旅游需求价格曲线（DD）。该曲线表示：旅游需求量与旅游产品价格呈反方向变化关系，即当旅游产品价格从 P_0 下降到 P_2 时，旅游需求量从 Q_0 上升到 Q_2；当旅游产品价格从 P_0 上涨到 P_1 时，旅游需求量从 Q_0 下降到 Q_1，因而旅游需求价格曲线是一条自左上向右下倾斜的曲线。

（二）旅游需求量与人们收入成同方向变化

人们的可支配收入与旅游需求也有着密切的联系。因为旅游需求是一种有效需求，而有效需求必须是具有支付能力的需求。如果人们仅有旅游欲望而无支付能力，有效需求是不可能形成的。通常，人们可自由支配收入越多，对旅游产品的需求就越大。相反，人们可自由支配收入越少，对旅游产品的需求就越小，因而人们可支配收入同旅游产品之间存在着同方向变化的关系，图 3－2 就是旅游需求收入曲线。

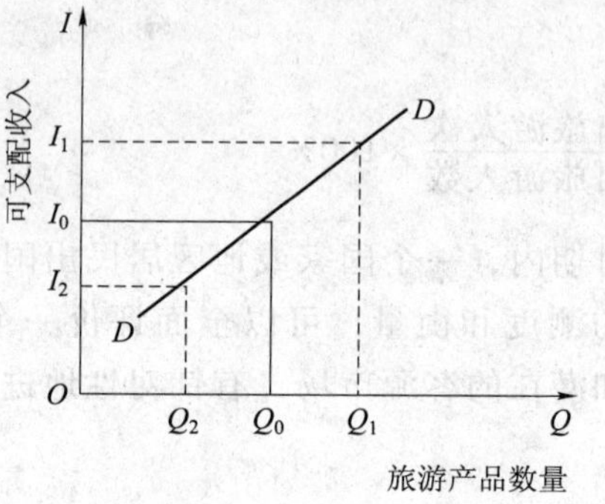

图 3－2 旅游需求收入曲线

在图 3－2 中，纵坐标代表人们的可自由支配收入，横坐标代表旅游产品的数量。于是人们可支配收入的每一任意变化，都有一个与之相对应的旅游需求量，从而形成了旅游需求收入曲线（*DD*）。该曲线表示：旅游需求量与人们可支配收入成同方向变化。当可支配收入由 I_0 上升到 I_1 时，旅游需求由 Q_0 上升到 Q_1；反之，当 I_0 下降到 I_2 时，旅游需求由 Q_0 下降到 Q_2，因而旅游需求收入曲线是一条自左下方向右上方倾斜的曲线。

（三）旅游需求量与人们的闲暇时间成同方向变化

旅游产品的消费是一种特殊的消费，必须占用一定的时间。尽管人们的闲暇时间并不属于经济的范畴，但它同旅游需求也具有密切的联系。旅游产品是一种特殊的消费，必须花费时间，闲暇时间不仅对旅游需求的产生具有决定性作用，而且直接影响着旅游需求量的变化，当人们的闲暇时间增多时，旅游需求量就相应增加；当人们的闲暇时间减少时，旅游需求量就相应减少。因而旅游需求同闲暇时间的关系就像旅游需求同可支配收入的关系一样，也呈同方向变化。如果在坐标图中绘出旅游需求闲暇时间曲线，则是同旅游需求收入曲线相类似的曲线。

（四）旅游需求水平受其他影响因素而变动

旅游需求除了与旅游产品价格呈反向变化外，还受其他各种因素影响而变化。在旅游产品价格既定条件下，由于其他因素的变动而引起的旅游需求变化，称为旅游需求水平的变化。例如，在图 3－3 中，当人们可支配收入增加时，在旅游产品价格 P_0 不变情况下，就会增加旅游需求，从而引起旅游需求曲线 *DD* 右移到 D_1D_1，并使旅游需求量由 Q_0 增加到 Q_1；反之，当人们可支配收入减少时，在旅游产品价格 P_0 不变情况下，就会减少旅游需求，从而引起旅游需求曲线 *DD* 左移到 D_2D_2，并使旅游需求量由 Q_0 下

降到 Q_2，这种变化就表现为旅游需求水平的变化。

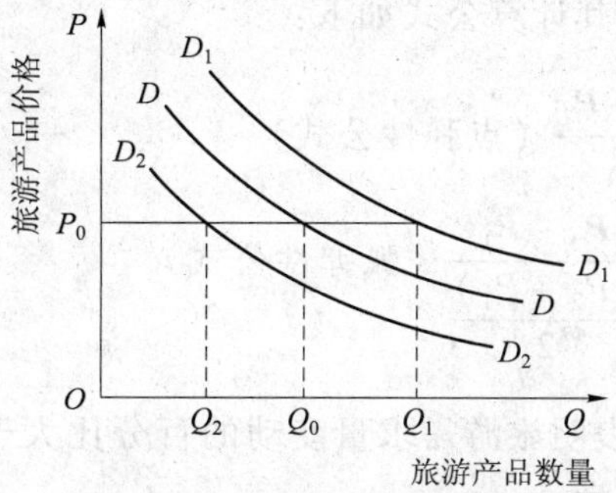

图 3－3　旅游需求曲线的变动

任务二　掌握旅游需求弹性

任务描述

在经济学中，弹性是指一个变量对另一个变量微小变动的反应程度。所谓弹性系数，是指因变量的相对变化与自变量的相对变化之比。所以，旅游需求弹性可以定义为旅游需求对各种影响因素变化的敏感性，即旅游需求量随其影响因素的变化而相应变化的状况。下面，我们就来学习和掌握旅游需求弹性的相关知识。

任务实施

一、旅游需求弹性

（一）弹性与旅游需求弹性

在经济学中，弹性主要用来表明两个经济变量变化的关系。具体讲，当两个经济变量之间存在函数关系时，作为自变量的经济变量 x 的任何变化，都必然引起作为因变量的经济变量 y 的变化。因此，所谓弹性就是指作为因变量的经济变量 Y 的相对变化对于作为自变量的经济变量 X 的相对变化程度。

根据弹性的概念，所谓旅游需求弹性是指旅游需求对各种影响因素变化的敏感性，即旅游需求量随其影响因素的变化而相应变化的状况。由于旅游产品的价格、人们可支配收入和相关旅游产品价格是影响旅游需求的最基本因素，因此旅游需求弹性一般可分为旅游需求的价格弹性，旅游需求的收入弹性和旅游需求的交叉弹性。旅游需求价格弹性反映旅游需求量对价格变动的敏感程度，旅游需求收入弹性反映旅游需求量变动对收入变动的敏感程度。

（二）旅游需求的价格弹性

旅游需求的价格弹性是指旅游需求量对旅游产品价格的反应及变化关系。为了测量旅游需求量随旅游产品价格的变化而相应变化的程度，就必须正确计算旅游需求价格弹性系数。所谓旅游需求价格弹性系数，主要是指旅游产品的价格变化的百分数与旅游需求量变化的百分数的比值。其计算公式如下：

$$E_p = \frac{Q_2 - Q_1}{Q_1} \div \frac{P_2 - P_1}{P_1} \text{（点弹性公式）}$$

$$E_p = \frac{Q_2 - Q_1}{\frac{(Q_2 + Q_1)}{2}} \div \frac{P_2 - P_1}{\frac{(P_2 + P_1)}{2}} \text{（弧弹性公式）}$$

1. 当 $|Edp| > 1$ 时，表明旅游需求量变动的百分比大于旅游产品价格变动的百分比，这时称旅游需求富于弹性。

2. 当 $|Edp| < 1$ 时，表明旅游需求量变动的百分比小于旅游产品价格变动的百分比，因此称旅游需求弹性不足。

3. 当 $|Edp| = 1$ 时，表明旅游需求量变动的百分比与旅游产品价格变动的百分比相等，因此称这种旅游需求价格弹性为单位弹性，它表明旅游产品价格的变化对旅游经营者收益影响不大。

（三）旅游需求收入弹性

旅游需求收入弹性是指旅游需求量与人们可支配收入之间的反应及变化关系，而旅游需求收入弹性系数，则是指人们可支配收入变化的百分比与旅游需求量变化的百分比的比值。用计算公式表示如下：

$$E_i = \frac{Q_2 - Q_1}{Q_1} \div \frac{I_2 - I_1}{I_1}$$

1. 当 $Edi > 1$ 时，表示旅游需求量变动的百分比大于人们可支配收入变动的百分比，说明旅游需求对收入变化的敏感性大，因此人们可支配收入发生一定的增减变化，会引起旅游需求量发生较大程度的增减变化。

2. 当 $Edi < 1$ 时，表示旅游需求量变动的百分比小于人们可支配收入变动的百分比，说明旅游需求对收入变化的敏感性小，因而人们可支配收入发生一定的增减变化，只能引起旅游需求量发生较小程度的增减变化。

3. 当 $Edi = 1$ 时，表示旅游需求量的变动的百分比与人们可支配收入变动的百分比相等，因此旅游需求收入弹性为单位弹性，即旅游需求量与人们可支配收入按相同比例变化。

（四）旅游需求交叉弹性

由于旅游产品具有替代性和互补性的特点，因而某种旅游产品的需求量不仅对其自身的价格变化有反应，而且对其他旅游产品的价格变化也有反应。旅游需求的交叉弹性就是指某一种旅游产品的需求量对其他旅游产品价格变化反应的敏感性。其计算公式是：

设：EDc——旅游需求交叉弹性系数；

$Qx0$、$Qx1$——变化前、后 x 旅游产品的需求量；

$Py0$，$Qy1$——变化前后 y 旅游产品的价格。

则有：

$$EDc=\frac{(Qx1-Qx0)/Qx0}{(Py1-Py0)/Py0}$$

1. 如果旅游产品 Y 对旅游产品 X 具有替代性，那么旅游产品 Y 价格下降必将引起对旅游产品 X 的需求量减少；反之，旅游产品 Y 价格上涨则引起旅游产品 X 的需求量增加。

2. 如果旅游产品 Y 对旅游产品 X 具有互补性，那么旅游产品 Y 价格下降必然引起对旅游产品 X 的需求增加，反之，旅游产品 Y 价格上涨则引起对旅游产品 X 的需求量减少。

二、旅游需求的预测

旅游需求预测是在旅游调查基础上，运用科学的分析方法和手段对旅游需求的变化特点及趋势作出判断和推测。正确的旅游需求预测可为旅游市场开拓指明方向，为旅游产品开发提供科学依据，避免错误的旅游决策，促进旅游业的健康发展。

1. 旅游需求预测的内容

通常主要对影响旅游需求的直接因素及重要的相关因素进行分析和预测。包括旅游需求的变化趋势预测、旅游需求的构成变化预测和旅游需求的环境预测。

2. 旅游需求预测方法

大致有三种：统计分析预测法、问卷调查预测法和数学分析模拟法。

相关知识

旅游决策过程

王家骏 1997 年在无锡的调查中发现的一个旅游决策实例很具有典型性：旅游者是一位中年教师，准备夏季自费单身出游。年初开始筹划，打算旅游五六天，花费四五百元，拟在鲁南、豫东、皖南、赣东北、闽北和浙南间选择旅游目的地（可达机会）。然后他着手搜集资料，主要是从旅游报纸杂志、导游小册子和地图中搜集，也曾向旅游经历丰富的人请教过，从而对该区域内的国家级风景名胜区的历史文化名城有了一定程度的了解（感知机会）。由于他本人酷爱大自然，又擅长摄影和美术，认为游览自然风景区容易获得较大的旅游满足，因此决定以山地、湖泊、海滨和自然保护区为候选旅游目的地（考虑机会）。对于自然风景区，他考虑过两个方案：一是他所谓的多样性方案，即设计一条线路，串联几种类型的自然风景区；二是单一型方案，即玩透一个著名的自然风景区。他最中意的一个多样性方案是：无锡→经太湖→杭州→走富春江→梅城→走公路→建德→过千岛湖→淳安→经新安江→深渡→走公路→黄山→走公路回无锡。于是他倾向于单一型方案。在山地、湖泊、海滨和自然保护区四种类型叶，他认为山地景观丰富，观赏性强，自己又在山区当过十年知青，对大山感觉既熟悉又亲切。因此他决定这次游览一座名山（选择机会）。通过比较，在待选的名册名单中仅剩黄山、泰山、天柱山、雁荡山和武夷山。他认为，黄山风景无与伦比，可惜的是夏季游人如云，山上吃住成问题；泰山历史遗存丰富，风景则逊于黄山；天柱山刚刚开发，资料不多，对于风景质量是否高、接待设施是否全他没把握；去雁荡山若乘汽车则辗转劳顿，转海轮又怕晕船影响游兴；武夷山丹崖碧水，风景有特色，还可参观自然保护区，虽说远一点，可坐火车直达临近之邵武，很方便（决策机会）。最后他选中了武夷山。

课外阅读

案例　青藏铁路建设对西藏旅游的影响

青藏铁路由北往南从青海格尔木进入拉萨，依次经过昆仑山景观带、长江源景观带、羌塘草原景观带、那曲到拉萨景观带等，沿途风光秀美，名胜众多，自然景观、人文景观及藏北牧区独特的民族风情相融合，旅游资源极为丰富。

青藏铁路西藏面，不仅有雄伟的唐古拉山、万里羌塘的“草原牧歌”、划那湖和成群的野生动物，还有雄伟的桑丹康桑雪山、传说为英雄格萨尔王所建的“草原八塔”、巍峨的念青唐古拉山主峰、著名的羊八井地热电站和温泉以及秀美迷人的拉萨河等。而这些只有藏北高原才有的独特的自然景观，游客坐在列车里就能一览无余。据介绍，青藏铁路格拉段一共设有34个车站，这些车站中9个站设立了观光台。每个观光站台都会特别建造一个长500米、高1.25米的平台，供乘客远眺近观。如果你乘坐青藏铁路观光列车，每到一处胜景还可以停下来拍照、逗留。青藏铁路路基则移植和培植了上千万平方米草皮，铁路开通后将成为穿越青藏高原的绿色长廊。青藏高原上独特而无法再生的稀缺自然资源，只需坐在恒温、保温、氧气充足的车厢里就能一览无遗，同时，车站的建筑、站名和部分隧道充分体现了藏族文化特色，使铁路与沿线优美的自然环境融为一体，成为一道的风景线。这在以前是无法想象的。

据悉，青藏铁路运营初期可以做到每天开通客运混运列车6对。客运列车为全封闭列车，全封闭的列车不仅具有增压、增氧功能，而且可为旅客提供餐饮、民族风情表演和医疗等服务。高原列车配置几乎与飞机相似，在每列客车里都配备有两套供氧系统，一套通过混合空调系统中的空气流通，使每节车厢含氧量提高23%，另一套系统可以让旅客直接使用独立的接口来吸氧。观光豪华列车配有精心装饰的单人或家庭包间、舒适的可调方向的沙发椅、四面敞亮的安装了紫外线防护膜的观景车窗，再配上周到的服务，宛如住进五星级酒店。

西藏的自然风光和风土人情举世无双，是众多旅游者向往的圣地之一。然而，由于目前游客进出西藏主要靠客运，运力有限，且费用高，国内外游客特别是国内游客的进藏旅游受到限制，甚至有人说“出国容易进藏难”。青藏铁路建成后不仅使进藏旅客能选择费用低廉的铁路运输，还可以在列车上饱览风光，逐步适应高原气候，减轻高原反应。不难想象，青藏铁路的建成将使西藏旅游业实现跳跃式的发展，西藏旅游在国民经济中所起的作用也将更大。

目前在拉萨，为了迎接未来几年旅游潮的迅猛增长，已开始加紧建设旅游配套设施。按照规划，拉萨已经形成三大宾馆群，分别是拉萨饭店、西藏宾馆附近一带的中高档星级宾馆群，八廓街一带比较适合背包游客的低星级宾馆群，拉萨大桥附近的高档星级宾馆群落。下一步还将在拉萨火车站附近建设一批中高档宾馆。

据西藏自治区旅游局提供的数据，2004 年进藏观光游客总数首次超过 100 万人次。有专家预测，随着对外交通条件的改善，到西藏旅游的国内外游客特别是国内游客将迅速增加预计年均增长速度将达到 15% ~20% ，到 2010 年，进出藏客运量将达到 180 万人，其中铁路进出藏客流量为 63 万人。

任务结论

通过本项目的学习，掌握旅游需求规律，熟悉旅游需求弹性，在旅游经济生活中灵活运用这些知识点。

课堂训练与测评

1. 何为旅游需求？其产生的条件主要是哪些？
2. 阐述影响旅游需求的因素。
3. 分析旅游需求弹性在旅游经济活动中的作用。

模块四

旅游供给

学习目标

理论目标： 旅游经济的运行是旅游需求与旅游供给矛盾运动的结果。旅游经济能否正常有效地发展，在根本上取决于旅游供求平衡状况。通过本章的教学，促使学生全面熟悉旅游供给的内涵与规律，掌握旅游供给弹性，了解旅游供给与旅游需求的诸多矛盾冲突，掌握旅游供求均衡的调控。

实训目标： 掌握旅游供给的内涵、规律和供给价格弹性；熟悉旅游供给与旅游需求的诸多矛盾冲突，能够进行旅游供求均衡的调控。

项目一 旅游供给内涵与规律

任务一 熟悉旅游供给内涵与规律

任务描述

九华山的公路文化风景线

五九（青阳县五溪至九华山）公路是安徽省规划两山一湖（九华山、黄山、太平湖）的重要旅游干线公路，是连接“莲花佛国”九华山核心风景区的唯一通道。为营造“车在路上行，犹如画中游”的优美道路交通环境，安徽省将五九公路列为全省第一条融安全、舒适、环保、文化为一体的景观公路。

2005 年 3 月起，设计单位根据地形、地貌、地质特点等因素，结合当地风土人情，灵活运用技术，让边坡外、防护栏杆、边沟、标牌富于变化，创新性地引进了具有特色的生态护坡、树桩栏杆等。

九华山山脚下的五溪至桥庵公路依山傍水，拓宽改造难免破石开山，开挖山体最高落差达 50 米，岩石边坡风化严重，坡高壁陡。为保证山体防护，减少水土流失，同时避免毁坏景区自然环境，经择优确定了生物防护与工程防护相结合的设计，最大限度地减少人工构造痕迹。如今，在五溪至桥庵段 14.5 公里的护坡上，精心选种的根系发达、生根性强的各种草种已茁壮成长，四季更替焕发绿色，它们与路旁的文广玉兰、国槐等风景苗木遥相呼应。

进入桥庵至九华街段公路，那些随路盘蜒的警示栏、挡墙等公路附属设施也体现了人性化设计，并在设计上突出了九华文化的独特性。池州市公路局按“弯弯不同、自然和谐，体现人文、内实外秀”的要求，对盘山公路99道拐弯处设置了不同的防护设施。在附属设施的植物外表，变化中又体现九华文化特色；对山溪凸凹相间的新建警示桩、防护栏，运用曲线形、V字形、菱形等多种镶面工艺，使其在均匀一致中呈现多变。同时，还配合公路沿线分区明确、丰富多彩的自然景色，设置典型圆镜式景观区域标志。

五九公路20多公里附属设计已经成了一道文化风景线。

通过上述案例，我们了解了九华山公路文化风景线这一旅游产品的旅游供给，那么到底什么是旅游供给？旅游供给有哪些特征，又有哪些影响因素呢？

任务实施

一、旅游供给的内涵

（一）旅游供给的概念

经济学意义上的供给是指一定时期内以一定价格向市场提供的商品数量。旅游供给是指在一定时期内以一定价格向旅游市场提供的旅游产品的数量，具体包括旅游业经营者向旅游者提供的旅游资源、旅游设施和旅游服务等。由于旅游产品具有综合性、不可转移性、无形性、生产和消费的同一性等特点，因此旅游产品的供给必须通过一定时期、一定地区或部门接待的旅客人数和人均支出来计量。

旅游供给是旅游产品的供给。按照与旅游需求的密切或相关程度，旅游供给可以分为两大类：即基本旅游供给和辅助旅游供给。基本旅游供给是指直接针对旅游者需要而提供的旅游产品，如旅游资源、旅游设施和旅游服务等，此三者构成了旅游供给的核心部分；辅助旅游供给是指旅游地的基础设施，主要包括交通、通讯、能源系统及城市公用设施，它是旅游活动得以进行的物质前提，是旅游供给中不可缺少的组成部分。

（二）旅游供给的特征

1. 旅游供给内容的多样性。旅游供给包含的内容很多，不仅涉及满足游客旅游过程中的行、游、住、食、购、娱的多种需要，而且涉及许多相关的社会供应系统；不仅有有形产品的供给，而且还有各种无形服务的提供；不仅包含各种文化要素，而且还包括纯粹的自然物。在市场经济下，它们的供给都应作为商品来经营。旅游供给的多样性是由旅游需求的多样性决定的。

2. 旅游供给结构的关联性。旅游供给涉及国民经济中众多的部门和行业，既有直接相关的部门和行业，又有间接相关的部门和行业，既涉及经济部门，又涉及非经济部门，可以说，旅游供给不是单一孤立的行为，其各个组成部分具有内在制约的关联性特征，作为一个完整的供给系统，只有在整个供给系统中形成系统配套的生产能力才能真正发挥旅游供给满足旅游需求的作用。因此，系统供给能力的形成是各个部分供给能力耦合的结果，是市场协同的结果。

3. 旅游供给时空的固定性。从时间的固定性来说，一方面旅游生产能力的发挥受严格的时间维度影响，如今天没有“开动”的生产能力就永远失去了今天的价值，另一方面在一定时期内供给数量难以随旅游需求波动而做出及时的回应；从空间的固定性来说，无论是旅游景区（点）还是饭店住宿设施，一旦形成供给能力，就很少可以移动。因此，一般来说，旅游供给是黏附在空间维度上的，具有天然的地域分割特点，无法像制造类商品一样，通过运输方式实现其供给的调节。

（三）旅游供给的影响因素

旅游产品的供给量除了与市场价格及自然历史条件（资源因素）存在着影响关系外，影响旅游供给的因素还很多，现将主要的归纳如下：

1. 社会经济因素

一个国家或地区的社会发展水平直接影响着旅游供给的数量与质量。发达国家由于经济实力雄厚，科技水平高，具有扩大旅游供给的物质基础和现代化手段，只需较小的投入就可生产出较多、较好的旅游产品。发展中国家由于发展水平低，基础设施薄弱，生产手段落后，若要开发旅游资源，扩建旅游设施，增加旅游供给量，必须投入大量的人力、财力和物力，不但生产周期长，产品的质量也较差。

环境容量包括自然环境容量和社会环境容量，它决定着旅游供给的规模和限度，如果不顾旅游地的自然条件和社会状况，超量接待旅游者，必然造成自然环境和社会环境的破坏，导致旅游产品质量的下降。

2. 科学技术发展水平

科学技术发展水平是决定旅游供给非常重要的因素。一方面，科技进步对旅游供给更为直接的影响，表现在利用有关生产要素发展旅游供给的生产方法上；另外一方面，科技进步使其他部门的生产方法得以改善。

3. 旅游环境容量

旅游环境容量一般是指旅游地的极限负荷能力，即一定时期内，会对旅游目的地的自然、社会、文化、经济以及旅游者感受质量等方面带来无法接受的目的地旅游业规模最高限度。一般量化为接待旅游人数的最大值。旅游目的地的环境容量在很大程度上决定着旅游供给规模的最大限度。

4. 政府政策因素

一个国家或地区对发展旅游业的态度和政策势必会影响当地的旅游供给。发展旅游业可充分利用本国资源和劳动力，为国家赚取外汇或回笼货币。因此，无论是发达国家还是发展中国家，都采取了一系列政策措施，积极支持本国旅游业的发展。概括而言，这些政策和措施主要有：

（1）税收政策。税率高低直接影响旅游供给量的多少，政府如果降低旅游企业的税率或者减免旅游商品的进口关税，就会提高企业利润，促进旅游供给量的增加；相反，政府如果提高税率或进口关税，就会导致旅游供给量的减少。

（2）投资政策。旅游业的发展需要大量的资金，政府往往通过财政补贴或低息贷款等方式，加大旅游业的投资力度，以此来刺激旅游供给量的增加。各国旅游业发展的历程表明，此举对旅游供给量的增加具有相当大的作用。

除上述客观因素外，旅游生产者、经营者的心理预期对旅游供给也有一定的影响，如果旅游生产者、经营者对旅游业的前景看好，他们就会增加旅游供给，如果旅游生产者、经营者对旅游业的前景看淡，他们就会减少旅游供给。当然，旅游生产者、经营者的心理预期等主观因素归根结底也是由客观条件决定或制约的。

二、旅游供给的规律

旅游供给规律的基本内容是：在其他条件不变的情况下，某旅游产品的供给量随该产品价格的上升而增加，随该产品价格的下降而减少。一般而论，随着商品价格的升高，生产者愿意并且能够提供的商品数量增加；相反，随着商品价格的降低，生产者愿意并且能够提供的商品数量减少，即生产者的供给量与商品价格之间呈同方向变动。

（一）旅游供给曲线

旅游供给量与旅游价格之间的同向变化关系是一种函数关系，用公式表示为：

$$S=f(P)$$

其中：S——旅游供给量

P——旅游产品价格

f——两者之间的函数关系

反映旅游供给量与旅游产品价格变化关系的轨道就是旅游供给曲线，如图 4－1 所示。从图 4－1 中我们可以看出，旅游产品价格为 P_0 时，旅游供给量为 Q_0，当旅游产品价格上升至 P_1 或下降至 P_2 时，旅游供给量则相应增加至 Q_1 或减少至 Q_2。

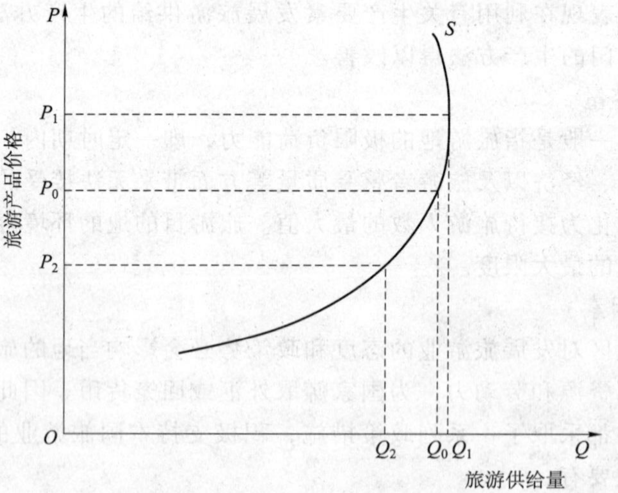

图 4－1 旅游供给量与旅游产品价格的变化关系

需要说明的是，旅游供给量在一定条件下是相对稳定的。旅游供给量与旅游产品价格的同方向变化并不是无限制的，也就是说，旅游供给能力在一定条件下是既定的。在旅游供给能力的制约下，旅游供给量不能随着旅游产品价格的变动无限变动。

（二）旅游供给曲线的移动

如果其他因素不变，旅游产品价格变化将导致旅游供给量沿曲线移动，如果其他因素发生变化，旅游供给曲线则会向左方或向右方平行移动，表示该旅游产品在价格与供给量的变化关系既定的情况下，其他因素发生变化导致旅游供给水平提高或降低的程度，如图 4－2 所示。

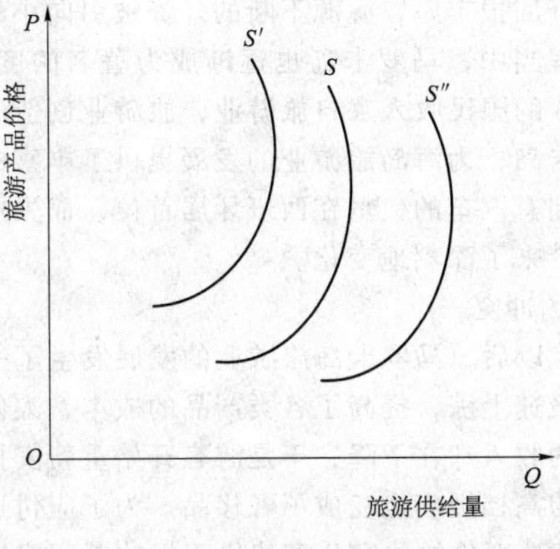

图 4－2 价格不变，其他因素变化导致旅游产品供给量的变化

图 4－2 中曲线 S 为原旅游供给曲线，如果价格以外的其他因素的变化导致旅游供给量的增加，整个曲线便会向左移至 S'，如果除价格以外的因素的变化导致旅游供给量减少，整个曲线便会向右移至 S''。

任务分析

九华山的公路文化风景线营造“车在路上行，犹如画中游”的优美道路交通环境，为全省第一条融安全、舒适、环保、文化为一体的景观公路。把旅游产品供给的基本供给和辅助供给展现得淋漓尽致。

任务二 掌握旅游供给弹性

任务描述

马罗卡是西班牙贝里瑞群岛中的一个岛屿，有着宁静的海边小村庄、宜人的气候和秀美的自然景观，金黄色的海岸沙滩、银白色的盐田、绿色的沼泽、农田和胡吉花都是马罗卡岛宝贵的旅游资源。该岛发展旅游业的时间已有 40 多年，旅游资源的开发、旅游业从繁荣到萧条的历程以及当地政府所采取的措施等，都可以对我们处理旅游供求关系，解决保护与发展的问题带来一定的启示。

1. 马罗卡岛旅游业的崛起

20 世纪 60 年代以前，马罗卡岛只是贝里瑞群岛中一个普普通通的小岛，岛上的居民仅靠落后的农业和简单的经济作物维持贫困的生活。60 年代以后，首批游客——一些冒险家、艺术家和好奇的旅行者登上了马罗卡岛，马罗卡岛封闭、宁静的环境，优美自然的风光和古老的农耕文化吸引了他们。到 20 世纪 70 年代初，大量的游客开始涌入马罗卡岛。随着游客的不断增加，岛上建起了各种旅游设施，旅游景点也不断被开发出来。由于岛上的旅游投资回报丰厚，源源不断的外资被引向小岛，新一轮的设施建设又重新掀起。而在这个过程当中，马罗卡岛也逐渐成为著名的度假旅游胜地。岛上 50% 的居民从事旅游业，80% 的国民收入来自旅游业，旅游业创造的大量就业机会使愈来愈多的外地人口涌入马罗卡岛，为海岛旅游业的发展提供了丰富的劳动力。岛上居民的收入水平不断提高，家庭拥有汽车的数量在西班牙居首位，而失业率在西班牙却最低。旅游业给岛上居民的生活带来了深刻地变化。

2. 马罗卡岛旅游业的冲突

进入 20 世纪 70 年代以后，马罗卡岛旅游业的发展发生了一些新的变化。首先是世界性的石油危机使油价飞速上涨，提高了各类产品的成本，人们用于基本生活支出的费用上升，而可自由支配的收入却在下降，于是游客开始重新安排旅游计划，削减旅游开支预算，而马罗卡岛上的高档饭店也变成了奢侈品。为了应付这种情况，马罗卡岛开始寻找新的解决办法，如建造廉价的住宿公寓替代正规的饭店客房，广泛采用旅馆高层建筑技术，尽可能在每平方米的面积上增加床位数等等。建筑成本的降低使住宿设施快速增长，并且超过了游客增长的速度，旅游接待能力出现了供过于求的局面。于是，降低旅游价格成为必然的选择。降价刺激了旅游需求，带来了部分游客。在 80 年代末期，马罗卡岛的主要客源国英国发生了严重的经济危机，导致马罗卡岛旅游人数锐减，旅游客源市场不断萎缩。并且，旅游业发展前期所积累的一些问题也开始大规模爆发出来。这些问题主要集中在设施、环境和资源的冲突方面。首先，马罗卡岛是一个地下水资源稀缺的地方，岛上的过度开发使净水水位不断下沉，海水随之大量涌入，使原有的净水资源受到污染，水资源更加稀缺，水盐浓度状况进一步恶化。其次，大量的游客带来了大量的垃圾，在马罗卡岛上，据统计，外来游客产生的垃圾要比当地居民高出 50%，在一所饭店的 4 年经营当中，游客量增加了 30%，而遗留在饭店客房后的垃圾却增加了 50%。最后，大量扩张的旅游设施破坏了最宝贵的旅游资源，海滩和沼泽消失在钢筋水泥当中，岛上 80% 海岸地带被占用，许多珍奇动植物濒临绝境，马罗卡岛对旅游者的吸引力越来越小。

3. 当地政府的措施

为了控制旅游业严重下滑的局面，当地政府和旅游经营商采取了积极的措施。这些措施包括：制定旅游发展的总体规划，并通过颁布法律来严格控制岛上旅游设施的建设；改善现有的旅游设施，保证旅馆内外有足够的空间安排绿地，建设体育设施和游客休息活动空间，提高住宿设施的舒适程度；开辟海上游艇活动区域，分流岛上的游客，减轻岛上旺季的拥挤；开辟原始自然风光区，保持大自然的原始魅力；开展农业旅游和田园旅游，增强旅游活动的参与性和愉快感；建设高尔夫球场以提高荒地的土地利用率，防止自然环境恶化，并通过高尔夫球场，吸引高消费的旅游者，提高海岛的旅游经济效益，调整海岛夏季人满为患的状况等。这些措施与对策在实施中逐步发挥出应有的效果。

从上面这个案例我们可以看出旅游供给随产品价格变动而变动，这就是所谓的旅游供给价格弹性，那么旅游供给价格的含义是什么，它有哪些类型呢？

任务实施

一、旅游供给价格弹性含义

旅游供给弹性包括：旅游供给价格弹性、旅游供给交叉弹性和旅游供给的价格预期弹性。

旅游供给随产品价格变动而变化的程度，称为旅游供给价格弹性，旅游供给量变化的百分率与旅游产品价格变化百分率之比，就是旅游供给的价格弹性系数。即：

$$\text{Edp} = (Q_1 - Q_2)/Q_1 \div (P_1 - P_2)/P_1$$

二、旅游供给价格弹性的类型

由于旅游供给量与旅游产品价格是正比关系，该系数始终表现为正数，具体有以下四种情况：

1. Edp = 0，旅游供给无弹性

在这种情况下，无论旅游价格如何变动，旅游供给都不发生变化，此时，旅游供给曲线为一条与纵轴平行的线。

2. Edp < 1，旅游供给弹性不足

在这种情况下，旅游价格若发生变化，只会引起旅游供给量小幅度的变化。此时，旅游供给曲线表现得比较陡峭。

3. Edp = 1，旅游供给弹性适中

在这种情况下，旅游价格若发生变化，则会引起旅游供给量相同幅度的变化。此时，旅游供给曲线表现为一条正双曲线。

4. Edp > 1，旅游供给弹性充足

在这种情况下，旅游价格稍有变化，便会引起旅游供给量大幅度的变化。此时，旅游供给曲线表现得非常平缓。

因为旅游供给包含了一定的生产过程，需要时间，所以旅游供给量与旅游价格之间的变化是以一定的时间为条件的。如旅游价格在一个较长的时间内持续上升，旅游供给者就可以扩大投资，进行旅游供给的外延扩大再生产，以提高旅游供给的能力，这时旅游供给的价格弹性系数往往很大。若旅游价格的上升只能维持一个较短的时间，那么旅游供给的扩大只能进行内涵的扩大再生产，以现有的旅游设施为基础，采取提高劳动生产率的办法来扩大接待能力，这时旅游供给的价格弹性系数肯定很小。

任务分析

从马罗卡岛的旅游发展经验可以看出：

① 在旅游市场上，旅游需求的弹性大，旅游供给的弹性小，旅游设施，特别是固定旅游设施的建设必须有长远的考虑和规划，不能一哄而上，跟风模仿。

② 旅游供求矛盾的解决是一项非常复杂的系统工程，不仅要考虑到供需双方互相适应的问题，还要考虑供给内部各构成成分之间彼此适应的问题。

③ 积极开发新的旅游项目及旅游活动，可以有效地引导旅游需求，一定程度上缓解旅游供求矛盾。

相关知识

旅游供给是旅游经济活动的一项重要的内容。如果不存在具有吸引力并具有一定接待条件的旅游目的地，人们的旅游需求便难以产生和实现。在这个意义上讲，旅游供给是促成旅游需求的首要条件。旅游供给方面的主体是以旅游目的地为总代表的旅游产品供应者或经营者。因此，从旅游经济学的意义上讲，旅游供给是旅游目的地在一定时期内以一定的价格向旅游市场提供的旅游产品的数量。由于总体产品是一个比较抽象的概念，因此一个旅游目的地旅游供给的变化往往体现在其具体旅游产品——即该商业性旅游企业所提供的设施和服务——供给量的变化上。

旅游供给量同旅游产品价格之间存在一定的关系。由于旅游业是以盈利为主要目的经济性产业，因而市场上旅游产品价格的波动和变化趋势对一个国家或地区的旅游供给量会产生一定的影响。在其他因素不变的情况下，一个国家或地区在一定时期内，愿意并且有能力向旅游市场提供的旅游产品的数量，随旅游产品价格的上升而增加，随旅游产品价格的下降而减少。这就是旅游供给规律。

课外阅读

华侨城衔枚疾进140亿撒向二线城市

经济观察报8月29日讯“华侨城现在像一粒种子，正在全国各地生根开花”，湖北省委副书记、省长李鸿忠到华侨城招商时说，“湖北应该有一个华侨城，也需要有一个华侨城”。

8月签约的武汉华侨城旅游项目，投资金额超过50亿元，不久前签约的西安华侨城项目、云南华侨城项目投资分别达20亿元。据悉，华侨城集团还准备投资50亿元，在天津东丽湖开发一个大型旅游项目。

华侨城在完成了北京、上海、深圳、成都等一线城市的布局后，开始加大天津、武汉、昆明、西安等区域城市的扩张步伐。

一位长期跟踪华侨城的地产研究员认为，即将完成整体上市的华侨城上市公司将会充分受益，这些资产未来都会注入上市公司。

扩张提速

提起华侨城的第一轮战略扩张，华侨城集团党委书记、副总裁郑凡说：“北进京城、东进上海、西进成都，基本上完成了第一轮的战略布局。我们土地拥有量从4.8平方公里扩张到超过30平方公里”。

8月1日，位于深圳东部的华侨城正式开业；8月8日，上海欢乐谷开始试营业。算上已经开业的北京欢乐谷、成都欢乐谷，华侨城已经完成了东西南北四大中心城市的第一轮战略布局。

全球经济受金融危机重创的2009年，却是华侨城衔枚疾进的一年。

“第一轮战略布局从今年开始已经进入收益期。”郑凡表示。

与此同时，华侨城开始了新一轮的扩张。

7月，总投资20亿元以上的“华侨城云南阳宗海旅游小镇”开始破土兴建。

8月，西安华侨城项目签约，也意味着华侨城进军西北片区的门户将打开。

近日，华侨城集团与武汉市东湖生态旅游风景区管委会正式签订武汉华侨城大型旅游综合项目的合作协议，这不但意味着华侨城拿下了中国最大城中湖的开发权，也意味着华侨城填补了中部地区的空白。

算上6月签订的开发总投资规模为50亿元的天津市东丽湖华侨城项目，华侨城在短短3个月内已经拍板了总额接近140亿元的投资，布局昆明、西安、武汉和天津四地。

华侨城集团内部人士透露，第二轮扩张的重点主要是二线城市、省会城市，或者说是区域中心城市。“事实上国内大部分城市都希望华侨城能去投资，即使是海外的中东迪拜、韩国等也希望华侨城参与开发，但毕竟我们有个限度。一个大项目，如果没有8年周期是不够的”。

华侨城自身也意识到，现在第二轮战略布局除了区域的战略布局之外，还有一个产品的重新设计，比如说比现有欢乐谷的投资规模小一点，产品形态有一些变化，更适合这种区域的经营模式”。

第一轮布局中的上海欢乐谷，一期项目总投资就达40余亿元，未来昆明和西安项目的投入很难超过这一数字。

区域连锁

各地政府欢迎的不仅是华侨城大手笔的投资项目，更看中华侨城的文化意义和旅游效应。

安信证券分析师陶学明认为，除了带动旅游地产项目所在地的景区综合建设，同时以此来扩大内需，可通过优质旅游地产助推当地的经济发展。

经过24年的发展，目前华侨城集团总资产超过400亿元，2008年的销售收入208亿元，利润总额21.5亿元，在国资委管理的141家企业当中，销售额排在79位，利润总额排在42位。

证券界总结华侨城的模式为，首先通过投资建设主题公园低价拿地，然后启动主题公园和商品房建设。采用先卖房，回笼部分资金，再利用卖房利润继续投资主题公园，主题公园的建成又增加了房地产项目的价值，提升华侨城楼盘的品质，提高销售单价，带动房地产项目的销售，从而实现房地产与旅游项目的共赢。

除了旅游与地产项目的互相增值外，华侨城又找到了新的增长点——区域连锁。

深圳知名地产评论人士尹香武认为："华侨城这几年的发展，连锁是成功的最大标志。从主题公园欢乐谷连锁、主题地产连锁、主题酒店连锁到华侨城成片综合开发运营的连锁，最后到华侨城不同城市的连锁。华侨城实现了——产品连锁、项目连锁、产业连锁到区域连锁"。

华侨城人士并不认为自己是中国的迪士尼："华侨城是同行业里最有特色的"。

除了各地开花的欢乐谷，华侨城又在试验一个新的产品——欢乐海岸。

据了解，"欢乐海岸"包含自然湿地保护区、都市文化娱乐区、绿色休闲度假区、滨海旅游区四大功能区域，是一个玩水、亲水、乐水的绿色生态滨海旅游区。

国家旅游局局长邵琪伟曾肯定了这一项目，"欢乐海岸项目做好了，将为中国提供一个很好的都市娱乐开发经验，这是一个可以推向全世界的项目"。

令人疑惑的是，模仿华侨城的大部分主题公园都告失败，能够持续扩张的仅此一家。安信证券房地产行业高级分析师陶学明认为，华侨城不可仿效，除了产业互动模式，还有优秀的主题公园运营能力。在进行"主题公园"定位的时候，华侨城集团的经验是：主题公园的成功是"旅游主题地产"整体成功的基石。公园的主题不是随便定下来的，它们需要经过精密的测算和规划。

整体上市

令二级市场投资者怦然心动的是，即将完成整体上市的华侨城 A 将令投资者收获华侨城集团的高扩张成果。

2009 年 6 月，华侨城 A 通过决议，拟向控股股东华侨城集团非公开发行 4.86 亿股，增发价格为 15.16 元，收购控股股东华侨城集团公司持有的深圳华侨城房地产有限公司等 12 家企业全部股权。资产评估作价 73.7 亿，资产评估溢价率为 78.9%。本次资产收购使得华侨城集团除康佳外基本实现了整体上市，上市公司对其中的 10 家实现了 100% 控股，另外两家也实现了绝对控股。

华侨城集团的一位高管认为，"整体上市总体上毫无疑问对华侨城现在确立的发展模式有很大帮助。这种帮助不仅仅是资金上的，同样也包括在公司管制、公司治理结构上的帮助"。

整体上市的进展成为多方关注的焦点。

"程序是先报上市部，再上重组委，理论上最快 9 月份可以通过。"招商证券的研究员苏平认为。但华侨城董秘李珂晖在接受本报记者咨询时表示，"目前证监会有关部门正在审核，具体进程不便预计"。

任务结论

在短期内，由于旅游供给量的增加比较困难，因此旅游供给弹性总的来说比较小。在较长时期内，如果旅游价格保持上涨，旅游经营者能够稳定增加旅游基本设施，扩大旅游产品的供给基础，引起旅游供给量较大幅度的增长，因而旅游供给弹性往往较大。

项目二　旅游供给与旅游需求的均衡

任务一　了解旅游供给与旅游需求的诸多矛盾冲突

任务描述

欧洲公路游与深度游

2004年10月21日至11月4日某旅游团进行了欧洲11国游，结果发现，这次旅游让他们疲于奔命，无法认真地参观欧洲丰富的历史文化遗迹和文物，领略人类文明发展的伟大内涵。许多旅游者感叹："11国游实质是11国公路游"、"这是在体验用闪电战横扫欧洲"。这个团从德国慕尼黑入境，然后乘大巴在西欧转了一大圈，行程在5 000公里以上，在近20个城市停留。每天在汽车上度过的时间约占2/3。游客起早贪黑赶路，睡眠不足，参观匆忙，于是他们形容这种旅游是"上车睡觉，下车撒尿，到了景点拍拍照"，巴黎卢浮宫藏品颇丰，文艺复兴时绘画大师的名作以及古希腊、罗马、埃及的著名雕塑不计其数，可是在导游的催促下游客仅参观了一个多小时便不得不匆忙离开，深感无奈之极。如果有谁想在匆忙的旅途中多看几眼，多拍几张照片，拖延开车时间，就将受到导游的批评和游伴的抱怨。这群起而攻之的氛围，令人相当尴尬。团里一位摄影爱好者，在受训后十分慌乱，结果迷路，最后不得不花40多欧元（合人民币400多元）打的回住地，多花钱不说，他还遭到了众人的嘲笑。几位老年旅游者常常不得不跟年轻人比赛"竞走"，令他们既身体疲惫又精神紧张。

这种欧洲游就像几年前的东南亚游，当时游客的普遍心态就是"花最少的钱游最多的地方"，因此欧洲11国15日游也被称为"旅游普及班"，是首次去欧洲的游客的普遍选择。实际上，真正要饱览欧洲的美景，需进行享受性的"深度游"。所谓"深度游"是指游客在一个国家、一个地区停留数天的旅游，而不是以前的"一日看尽长安花"式的简单游览。欧洲国家小而多，去欧洲旅游最好是一次走两三个国家，争取把特色景点和城市"一网打尽"，细细品味。比如沈阳多家旅行社就开通了多条欧洲深度游路线：法国8日游、德国8日游、瑞士8日游、爱尔兰8日游、法国和意大利10日游等。虽然只游览一个到两个国家，但这些线路的报价却都很高，一般为1.5万~2万元人民币，这个价格比欧洲5国8日游8 000元左右的报价和欧洲11国15日游1.3万元左右的报价还要高。

从中我们可以看出旅游供给与旅游需求是有一定关系的，并且二者之间有诸多矛盾冲突。

任务实施

一、旅游供给与旅游需求的关系

旅游供给与旅游需求是旅游经济活动的两个主要环节，分别代表着旅游市场上的买卖双方，它们之间的对比关系是旅游活动中最基本的经济关系。

旅游供给与旅游需求各自以对方的存在作为自身存在与实现的前提条件。旅游需求只有通过相适应的供给才能满足，旅游供给必须通过有支付能力的需求才能实现。所以，旅游供给和旅游需求都要求对方与之相适应，以达到两者的相互平衡。然而，在不同的发展阶段，两者的主导地位是不一样的，在旅游业发展的初期，不断产生的旅游需求导致旅游供给在数量、质量及效能上的持续增长或提高，而旅游业发展到一定程度后，旅游供给越来越多地创造出新的旅游需求，使旅游需求日益发展、演进。是扩大旅游供给，以此来满足或刺激旅游需求，还是开拓旅游需求，以此来适应或促进旅游供给，始终是旅游业领导者必须适时采取的基本政策。

在旅游市场上，由于各种主客观因素的影响，旅游供给与旅游需求总是在相互不平衡的矛盾运动中趋向平衡，也就是说，在旅游经济活动中，旅游供求关系经常表现为供求矛盾。一般而言，旅游经济活动的正常运行主要取决于供求关系，我们研究供求关系，是为了掌握其中的规律，进而保证我国旅游业的健康发展。

二、旅游供给与旅游需求的诸多矛盾冲突

在旅游市场上，旅游供求间的均衡是暂时的，而不均衡是经常的，这种从不平衡到平衡再到不平衡的运动过程，推动了旅游供求的发展。我们把这种交替出现的状态称之为旅游供求矛盾，旅游供求矛盾主要表现在数量、时间、空间和结构等方面。

（一）旅游供给和旅游需求在数量上的矛盾

旅游供给与旅游需求在数量上的矛盾主要表现在旅游供给或旅游接待能力与旅游者总人次的不相适应上。旅游目的国或目的地往往根据自身的社会经济条件确定适宜的旅游发展模式，由此形成本国或本地区的旅游供给能力。因此，在一定时间内，旅游供给能力是既定的，而旅游需求则受客源国和目的国的政治、经济、自然、地理等诸多因素的影响，具有较大的不确定性和随机性。在旅游市场上，旅游供给的既定性与旅游需求的不稳定性必然导致两者的不均衡，出现旅游产品供不应求或供过于求的局面。在旅游产品供过于求的状况下，如果市场机制不完善，极有可能发生削价竞争，而削价竞争往往伴随着供给质量的下降，这在我国旅游业的发展过程中已经得到证明。在旅游产品供不应求的状况下，由于旅游供给有自身的生长周期，即使不断进行深度开发，也难以迅速扩大旅游供给，还会使旅游供给的质量有所下降，使旅游者的需要不能得到充分满足。

（二）旅游供给和旅游需求在时间（季节）上的矛盾

在客源国（地区）的节假日，人们纷纷出游，形成旅游需求的高峰期。在其他时间，除老年人和商务客人外，人们一般很少外出，形成旅游需求低落期。旅游供给在一

定时间内是一个常量，餐馆、游乐场、饭店等旅游设施一旦形成，就具有常年性的特点。而旅游资源特别是自然资源，受气候的影响很大，在不同的季节，其吸引力有着明显的差异。因此，旅游需求的时间性、旅游资源的季节性与旅游设施的常年性之间形成了巨大的反差，具体表现为在旅游需求的高峰期或某旅游地的季节吸引力较大时，该地的旅游产品供不应求，在旅游需求的低落期或某旅游地的季节吸引力较小时，该地的旅游产品供过于求，即我们通常所说的旅游旺季、旅游淡季和季节矛盾。

（三）旅游供给和旅游需求在空间（地域）上的矛盾

这一矛盾是指供求总量基本平衡的条件下，旅游供求在空间（地域）上会出现失衡，即旅游热点地区供不应求，旅游冷点地区供大于求。由于各个地区旅游资源的类型不同，旅游资源的丰富程度不一，旅游设施亦有很大差别，由此形成了游客流向和流量在空间（地域）上的差异。可以说，旅游资源的类型、丰富状况和旅游设施的完善程度导致了旅游供求在空间（地域）上的矛盾。

（四）旅游供给和旅游需求在结构上的矛盾

旅游供给的结构矛盾是指旅游供求在构成上不相适应，主要表现为：旅游供给类型或项目与旅游需求不相适应，旅游供给档次或等级与旅游需求不相适应，旅游供给方式与旅游需求不相适应，旅游供给质量与旅游需求不相适应。

由于旅游供给是根据客源市场预测和旅游地客观条件设计的，一经形成就具有特指性和稳定性，可是受多种因素的影响，旅游需求往往具有多样性和多变性的特点。因此，就会出现旅游供给与旅游需求在结构上的矛盾，在同一时期，某一种旅游产品出现供大于求的情况，另一种旅游产品则发生供不应求的问题。

总之，旅游供求的数量矛盾、空间（地域）矛盾、时间（季节）矛盾和结构矛盾是旅游供求矛盾的不同表现形式，它们之间既密切相关，又互相影响。旅游供给与旅游需求的矛盾，通过市场机制和宏观调节得到了解决，旅游经济活动在这种矛盾运动中得到了发展。

任务分析

从“让他们疲于奔命，无法认真地参观欧洲丰富的历史文化遗迹和文物，领略人类文明发展的伟大内涵”的欧洲公路游转向“在一个国家、一个地区停留数天”的深度游，可以看出旅游供给与旅游需求之间存在着一定关系，并且这些关系还表现为一些矛盾冲突。只有能够了解这其中的矛盾，并且将其解决，才能使得旅游供求达到一定的均衡。

任务二 旅游供求均衡的调控

任务描述

SARS 后上海旅游业的振兴

伴随 SARS（Severe Acute Respiratory Syndromes）危机和各种限制性政策的解除，

各地旅游市场逐渐复苏。部分旅游企业为了抓时机，抢客源，纷纷削价促销，个别地方和旅游企业以超低价甚至免价炒热市场人气，而更多的地方和旅游企业大有跟进之势。价格大战一触即发。价格混乱、无序竞争的混乱局面给地区旅游形象造成极大的负面影响，中国旅游市场又陷入另一场危机——地区形象危机。

与此形成鲜明对比的是：上海旅游业在政府的全面主持下取得喜人成绩。为了尽快恢复旅游业，上海启动了全面振兴旅游市场的“彩虹计划”，以先行恢复洲内国际市场。上海首先推出上海旅游形象代言人，这位形象代言人以健康、有活力、积极向上的形象，向全世界展示上海在经历了 SARS 风暴后仍然充满朝气与活力的城市形象和永不言败的城市精神。在政府主导、企业参与的形式下，各方面的好消息不断传来。2004 年 7 月前后，受 SARS 影响跌到谷底的上海酒店市场也出现了强劲反弹，沪上酒店平均客户出租率 5 月初仅为 17%，7 月初就已经突破了 50% 大关，上海的一些旅游企业如五星级的万豪虹桥大酒店、东方滨江大酒店还一度出现 100% 的客户出租率。经历了 SARS 危机的上海旅游业井然有序的发展向世人展现了一个富有朝气与活力的上海，巩固了上海在游客心目中的国际大都市旅游目的地形象。

由此可以看出除了价格对旅游供给均衡的影响外，政府对旅游供给的均衡调控也有一定的作用。

任务实施

旅游供给与旅游需求均衡的调控

经济学上有两个简单的原理：最优化原理和均衡原理。最优化原理即人们总是选择他们能够支付的最佳消费方式；均衡原理即价格会自动调节供求，直到产品的供给数量与需求数量相等。

在市场经济条件下，旅游供求矛盾主要依靠价值规律的作用进行调节，通过价格机制达到市场均衡。在旅游市场上，当某种旅游产品供不应求时，该旅游产品的价格就会上升，促使需求量减少，而供给量则增加，直到供求大体相当为止；反之，当某种旅游产品供大于求时，该旅游产品的价格就会下降，促使旅游需求量上升，而旅游供求量则会减少，直到供求大体相当为止。通过旅游价格的上下调整使旅游供给与旅游需求达到平衡，这便是价格对旅游供求的调节机制。如图 4－3 所示：

当旅游价格为 P_2 时，旅游供给曲线在 B 点，而旅游供给量为 Q_2，旅游需求曲线在 A 点，旅游需求量为 Q_3，市场上出现旅游产品供大于求的情况，导致旅游产品的价格下降至 P_1，旅游供给曲线和旅游需求曲线相交于 E 点，旅游供给量减少至 Q_1，旅游需求量增长至 Q_1，旅游产品达到了供求平衡。同理，如果旅游价格为 P_3，旅游供给曲线在 C 点，旅游供给量为 Q_5，旅游需求曲线在 F 点，旅游需求量为 Q_4，市场上出现供不应求的情况，导致旅游产品价格上升至 P_1，旅游供给曲线和旅游需求曲线再次相交于 E 点，旅游供给量和旅游需求量同为 Q_1，说明旅游产品又达到了供求平衡。

上述分析的核心是均衡价格，而均衡价格的形成则需要许多限定条件，即每个交易者都能够及时获得准确、完整的信息；价格的升降是完全自由、灵活、迅速的；市场上

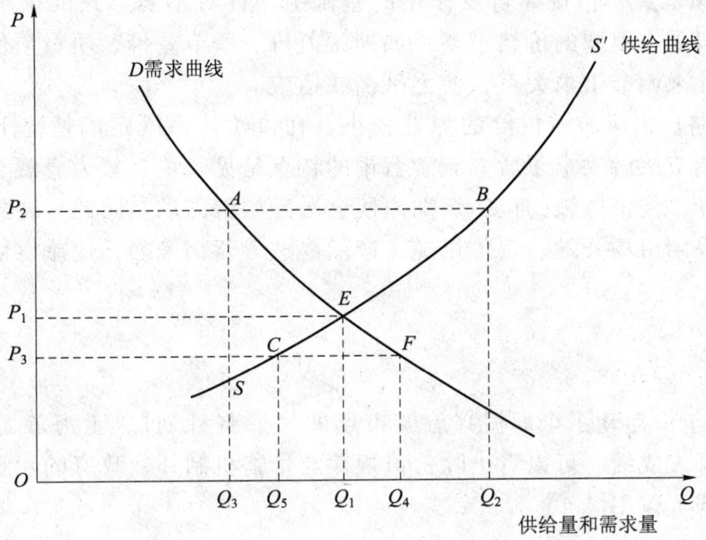

图 4－3 价格对旅游供求的调节机制

有一个报价者，能够迅速地向各个交易者提供价格信号；在达到均衡价格之前不进行交易等。

严格地讲，均衡价格是一种理论上的推断，只有在供求完全平衡的条件下才能形成，交易价格才是实际存在的。只有在理想的市场条件下，均衡价格才等于交易价格，换句话说，均衡价格只是交易价格的一种特例。

随着旅游市场的竞争日益加剧，各种非价格策略必将在一定程度上取代价格竞争。因此，对旅游供求矛盾及其均衡机制的研究必须考虑各类因素，在全面分析的基础上提出综合性的解决方法。唯此，才能使旅游产品适销对路，旅游企业的效益才能达到最大化。

除价值规律与价格机制外，政府的宏观政策对旅游供求也有很大的调节作用。这些政策措施主要包括以下四个方面：

1. 旅游发展战略与规划。为保证旅游经济活动的健康发展，弥补市场机制之不足，很多国家或地区的政府都详细制定了本国或本地区旅游业的发展战略与规划，旨在通过必要的行政、经济和法律手段来调节旅游供求。这些发展战略与规划的主要内容有：旅游资源的开发、旅游设施的建设、旅游从业人员的培训、旅游业及相关产业的发展规模与发展速度等。旅游发展战略与规划是一种长期性的调节手段，它对旅游供给和旅游需求有着较持久的控制作用。

2. 税收政策。调节旅游供求的税收政策涉及两个方面：一个是对旅游企业实行的税收政策；另一个是向旅游者征收旅游税的政策。当旅游产品供不应求时，通过对旅游企业实行减免税的政策，可以降低生产成本，增加企业利润，吸引多方投资，推动旅游企业扩大再生产，进而刺激旅游供给量的增加。同样，向旅游者直接征税可以减少旅游需求，从另一方面调节旅游供求矛盾。反之，当旅游产品供大于求时，通过对旅游企业增税的政策，则可以抑制旅游供给，使旅游供求达到平衡。

3. 价格政策。在价值规律自发作用的基础上，针对不同形式的供求矛盾，旅游目的国的政府可以采取不同的价格策略，如地区差价、季节差价、质量差价、优惠价、上下限价等，以此来调节供求关系，使之平衡或适应。

4. 营销策略。由于旅游供给的弹性较小，在供给体系既定的情况下，主要依靠刺激旅游需求来调节旅游供求矛盾。旅游营销的特点是见效快、较为直观、易于运用，只要选准目标市场，促销措施到位，短期内便会激发旅游需求。因此，各旅游目的国或地区的政府经常采用市场开发、宣传招揽、产品渗透等营销策略，使旅游供求矛盾很快得到缓解。

任务分析

SARS 后，上海启动了全面振兴旅游市场的“彩虹计划”，上海旅游业在政府的全面主持下取得喜人成绩。可以看出除价值规律与价格机制外，政府的宏观政策对旅游供求也有很大的调节作用。

相关知识

旅游经济是旅游活动这一社会现象在经济领域中的体现。旅游市场则是旅游经济赖以发展的基础和旅游经济关系的集中反映。旅游供给与旅游需求是旅游经济活动的两个侧面，同时也代表着旅游市场中的买卖双方。作为市场上的买方，旅游需求者总是希望低价多买。作为卖方，旅游供给者总是力求高价多卖。双方都要求同自己相适应，以便实现供求协调。但只有当旅游需求和旅游供给相等的时候，旅游供求平衡才能实现。这时候旅游的需求价格与供给价格相等，称为旅游市场的均衡价格。

旅游供给和旅游需求并非总是平衡的。由于影响旅游需求和供给的因素很多，其中任何一项因素的变化都会导致旅游需求量或供给量的变化，出现供不应求或供过于求的现象，从而形成旅游供求矛盾，进而影响旅游市场的均衡价格。旅游供求矛盾的出现是旅游供求平衡受有关因素冲击的结果。

课外阅读

中国五星酒店数量“疯长”

从来不缺关注和质疑的中国高星级酒店市场波澜再起：据 2012 年 1 月中国旅游饭店业协会公布的最新五星级酒店名录显示，全国五星级酒店已达 651 家，各地待建、在建及刚建完的按照五星级标准设计的酒店项目约有 500 家。虽然数量增长迅速，中国酒店市场的平均入住率却不容乐观。

据中国酒店门户网站迈点网的统计，年前 9 个月，中国大陆酒店的入住率是 61%，在酒店业咨询与调查机构所跟踪的 15 个主要国家中为亚洲最低。

一线城市高星级酒店建的是不是太疯狂？这是个问题。

广东 98 家全国最多

中国旅游饭店业协会数据显示，过去全国星级酒店数量整体年均增长率为 6%，而五星级酒店数量的年均增长率超过15%。预计到2015年，全国的五星级酒店数量将突破千家。

而五星级酒店的数量上，广东省以98家位列全国各地之首，其中广州占了20家。数量排名前列的城市还有北京68家、上海53家和杭州20家。

在广州珠江新城CBD（Central Business District）地段，继希尔顿酒店旗下最高端品牌康莱德落户后，以迪拜超豪华帆船酒店著称的卓美亚集团也将入场，而周边一公里范围内，已经耸立着四季、丽思卡尔顿、君悦、国德国际、地中海、皇家国际等多家高星级酒店。据迈点网发布的《2012年2月全国星级酒店开业统计报告》显示，今年2月份广东地区开业的高星级酒店数占全国星级酒店开业数的18%。

产能是否过剩引激辩

华美酒店顾问机构首席知识官赵焕焱认为，尽管目前中国整体酒店客房供给过剩，众多国外知名酒店连锁品牌仍"知难而进"，谋求更大规模的扩张。

赵焕焱认为，相比欧美发达市场，北京、上海、广州等一线城市的高星级酒店在出租率、平均房价方面已显现颓势。

他所提供的数据显示，2011年四季度，中国三星级酒店平均房价222.15元、平均出租率61.65%，四星级平均房价359.81元、平均出租率63.65%，五星级平均房价699.23元、平均出租率63.85%。

"国际通行的标准是，低于60%的入住率酒店就很难保本了。"赵焕焱称，中国星级酒店表现为行业性产能过剩，主要因为过分扩张和同质化竞争。

在他看来，中国酒店业的主流，已经变为房地产开发业加跨国酒店管理，本土高端酒店品牌日益边缘化。

赵焕焱认为，应对之策必须要地方政府对酒店总接待人数与实际能接待人数进行信息化，采取商业承载力的方式进行审批干预，或举行听证会，对后进者进行设限和关闭。

"一线城市的高星级酒店容积率远远比许多评论说的健康。"洲际酒店大中华区首席执行官柏思远昨日接受记者采访时抛出了不同观点，"尽管某些城市短期内市场有点消化不良，一个酒店考虑的是至少20年的长期发展，长远来看一线城市对高星级酒店仍有大量需求"。

他甚至认为，2025年中国将超越美国，成为最大的酒店消费市场。

中国旅行社业恶性竞争问题

1. 港澳游999元低价揽客　旅行社恶性竞争愈演愈烈

香港迪士尼乐园还未开门迎客，宁波市各大出境旅行社推出的香港"迪士尼"旅游产品已经坐上了价格滑梯。昨日，"迪士尼之旅"报价已经跌到了1980元。不到一个月的时间，游香港"迪士尼"价格一降再降，从最初报价的3 000多元，到8月中旬的2 680元以下，再到不足2 000元，价格下滑了1 000元以上。

"今年的日子不好过，现在出境游的生意也不好做了。"宁波浙仑海外旅行社的一名负责人谈到旅行社的利润，连连叹息。他说，从今年年初开始，国内游微利经营，现在境外游的利润也急转直下，旅游市场已经全面进入微利时代。据了解，宁波市旅行社的国内长线游利润大概维持在每人100元左右。省旅游协会曾经建议港澳游最低价1 880元，但有的旅行社竟然喊出了999元的低价，有的团甚至出现了零团费、负团费的现象。宁波市一景点负责人表示，有时候一些小旅行社赔本也要组团参观景点，因为他们为了维持和景点的良好关系。

目前，宁波市有大大小小旅行社160多家，外地旅行社（地接社）宁波办事处数十家，还有一批职业“旅游贩子”组团向旅行社索取报酬。小旅行社拼命压价，地接旅行社抢生意，“旅游贩子”倒团……这些都挤压了旅行社的利润空间。

各家旅行社“血拼”价格，无暇顾及服务水平的提高，使旅行社的利润与旅游质量同时“缩水”。

记者采访过的几家旅行社坦言，现在旅行社的产品千篇一律。宁波中旅的郑锡光说，一个新线路的成功策划马上会引来整个行业的抄袭和照搬，几乎没有旅行社愿意投资开发新的旅游产品。很少有旅行社注重提高服务质量，提升整体素质，这也是宁波市旅行社都做不大的原因。到目前为止，宁波市还没有一家旅行社能独占鳌头，占有市场份额的十分之一以上。

恶性竞争在伤及旅行社自身的同时，也伤害了游客。旅行社拼命压价的背后，游客享受到的服务也越来越差。业内人士认为，目前的恶性竞争是行业的洗牌期，残酷的竞争将淘汰缺乏竞争力的小旅行社，剩下的有实力的旅行社将更注重服务质量和打造品牌。

2. 遏止恶性竞争　朝天门23旅行社结盟

昨天，记者从朝天门港获悉：由朝天门地区23家经营三峡国内游船的旅行社组建的重庆长江三峡旅业联盟体正式运作。据联盟体负责人白斌介绍，该联盟体主要是统一三峡游价格和产品，以遏止三峡旅游市场乱杀价的恶性竞争。

该联盟体成员包括经营三峡旅游的旅行社和长航江山游船公司等，是三峡旅游要素的一次大整合。白斌说，三峡旅游在上个月的船票价格已杀到了6折、甚至5折，游船公司和旅行社均无利可图，加上三峡旅游的始发港出现分流情况，目前已呈现旺季不旺的局面。经过反复磋商，23家旅行社和部分船公司已达成协议，坚持按照三峡旅游分会制定的淡旺季价格执行，由长江观光游船公司的窗口统一出票。

据初步了解，一等舱按照1 022元/人的挂牌价实行统一的打8折标准，再加上丰都、小三峡、张飞庙（或屈原祠）三个景点门票，然后加上燃油附加费等，大约一等舱的价格在1 200多元/人；二等舱大约为700多元/人。

目前该联盟体已开始全面整合三峡导游人员，并将在下月开始培训考试，择优上岗。

3. 长沙旅行社协会成立，抵制行业内恶性竞争

长沙市旅行社协会今天正式成立，长沙中国国际旅行社、湖南省中国国际旅行社、湖南华天国际旅行社、长沙虹桥旅行社、长沙蓝天航空旅行社、长沙海峡旅行社等6家旅行社为发起单位。

该协会强调行业自律、抵制恶性竞争、净化市场秩序、树立行业新风；建立规范经营的行业诚信体系，实行诚信经营公示制、最大程度的维护会员的合法权益；加强协会与政府各相关行政主管部门的沟通，为长沙的旅游产业发展献计献策；反映会员意愿、宣传相关政策，努力做到“上情下达、下情上达”；加强与兄弟协会及同业间的合作与交流；协调关系化解矛盾，争取社会各界的理解和支持。

面对当前金融危机，该协会将带领长沙各旅行社克服困难、降低损失、平稳过渡，并采取三条应对措施：一是加强与政府的沟通，争取政策支持，及时向会员单位传递相关扶持政策；二是组织旅行社研讨，开拓多元化产品，改善经营产品，寻求新的商业契机，缩紧银根开展自保自救，以求平稳过渡；三是加大组织业内人士参加旅游宣传、促销考察活动，举办旅游推介会与培训班。

任务结论

旅游供给和旅游需求是旅游经济学的基本内容，是贯穿旅游经济分析的一条主线，整个旅游经济的运行和调控都是围绕旅游供求开展的，因此他们之间的矛盾构成了旅游经济活动的运行过程。旅游供给在天然上的地域分割性和时间上的一贯性，旅游需求的地域集中性和时间集中性，使得旅游供给和旅游需求之间存在着结构上的非均衡性。因此，短期均衡是一种暂时的平衡。由于在现实的旅游经济活动中，旅游需求价格弹性和旅游供给价格弹性往往不一致，从而引起旅游供求具有不同的长期平衡的变化。

课堂训练与测评

1. 联系实际谈谈你对旅游供给内涵的理解？
2. 分析旅游价格弹性的类型？
3. 举例说明旅游供求均衡的调控方法？

参考文献

1. 周振东．旅游经济学［M］．大连：东北财经大学出版社，1999.
2. 陶汉军．旅游经济学简明教程［M］．上海：上海财经大学出版社，2005.
3. 郝索．旅游经济学．中国财政经济出版社，2009.

模块五

旅游消费

学习目标

理论目标：了解旅游消费的概念，认识旅游消费的特点，掌握从不同角度对旅游消费进行分类的方法和意义，进而学习旅游消费方式的有关问题，最后还要求学会对旅游消费效果的衡量和简单评价。

实训目标：熟悉旅游消费方式的影响因素；掌握如何实现旅游消费方式的合理化；掌握操作旅游消费效果的衡量和评价。

项目一　熟悉旅游消费的内涵、特征与构成

任务一　对旅游者消费行为进行分析

任务描述

世界正在等待中国游客

AC 尼尔森与世界免税协会联合进行的最新调查结果，令全世界大吃一惊：虽然中国还是一个发展中国家，境外游项目也只是处于起步阶段，中国游客境外旅游的平均购物花费却高达987美元，位居世界首位。《新民周刊》专访了世界免税协会研究部主任琳达·霍普金斯，以探究这份报告的出台背景、具体内容及其意义。

记者：为何会做这次有关中国游客境外消费的调查？

霍普金斯：对于世界旅游业来说，中国是一个巨大的市场。目前，全世界已有69个国家和地区成为中国的旅游目的地国家。世界旅游组织预计，中国境外游游客在2010年将达到5 000万人次。这样一个游客总量对于旅游零售产业很有优势，因此有必要研究一下中国游客对于目的地、购物地点和商品选择的预期，从而使机场和其他免税零售点做好准备，为游客提供服务。最终，我们委托了荷兰 VNU 集团旗下的全球知名市场研究公司 AC 尼尔森来具体操作这一项目。

记者：中国游客境外人均消费世界第一的结果是怎样得出的？这次调查的人群在地区、职业、出国方式、境外支付方式、购物方式等方面有何特点？

霍普金斯：我们主要调查了北京、广州和上海三地，因为旅游数据表明，大多数出境游的中国人来看内在大城市。受访者是1 500名在之前3个月内到过香港、澳门地区以及亚洲和欧洲一些国家进行商务或休闲旅游的消费者，调查方式是对他们进行面对面的访问。

我们设计的问题主要包括8大类：旅游主要目的（公务还是休闲）；去哪里旅游，为何选择这些目的地；旅游时的主要活动（如观光、购物等）；独自旅游，还是和家人、朋友出游；跟团旅游，还是自己独自预订机票、酒店等；目前多久出国旅游一次，将来计划多久出国旅游一次；在每个地点（大街、市区免税店，机场免税店，带上飞机的）的花费（以美元计）；每类商品（烟草、酒类、糖果、时装、儿童用品、电器、电信产品、香水、化妆品）的花费（以美元计）。

记者：AC尼尔森中国区董事长高思曾在报告中指出："随着个人可支配收入的不断增长，中国消费者开始倾向出境游，探索新鲜、有趣的旅游胜地。无疑，消费者对境外游的热情为旅行社、免税店以及奢侈品等相关行业带来了积极的信号。"世界免税协会对此看法如何？

霍普金斯：2004年，中国消费者境外游人数达到2 885万，比2003年同期增长43%。虽然中国消费者在单次旅游总花费上略低于日本，位居全球第二，但在购物上的支出却已经位居第一位，而购物支出平均占旅游总预算的1/3。中国出境游的增长和成熟很快，但仍处于婴儿期，42%的中国游客是第一次出境游。这也是我们研究他们境外消费趋势的一个重要原因。受访者表示，观光是他们出境游的第一大原因，购物是第二大原因。

中国游客去欧洲旅游时购物花费更多，平均达1 781美元，其中上海游客的平均购物花费高于其他城市的消费者。同时，由于中国境外休闲游客主要人群为女性，时装（53%）、化妆品（50%）、糖果（50%）等高居中国游客购物清单前列。这一消费习惯与欧洲的游客全然不同，他们更倾向于购买酒类、香水及烟草。

记者：此次调查结果说明了哪些问题？

霍普金斯：中国出境游的发展主要得益于四个方面：其一，中国潜在的出境游人数高达6 000万，约占总人口的5%；其二，中国健康的经济增长和家庭收入增加；其三，出境游政策的自由化，签署协议并已步入实施阶段的旅游目的地国家从2002年的15个增加到2005年的64个，有资格出境游的旅行社从2000年的65家变为2004年的500多家；其四，飞中国路线的亚洲低成本航空公司的进入，如泰国航空、曼谷航空、新加坡的惠旅航空等。

此外，VISA（Visa International Service Association）卡的普及也给中国的出境游夯实了基础。在过去4年，中国的国际VISA卡增长率达300%：2001年有40万用户，2002年60万，2003年170万，2004年540万，估计2009年将超过5 000万，中国VISA卡用户大多数在亚洲消费，而消费增长最快地区是欧洲和加拿大。其主要原因如下：中国稳定、积极的宏观经济前景，国内银行的竞争，零售业金融服务急速发展，消费者信用的改善，以及政府支持民众使用信用卡。

从上述案例我们可以看出，旅游消费是由哪些部分构成的呢？

任务实施

一、旅游消费方式的构成

（一）旅游消费的概念

旅游消费，是指人们在旅行游览过程中，为了满足其自身发展和享受的需要，而进行的各种物质资料和精神资料消费的总和。旅游消费从其性质上可作如下界定。

1. 旅游消费属于个人消费的范畴。个人消费，包括满足基本生存需要的消费和发展与享受需要的消费两个方面。基本生存需要的消费，是为了维持个人和家庭最低生活需要的生活资料的消费，是保证劳动力再生产所必需的最低限度的消费；发展与享受需要的消费，则是为了提高人们的文化素质，陶冶情操，发展劳动者的智力、体力从而达到劳动力内涵扩大再生产的目的。因此，旅游消费属于满足发展与享受需要的消费，是一种高层次的消费。

2. 从个人消费的内容来看，不外乎物质消费与精神消费两个方面，它除了包括以商品形式存在的消费品外，还包括消费性服务在内。旅游消费就包括了人们在旅游过程中所获得的满足其发展与享受的物质产品、精神产品和旅游服务三个方面的消费。

3. 旅游消费是一种超出生存需要的高级消费方式。随着科学技术的发展和社会生产力的提高，人们生活的不断改善，旅游已日益成为人们生活中不可缺少的一个组成部分，旅游消费在人们总消费中占据的比重也越来越大。

（二）旅游消费方式的构成

作为一种生活方式，在人们社会生活方式的整体系统中，旅游消费方式是其中的一个分支系统，它是由若干相互关联的方面所组成，具体包括以下方面：

1. 消费意识。人们的旅游消费过程，是受其消费心理、消费观所构成的消费意识的支配、控制而完成的。消费心理是浅层的消费意识，即人们在一定条件下，由自身感觉体验的心理活动而形成的消费动机、意向和兴趣。消费心理往往受其社会环境的影响而自发地形成。消费观是深层的消费意识，是在一定的人生观、价值观的基础上形成的，并具有相对稳定性。相对稳定的消费观同相对变化的消费心理相结合，就构成人们的消费意识。消费观为人们的消费活动提供模式，消费心理则直接影响着人们现实和具体的消费行为。

2. 消费能力。消费能力是指人们为满足旅游需求而进行消费活动的能力。它既包括人们生理上的消费能力，又包括人们获取一定量消费的经济能力。生理的、经济的、文化的条件，是构成旅游消费能力的物质和精神的基础。然而，这毕竟只是一种可能的消费能力。要把可能的旅游消费能力变成现实的消费能力，还需要成熟的客观条件，即旅游者在具备生理上、经济上和文化上的完整的消费能力的同时，客观上也要拥有条件来获取所需要的消费资料，这才是现实的旅游消费能力，才能使消费活动得以实现和进行。

3. 消费结构。消费结构是指旅游消费主体在一定时间内，对各类旅游产品和劳务消费的数量比例和相互关系。旅游产品消费又可分为满足生存基本需要的生存消费、满足享乐需要的享受消费、满足人的体力和智力发展需要的发展消费等。此外，消费结构还包括个人消费与社会公共消费的比例关系，以及商品性消费与自给性消费的比例关系。消费结构的状况反映了旅游消费方式的基本特征，表现了旅游消费的水准和质量。

4. 消费习惯。消费习惯是指在一定环境下经常重复出现的一种消费行为方式，其具有民族性、历史性和相对稳定的特点。不同国家、地区和民族消费习惯，是在各自特定的经济、文化条件下历史地形成的，并凝聚成为一种社会心理或行为规范，是构成不同国家、地区的文化形态和民族习俗差异的重要因素。

5. 消费水平。消费水平主要是指从数量上表明旅游消费在物质、文化方面满足旅游者需要的程度。任何消费方式总是要通过一定的消费水平体现出来的，特别是旅游消费品和服务总是具有一定质量的，所以，消费水平所包含的旅游产品和服务的质量，既包括精神消费品及其服务的数量和质量，又包括物质消费品及其服务的数量和质量。

因此，必须从数量与质量、物质消费与精神消费的统一中来把握旅游消费的水平。

二、旅游消费的特点

任何消费都是社会生产力发展的结果，是人们收入增加和生活水平提高的标志。旅游活动涉及政治、经济、文化等广泛的社会领域，旅游消费的内容包含着食、住、行、游、购、娱等诸多方面，因而旅游消费具有其自身的特殊性。如果说一般传统产品的消费方式是把消费过程与再生产过程相对区分开来的，那么作为现代消费方式的旅游则把消费过程与再生产的过程有机地融为一体。因此，旅游消费具有许多不同于一般传统产品消费的特点。

（一）旅游消费是综合性消费

旅游消费是一个连续的动态过程，贯穿于整个旅游活动之中，因而综合性是旅游消费最显著的特点。首先，从旅游消费活动的构成看，旅游活动是以游览为中心内容的，但是为了实现旅游的目的，旅游者必须凭借某种交通工具，在旅途中必须购买一定的生活必需品和旅游纪念品，必须解决吃饭、住宿等问题。可见，旅游活动是集食、住、行、游、购、娱于一体的综合性消费活动。其次，从旅游消费的对象看，旅游消费的对象就是旅游产品，旅游产品是由旅游资源、旅游设施、旅游服务等多种要素构成的，其中既包含物质因素，也包含精神因素，既有实物形态，又有活劳动形态。因此，旅游消费对象是多种要素、多类项目的综合体。再次，从参与实现旅游消费的部门看，旅游消费是众多部门共同作用的结果，许多经济部门和非经济部门均参与了旅游消费的实现过程。前者包括餐饮业、旅馆业、交通业、商业、农业等；后者包括环保、园林、文物、邮电、海关等。这从另一个侧面也证明了旅游消费的综合性特点。

（二）旅游消费是以劳务为主的消费

这里所指的劳务即服务，服务是以劳务活动形式存在的、可供满足某种特殊需要的经济活动。在旅行游览过程中，旅游者首先必须满足基本的生理需要，因而必然要消费一定量的实物形态的产品。但从总体上看，服务消费占主导地位。旅游服务消费，不仅在量上占绝对优势，而且贯穿于旅游者从常住地向旅游地的移动，到旅游地参观游览，再返回常住地这一消费过程的始终。旅游服务是由各种不同的服务组合成的总体，一般包括饭店服务、交通服务、导游服务、代办服务、文化娱乐服务、商业服务等。

旅游服务一般不体现在一定的物质产品中，也不凝结在无形的精神产品中，而是以劳务活动的形式存在着，从而构成旅游产品的特殊形式。这种产品只有被旅游者享用时，它的价值才被实现；一旦旅游活动结束，旅游服务的使用价值就不复存在，从而决定了旅游消费与旅游产品相一致的特性。表现在：一是，旅游消费的异地性。旅游服务是无形的，不可转移的，因此，旅游者必须离开常住地，离开熟悉的基本生活环境，克服空间距离，才能实现旅游消费。二是，旅游消费与旅游交换的同一性，即一般物质产品的交换和消费是两个独立的环节，但就旅游消费而言，服务的提供必须以旅游者的存在即旅游者的实际购买为前提。为此，旅游消费和旅游交换在时间上和空间上是统一的。三是，旅游消费的不可重复性。旅游服务的使用价值对旅游者来说是暂时的，旅游者离去，旅游服务即告终止。这样，随着服务的时间、场合及服务人员心情的变化，即使是同一服务员提供的服务，其标准和质量也会相差很多。因此，旅游者在一生中不可能消费完全相同的服务产品。

（三）旅游消费是伸缩性很强的消费

伸缩性，指人们所需消费品的数量及品种之间的差异，以及这种差异随着影响消费诸因素的变化而变化，表现出扩大或紧缩的状态。所以，伸缩性一方面是就人们对消费品种、数量和质量需求变化情况而言；另一方面是就影响消费诸因素对消费需求变化而言。旅游消费作为一种高层次的消费，其表现为是一种伸缩性很强的消费，具体表现在以下几方面：

1. 旅游消费是无限性消费。美国心理学家马斯洛曾把人的需要分为生理需要、安全需要、社会需要、自尊需要和自我实现需要。旅游消费是人们的基本需要即生理需要和安全需要得到一定满足后，为实现更高层次的需要而进行的高级消费形式，因而没有数量限制。随着社会经济的发展及人们消费水平的提高，旅游消费趋势必然不断增加。

2. 旅游消费是弹性较大的消费。一般来说，满足人们生存需要的消费弹性较小，而满足人们享受、发展需要的消费弹性较大，旅游消费属于后者。许多因素都会影响旅游消费的数量和质量。除了通常所说的价格、收入外，国际政治经济形势，旅游者的职业、年龄、性别、受教育程度、宗教信仰、兴趣爱好，以及旅游地的社会经济发展水平、风俗习惯等等，都直接或间接地影响着旅游消费。

3. 旅游消费是季节性消费。这主要体现在两个方面：一是旅游消费需求集中在某些月份或季节。如德国人旅游集中在夏季三个月，巴黎人喜欢八月份外出旅游。二是某些月份或季节旅游消费的内容集中于某些特定的旅游消费对象。例如，夏季的海滨胜地游人如织，而一到冬季，出现在海滩上的游客则寥若晨星。

（四）旅游消费具有互补性和替代性

旅游消费的综合性，使得构成旅游消费对象的各个部分具有互补的性质。例如，假设杭州中国国际旅行社接待了10名从桂林赴杭州的美国旅游者，这10名旅游者除了消费导游服务外，还要支付从桂林至杭州的交通费，在杭州必须支付住宿费、餐饮费、购物费等。因此，一项旅游消费的实现必然伴随着众多的其他项目旅游消费的产生，旅游消费这个特点要求有关部门互相配合，加强合作，以利提高经济效益。

旅游消费的替代性，是指旅游消费对象每一构成部分之间的相互替代的性质。例如，某旅游者从甲地到乙地乘了飞机，就不会再乘火车轮船。到了乙地后，若青年旅行社安排他旅游活动，他就不再会接受中旅或国旅提供的导游服务。若他住进了度假旅馆，一般就不会再入住其他旅馆。由此可见，旅游消费中的替代性是十分明显的。而旅游者在选定某种成分以后，势必舍弃其他成分，因而这种替代性加剧了旅游业的竞争。

三、旅游消费的作用

旅游作为一种高级消费方式，对于促进人们全面发展，提高劳动力素质，提高劳动生产率和促进经济发展等，都具有重要的作用，主要表现在以下几方面：

（一）旅游消费是社会再生产过程中的重要环节

消费是促进国民经济循环的动力，在生产、交换、分配和消费的四个环节中，生产是起点，消费是终点。如果把社会再生产看作是一个周而复始不断更新的过程，那么消费是第一个生产过程的终点，又是第二个生产过程的起点。旅游消费不仅是旅游者对物质产品的消费，而且包括对精神产品服务的消费。通过消费，一方面使这些产品的价值和使用价值得到实现，另一方面对旅游所需的物质产品和精神产品的再生产提出了新的要求。生产和消费相互依存，互为前提，生产和消费相互创造了对方。旅游消费在社会再生产过程中的重要作用还表现在：旅游消费的扩大，不仅要求原有的旅游企业和部门进一步发展，要求增加一批新的旅游企业和部门，而且要求向旅游业提供产品和服务的其他部门和行业也要相应地发展，从而促进整个社会经济的繁荣。旅游消费的扩大，必然刺激社会多生产符合旅游者需求的旅游产品，开发更多的有吸引力的旅游资源，增设新颖健康的旅游项目，从而进一步推动旅游业自身的发展。

（二）旅游消费是高质量劳动力再生产的创造因素

完成生产过程的两个重要因素是生产资料和劳动力。前者是生产条件的客观因素，后者则是保证物质资料再生产的必要条件，是生产过程中起决定作用的最活跃的主观因素。劳动力再生产是物质资料再生产的先决条件，现代化大生产需要社会提供与之相适应的高质量、高水平的劳动力，要求劳动者具有专业技能，广博的文化知识，高度的主动性、敏捷性和创造性以及健康的体魄和饱满的精力。为此，不仅需要满足劳动者基本生存的需要，不断改善劳动者的物质生活条件，还要大力发展德、智、体几方面的教育，以提高劳动者的品德及文化素质。旅游消费是一种潜移默化的思想品德及文化素质教育，能使人们陶冶身心、增进健康、开阔视野、增长知识，有利于高质量劳动力的再生产。近几年，一些经济发达国家已逐步把旅游消费作为劳动力再生产的一个促进因素而予以鼓励。旅游消费能使劳动者的体力和智能得到恢复和发展，激发劳动者的生产热情，使劳动者在各自工作岗位上全面地发挥自己的才能，从根本上提高社会的劳动生产力。

（三）旅游消费是普及现代化生活设施的桥梁

旅游活动是一种娱乐性、享受性的消费活动，旅游服务的目的在于最大限度地满足旅游者精神发展和享受的需要。因此，旅游服务所凭借的物质资料，如交通工具、住宿条件、旅游设施设备等，都必须具有现代化程度高以及舒适、方便、卫生、安全等特点。这些特点决定了在科学技术不断发展的情况下，生产中的某些民用新产品在其普及于人们日常生活之前，首先在旅游业的经营中被采用，例如空调机、微波炉、冰箱等等耐用消费品在家庭普及之初，已在旅游业中广泛运用。这些表明，旅游消费在普及现代化生活设施，转变人们的消费观念中起到了桥梁的作用。

（四）旅游消费是旅游产品价值得以实现的手段

旅游产品只有在消费中才能得到最后的完成。这是因为，第一，旅游消费是旅游产品生产的目的和对象。生产取决于需要，而需要的形成和发展，又在很大程度上取决于消费的发展，从某种意义上说，消费需要和消费水平决定了生产的发展方向和发展速度。第二，旅游消费是使旅游产品价值实现的最后行为。如果没有旅游消费，旅游产品就卖不出去，旅游产品的价值就不能实现，旅游经济的运行就难以顺利进行。第三，旅游消费又是对旅游产品的最终检查。如果旅游产品不符合消费需要，旅游产品就会滞销，旅游经济就不能顺利运转。因此，通过旅游消费还可以检验整个旅游经济结构是否合理，旅游经济效果是否理想，旅游业是否健康、持续地发展。

任务分析

旅游消费不是人类生存的必要消费，它属于人类高级享受和发展需要的消费。因此，它的需求弹性较大，很多因素都会影响旅游消费的数量和质量。除了国际上政治、经济、环境或气候变化等因素的影响外，旅游者的收入水平、年龄、性别、职业和受教育程度以及风俗习惯、兴趣爱好等，都是影响旅游消费结构的因素。此外，旅游供给国或目的地服务范围、服务项目、服务质量、服务态度和旅游各部门的协调配合能力以及社会治安等也都是影响旅游消费构成的因素。概括起来，影响旅游消费的主要因素有以下几项：

（一）旅游者的收入水平

旅游消费是满足人们高层次需求的消费。即使人们有了旅游的需求，也只有当人们的收入在支付其生活费用之外，尚有一定数量的节余时，才能使需求变为现实。旅游者的收入水平越高，购买旅游产品的经济基础就越好。所以，收入水平决定着消费水平，也决定着需求的满足程度，从而决定着消费结构的变化。旅游者的收入越多，旅游需求就能满足得越充分，就能促使旅游消费从低层次向高层次发展。如国际旅游者中的政府官员、商人、学者、教授和医生的收入比较高，他们旅游时要住高级宾馆、吃美味餐食、乘飞机坐头等舱、出入乘汽车等。而一般小职员、中小学教师、工人和农民的消费水平与消费结构就大不一样，他们在旅游中以观赏游览为主，对住宿、饮食和交通的需求不高，其中不少人是身背背包的徒步旅游者和自备帐篷的旅游者。

（二）旅游者的构成

不同年龄、性别、文化、职业的旅游者，不同的风俗习惯、兴趣爱好，都是影响旅游消费结构的因素。通常，青年人对饮食要求多而不精，而对游览娱乐性的开支则较大；老年人对住宿、饮食、交通的要求比较高；妇女的旅游消费中以购物消费所占比重最大；而政府官员、商人、参加会议的旅游者则要求现代化的旅游设施设备、高质量的饮食和服务。此外旅游者的收入和带薪假日长短的不同，影响着旅游者的停留天数和消费数量；旅游者的文化、习俗又影响着旅游者的爱好兴趣，致使对旅游产品的内容和质量要求各异。

总之，旅游者构成的每一因素，都不同程度地影响着旅游消费结构的变化。

（三）旅游产品的结构

生产发展水平决定消费水平，产品结构从宏观上制约着消费结构。向旅游者提供的住宿、餐饮、交通、游览、娱乐和购物等各类旅游产品的生产部门是否协调发展，旅游产品的内部结构是否比例恰当，都是影响旅游消费结构的因素。特别是在国民经济中，向旅游业提供服务的各相关产业部门的结构如果搭配不合理，没有形成一个相互协调、平衡发展的产业网，就会导致旅游产品比例失调，各构成要素发展不平衡，从而不仅不能满足旅游者需求，反而造成供求失衡，破坏了旅游产品的整体性。例如，交通工具短缺，航线航班奇缺，会使游客进不来，出不去，或者进来了又散不开。而旅游设施设备不足，游娱网点过少，又使旅游者来了无住处，住下了又无处游，或者旅游项目单调、枯燥和旅游资源缺乏吸引力等。这些情况都会使旅游产品在旅游市场上失去竞争能力，丧失客源。因此，旅游产品结构决定着旅游消费结构，决定着旅游者的消费水平和消费数量。

（四）旅游产品的质量

发展旅游业不但需要一定数量的旅游产品，而且需要高质量的产品。如果旅游产品的数量虽然符合旅游需求的总量，但其质量差、生产效率低、使用价值小，则仍然不能满足旅游者的消费需求，并且必然要影响到旅游消费的数量和结构。旅游产品的质量包括三个方面：一是向旅游者提供称心如意、物美价廉的旅游产品，即提供的旅游产品要达到适销、适量、适时和适价的要求；二是旅游服务效率，对每一项旅游服务都要求做到熟练敏捷，为旅游者节约时间，提供方便；三是旅游服务的态度，即在旅游服务过程中要礼貌、热情、主动、周到。只有提高旅游产品质量，使旅游者获得物质与精神上的充分满足，提高他们的消费水平，才能使旅游消费结构日趋完善。

（五）旅游产品的价格

旅游产品价格的变化影响着旅游者的消费数量和消费结构。由于旅游产品的需求弹性大，所以当旅游产品的价格上涨而其他条件不变时，人们就会把旅游消费转向其他替代商品的消费，使客源量受到很大影响。反之，当旅游产品价格下跌，或者旅游价格不变而增加了旅游产品的内容，人们又会把用于其他商品的消费转向旅游。因此，旅游产品价格的变化不仅影响旅游消费构成，而且影响旅游需求量的变化。

（六）旅游者的心理因素

旅游者的消费习惯、购买经验和周围环境都不同程度地影响着消费结构。消费方式的示范性及旅游者的从众心理也影响旅游者的支出投向。如历史上兴起的温泉旅游热、海滨旅游热及现代的文化旅游热等。

任务二　探索旅游消费结构合理化的途径

任务描述

在当前我国旅游消费快速增长的形势下，如何促进旅游消费结构合理化，对我国旅游消费长期发展来说至关重要，应明确旅游消费结构，分析其实现合理化的途径。

任务实施

一、旅游消费结构的划分

旅游消费结构，是指旅游者在旅游过程中所消费的各种类型的旅游产品及相关消费资料的比例关系，旅游消费结构可从不同角度进行划分。

（一）按满足人们旅游需求的不同层次分类

一般讲，人们的旅游消费可分为生存消费、享受消费和发展消费，而旅游者在旅游过程中的消费具体又可以分为餐饮、娱乐、游览、住宿和交通等方面的消费，其中食、住、行是满足旅游者在游览中生理需求的消费；而观赏、娱乐和学习等消费则是满足旅游者精神享受和智力发展的需要。这两种消费相互交错，在旅游活动中很难划分它们中间的区别和界线。在满足旅游者生存需要中必须满足其享受和发展的消费，而在满足旅游者享受与发展的需要中又掺杂着其生存需要的满足。

（二）按旅游消费资料的形态分类

按照旅游者在旅游活动中的消费形态可把旅游消费划分为物质消费和精神消费两种。物质消费，是指旅游者在旅游过程中所消耗的物质产品，如客房用品、食物、饮料和购买的纪念品、日用品等实物资料。精神消费，是指供旅游者观赏、娱乐的山水名胜、文物古迹、古今文化、民俗风情等精神产品，还包括在旅游活动的各环节中所享受到的一切服务性的精神产品。这一分类也具有相对性，物质消费如达到了旅游者的满足，旅游者在精神上会感到愉快；精神消费虽主要是满足旅游者的精神需要，但其中不少是以物质形态而存在的。

（三）按旅游消费对旅游活动的重要程度分类

根据旅游消费的重要程度一般可分为基本旅游消费和非基本旅游消费。基本旅游消费是指进行一次旅游活动所必需的而又基本稳定的消费，如旅游住宿、饮食、交通游览等方面的消费；非基本旅游消费是指并非每次旅游活动都需要的并具有较大弹性的消费，如旅游购物、医疗、通讯消费等。

（四）按旅游目的地和客源国等进行综合分类

在对旅游消费结构分析中，通常把上述分类有机结合，并根据不同的旅游目的地、不同国家或地区的旅游者、不同的旅游类别以及不同的旅游季节的旅游开支分配进行综合分类，从而为旅游市场研究提供科学的依据。

二、旅游消费合理化

旅游消费合理化是一个动态的发展过程，它是指旅游消费从不合理状态向合理化状态不断逼近的渐进过程。一般说来，在居民收入、闲暇时间一定的前提下，合理旅游消费的内容和基本标准包括下面三层涵义：一是旅游消费的发展速度要适度，要与旅游业和其他同旅游消费有关的经济部门的发展水平相适应；二是旅游消费的内容必须丰富多彩，方式要多种多样，切忌“白天看大庙，晚上睡大觉”那种单调刻板的旅游消费方式；三是旅游消费结构要优化，即食、住、行、游、购、娱之间及其各自内部的支出比例要恰当，要体现出旅游消费的经济性、文化性、精神享受性等特点，以最大限度地提高旅游消费的经济社会效益，促进消费者身心健康和全面发展。具体说，要实现旅游消费的合理化，就应满足以下一些基本要求。

（一）要努力实现旅游消费结构的优化

要实现旅游消费结构优化，首先必须实现旅游消费的多样化。所谓旅游消费多样化，是指旅游消费的内容和形式必须丰富多彩，生动活泼。旅游消费多样化是旅游消费合理化的基本要求。旅游就是人们花钱买享受，它要求人们玩得痛快、充实、高尚、有益。因此，旅游消费内容和旅游活动方式的具体选择，必须满足消费者各种各样的需要，既要有参观游览、学习访问，又要有各种能让旅游者参与其中，亲身体验的娱乐活动；既有利于旅游者消除疲劳、增进健康，又有利于旅游者增长知识、修身养性、促进体力和智力的发展。由于旅游消费结构是反映旅游者在旅游过程所消费的各种消费资料（物质产品、精神产品和服务）的比例关系，其一般可分为饮食支出、住宿支出、交通支出、购物支出、游娱支出和其他支出等。其中住宿、饮食、交通等方面的支出，基本上是用于满足旅游者的生理需要，而游览娱乐和购物则基本上是为了满足旅游者的鉴赏、追求的需要。因此，旅游者是通过这些活动达到开阔视野、培养和发展自己的各种良好兴趣和能力和提高自身精神文化素质的目的。这就要求必须不断优化旅游消费结构，满足人们多样化的消费要求。

（二）要实现旅游消费市场供求的平衡

由于受时间、地点、政治、经济、社会心理等因素的影响，旅游需求具有很大的变动性，而旅游产品的供给能力一旦形成，则具有一定的稳定性。因此，合理的旅游消费，一方面应保证在旅游淡季和旅游“温冷点”有一定的消费规模，以提高旅游设施、设备的利用率，充分发挥旅游消费对饮食服务、旅馆、交通运输、邮电通讯、金融、商业及娱乐业等行业的促进作用；另一方面，在旅游旺季和旅游“热点”，旅游消费的水平和结构应与旅游地的接待能力相适应。因为在一定时期和一定地点，无论是旅馆业所能提供的住宿服务、床位数，饮食业所能提供的饮食服务，还是交通运输业所能提供的客运服务，各类旅行社所能提供的翻译、导游、咨询服务等都是既定的，如果某地某时旅游消费的发展超越了各种服务的供给能力，则势必造成“吃饭难”、“住宿难”、“乘车难”等问题，浪费旅游者的时间、精力，破坏旅游者的消遣、娱乐情趣，从而降低旅游消费的效果。

（三）要有利于旅游环境的保护和改善

良好的旅游环境属于高品位旅游资源和旅游产品的重要组成部分，是旅游消费得以顺利高效进行的必备条件，人们出门旅游的主要动机之一便是追求一个清新、舒适、宁静、安全的自然环境和社会环境。因此，合理的旅游消费首先必须有利于环境的保护和生态平衡的维持，某些特定的旅游活动，如狩猎、钓鱼、采花旅游等必须以不损害自然界的生态平衡为限，严禁滥捕、滥猎、滥采。其次，合理的旅游消费还应该通过旅游活动的开展，一方面增强人们对自然资源和历史文物的保护意识；另一方面筹集资金，建设必要的排污设施，改善旅游区的环境状况。

（四）要有利于促进社会文明的进步

旅游消费是人们文化生活的组成部分，是一种高层次的包含着较多精神内容的生活方式，它的合理发展必须能给旅游者以新颖、舒适、优美、健康的感受，激发人们热爱生活、追求理想、奋发向上、努力学习的情感，提高其思想、艺术、文化修养，防止和打击各种腐败和不健康的现象，用丰富多彩的旅游活动内容和服务项目来充实旅游者的精神世界。

课外阅读

案例 香格里拉的发现导致旅游热

“香格里拉”的原型在藏族自治州迪庆的发现引起世界轰动，作为香格里拉腹心地的中甸自然备受世人的关注，从而掀起了香格里拉——中甸旅游的热潮，这主要是由于“香格里拉”不仅具有优美、神秘的自然景观，而且蕴藏着人与自然和谐相处、人与人和睦相处及人自身平衡相融的精神内涵。随着人与自然的和谐相处的理念被世人广泛接受，引发了人们对香格里拉的向往，人们萌生了亲自到香格里拉一睹风采的愿望，使得中甸一下子成为国内外旅游的热点。1995 年到迪庆旅游的人数仅为 43 306 人次，1996 年由于寻访香格里拉热潮兴起，旅游人数就达 14.5 万人次，1997 年旅游人数攀升至 22.67 万人次，1998 年更是达到了 51 万人次，1999 年进一步飙升至 120 万人次，宾馆床位则从 2000 年的 2 000 多张增长到 2004 年的 1.8 万多张。整个迪庆的地方财政收入也从 1998 年的 1 000 万元增加到 2004 年的 1.1 亿，增长近 10 倍；顺利实现了从“木头财政”到“旅游财政”的转变。

任务结论

旅游经济活动顺利运转的关键在于旅游消费，旅游消费是旅游需求的实现和满足并创造出新的旅游产品生产的需要。在生产、分配、交换和消费四个环节中，生产是起点，消费是终点，同时也是下一个生产过程的起点。整个旅游经济活动就是按照需要→生产→满足→新的需要→新的产品→新的满足这种模式循环往复的。旅游消费是旅游产品的价值得以实现的过程，也是对旅游产品的最终检验。

项目二 旅游消费效果的衡量

任务一 了解旅游消费效果的定义及分类

任务描述

在旅游者的消费过程中，投入与产出，消耗与成果，消费支出与达到消费目的的效果之间的对比关系，就是旅游消费效果。由于考察问题的角度不同，旅游消费效果可分为宏观消费效果和微观消费效果。从一定消费投入与所获得的成果之间联系的密切程度来看，旅游消费效果可划分为直接效果和间接效果。

任务实施

在旅游消费中，要消耗一定量的物质产品与劳务，即旅游消费的“投入”；而通过旅游消费使人们的体力和智力得到恢复和发展，精神得到满足，即旅游消费的“产出”。在旅游者的消费过程中，投入与产出、消耗与成果、消费支出与达到消费目的之间的对比关系，就是旅游消费效果。通常，可从不同的角度对旅游消费效果进行划分。

（一）按旅游消费的研究对象划分

按旅游消费的研究对象划分分为宏观旅游消费效果和微观旅游消费效果。宏观旅游消费效果，是把所有旅游消费作为一个整体，从社会角度研究旅游产品的价值和使用价值；分析旅游消费的状况、旅游者的满足程度、旅游消费对社会生产力及再生产的积极影响以及对社会经济发展所起的促进作用等。微观旅游消费效果，是指旅游者通过旅游消费，在物质上和精神上得到的反映，如旅游消费能否达到旅游者预期效果，旅游者能否获得最大满足等。

（二）按消费的投入产出关系划分

从一定的消费收入与所取得的成果之间关系的密切程度划分，可将旅游消费效果分为直接旅游消费效果和间接旅游消费效果。直接旅游消费效果指的是一定的旅游消费投入直接取得的旅游消费成果，如旅游者花钱乘车实现了空间位移等。间接旅游消费效果是指一定的旅游消费投入，其旅游消费效果并不直接显示出来，而是潜在的反映，如旅游陶冶情操，提高人们的素质，则需要通过人们的工作生活实践，才能具体体现出来。

总之，旅游消费效果是一个包含丰富内容的范畴，只有从不同角度，不同方面进行比较分析，才能得出关于旅游消费活动的综合性效果。

任务二 寻求旅游者旅游消费的最大满足条件

任务描述

旅游者消费的最大满足，是指旅游者在支出一定时间和费用的条件下，通过旅游消费获得的精神上与物质上的最佳感受。同一种旅游活动给予不同旅游者的满足程度往往因人而异，旅游者旅游消费的最大满足是在旅游过程中实际所得与主观愿望的最大相符程度。

任务实施

一、旅游者消费最大满足的决策内容

旅游消费效果最直接的体现，就是反映为旅游者消费的最大满足。所谓旅游者消费的最大满足，是指旅游者在支出一定时间和费用的条件下，通过旅游消费获得的精神上与物质上的最佳感受。同一种旅游活动给予不同旅游者的满足程度往往因人而异，这要根据每个旅游者的性别、年龄、职业、经历、习惯、心理等各种不同因素所反映的主观印象去评价，也就是旅游者在旅游过程中的感受与其主观愿望相比较，即旅游者的最大满足和在旅游过程中实际所得与主观愿望的最大相符程度。因此，旅游者消费最大满足的决策包括两个方面：

（一）旅游消费与其他消费的决策

当人们的基本生理需要得到满足之后，就会将多余的收入用于提高文化生活水平的消费上，以满足人们享受与发展的需要，或是储存起来留待日后消费。但无论怎样安排，一个有理性的消费者总要选择一下，在收入水平限制和产品价格既定下，怎样消费才能使他们得到最大的满足。假设每单位的旅游商品价格为20元，而旅游食宿每日平均花费150元。现有某一旅游消费者欲以900元购买一部分旅游商品，同时还想进行一次舒适的旅游，那么他在购买旅游商品和进行旅游活动之间，应如何选择出一个使他感到最大满足的搭配比例表示旅游食宿与旅游商品的不同数量的组合给旅游者所提供的效用是相同的。也就是说，当旅游者外出旅游6天，并同时购买8个单位的旅游商品，同旅游者外出旅游3天，并同时购买30个单位的旅游商品所得到的需求满足是相等的。则在没有限制条件下，任一产品组合都可使旅游者得到充分满足。

（二）旅游目的地选择的决策

当某旅游者决定利用假期进行旅游时，他首先要做好选择旅游目的地的决策。影响旅游者对旅游目的地作出决策的因素不仅有旅游目的地的吸引力，还有旅游者的收入、假期长短和不同旅游产品的价格。假设在北京旅游，每天平均费用25元，去承德旅游，每天平均费用为17.5元。那么，根据该旅游拥有175元的旅游预算，他要考虑：是把预算全部用于北京的7日游，还是承德的10日游，或者两地各游览一定天数。假定该

旅游者的愿望是要同时到两地旅游，那么，根据他的旅游预算开支，就存在着在两地各停留多少天才能使他得到最大满足的问题。这样的决策同上述一样，可通过定量分析而得出最大满足的旅游目的地组合。

以上是从理论上阐述了旅游者对旅游消费最大满足的决策过程。在实践中，除了旅游者本身的收入、时间、爱好、年龄等限制因素外，还受到旅游产品供给国或地区方面的影响，如旅游资源的吸引力、旅游产品价格、旅游服务质量以及旅游产品供给国或地区的政策法令、社会治安、人民友好关系等诸多因素的制约。这些因素都是旅游者制定旅游消费决策时重要的权衡依据。

二、旅游消费效果的评价

旅游消费的目的是满足人们发展与享受的高层次需求，旅游消费的最大满足不仅包含物质消费的最大满足，而且更重要的则是旅游者精神需要的最大满足。精神需要的满足是凭借物质资料，通过人与人的相互交往而实现的。因此，在旅游消费中，除了物质产品外，人对人的直接服务和关怀，人们之间的相互尊重和友谊，对旅游者消费的满足程度都起着决定性的作用。由于旅游消费的特点，决定了评价旅游消费效果的复杂性，它不仅以是否满足了旅游者的几个限制因素为标准，而且要符合以下三个基本原则：

（一）旅游产品价值和使用价值的一致性

在市场经济条件下，旅游产品（物质产品与精神产品）作为消费资料进入消费领域，以商品形式满足人们的消费需要，在使用价值上必须使旅游者能够得到物质与精神的享受，在价值量上要符合社会必要劳动时间。对国际旅游者来说，旅游产品的价值量则要符合国际社会必要劳动时间，旅游产品的价格要能正确反映旅游产品的价值。也就是说，旅游产品的数量与质量不仅应等同于国际上同等价格的旅游产品，而且要使旅游者得到与其支付的货币相应的物质产品和精神产品。只有这样才能实现旅游者消费的最大满足。

（二）微观消费效果与宏观消费效果的一致性

根据研究角度的不同，旅游消费效果可分为宏观与微观两个方面。宏观旅游消费效果是以微观旅游消费效果为基础，微观旅游消费效果以宏观旅游消费效果为根据，但两者之间的矛盾也是客观存在的。微观旅游消费效果反映出个人的主观评价，这是由于旅游者的个性特征（年龄、性别、风俗、习惯、文化程度、性格爱好和宗教信仰）不同所决定，因而要满足不同旅游者的消费要求，就要做好市场的调研和预测，分析研究旅游者的心理倾向，因人而异地做好安排。对个别旅游者盲目追求庸俗低级的精神刺激，则要妥善引导，以丰富多彩的旅游内容和健康的服务项目来充实旅游者的精神世界。通过旅游消费，给旅游者以新颖、舒适、优美、健康的感受，激发人们热爱生活、追求理想、奋发向上和努力学习的情感。这样，不仅提高了旅游者的个人消费效果，吸引旅游者延长旅游日程和提高重返率，从而使旅游消费资料得以充分利用；而且通过旅游消费促进了人们精神修养和文化素质的提高，从而进一步提高了宏观旅游消费效果。

（三）旅游消费效果与生产、社会效果的统一

旅游消费的对象往往就是生产成果，生产的经济成果直接影响消费效果，考察消费

效果也要兼顾生产消费资料的经济效果。如有些地区开发的旅游产品，其消费效果可能是很好的，但旅游产品所产生的经济效果却很差。片面强调消费效果，完全抛开生产的经济效果，也是不科学的。

旅游消费活动不仅是满足人们物质和精神需要的经济行为，同时也是一种社会行为。因此，评价旅游消费效果还要注意其社会效果。例如旅游活动中某些博彩性项目，虽然其消费的生产经济效果可能是好的，但这种消费不利于人们的身心健康，甚至造成有害的社会影响，因而应坚决予以摒弃。

（四）短期与长期旅游消费效果的一致性

由于旅游消费既有短期消费效果，又有长期消费效果，因而要坚持短期与长期旅游消费效果的一致性来评价旅游消费效果。

三、旅游消费效果评价的方法

根据旅游消费效果评价的原则和要求，它的评价是通过对旅游者的旅游消费满意程度及旅游消费支出的综合性评价，其方法如下：

（一）旅游者问卷调查法（定性评价方法）

（二）旅游消费统计分析法（定量评价方法）

旅游消费统计分析法是运用统计学的原理和方法对旅游消费支出进行统计分析从而作出评价的方法，通常对旅游消费总支出和人均旅游消费支出进行统计分析和评价。

相关知识

如何形成旅游目的地吸引力

实践需要旅游目的地形成一套定性的总体要求。它是旅游者对一个完善的旅游目的地的要求，是市场性的要求，同时也是旅游目的地自身谋求长远发展的内在要求。

1. 从旅游者的角度看

（1）可进入：这是对旅游交通基础设施的要求，区外大交通便捷，区内小交通舒适有趣，总体确保安全。

（2）可停留：这是对旅游服务设施的基本要求。

（3）可欣赏：这是对自然景观和人文景观的要求，不仅是可欣赏，而且要赏心悦目，是对环境的更高要求。

（4）可享受：旅游不是受罪，过去是“穷旅游”，只要能看到、多看就满足了；现在是享受旅游，不仅要满足，而且要满意，不仅要吃饱，而且要吃好。随着经济、社会和文化的发展，旅游者这方面的要求会越来越高，也就意味着旅游目的地面临着越来越严峻的挑战。

（5）可回味：离开目的地，回到常住地，要向亲朋好友讲述旅游经历，要拿出照片回想，要把购买的纪念品摆出来观赏。可回味程度高，则旅游者向亲友的推荐频率就高。据国外旅游市场研究机构的调查，决定去一个旅游目的地的诸种因素中，口口相传的作用占45%。

2. 从长远发展的内在要求来看

(1) 可联动：孤立的产品难以形成规模效益，要努力形成联动性产品，以至形成环形线路。

(2) 可拉动：在联动的基础上，形成足够的市场影响力，可以持续拉动市场。

(3) 可推动：通过一个旅游目的地的发展，失去当地社会经济文化的进步。回馈社会是一个有长远意识的负责任的企业的必然行为，其中不仅体现企业理念，也洋溢着一种文化精神。

(4) 可发扬：要点是持续发扬旅游目的地的特色，尤其是对一些人造景区而言，能否做到这一点往往是其生死成败的关键。

(5) 可持续：要在加强环境保护和生态可持续发展的基础上，通过一系列的工作措施，努力达到市场影响力的持续增强，综合质量、经济效益、社会效益和环境效益持续提高。为此更需要管理的持续改进、人才的持续增多和竞争力的持续增强，最终达到全面的可持续发展。

课外阅读

警惕"零团费"陷阱

成都市民徐先生准备国庆节期间到泰国去游览，他上网浏览了下各旅行社的报价，发现包括餐费、门票、导游费等在内，最便宜的泰国奇观5日游报价才899元。徐先生觉得很划算，可是，低于成本的报价会不会是一个陷阱呢？他打通了旅行社的电话，希望得到一个合理解释。

"899元的泰国团还有没有？"

"没有了。即使有这种团，我劝你也不要去参加，这种团你玩下来，其实全部可能要花3 500元到4 000元的样子。它里面包含许多的自费项目，而且几乎都是强迫自费，你到了那边交不交钱就由不得你了。"

"会去购物吗？"

"这是肯定的。"

"自费项目可不可以不要？"

"不行。因为也不是我们说了算，那边还有地陪。"

是什么促使旅行社在旅游途中悄然塞进购物环节的呢？业界人士们一语道破天机，四川省中国青年旅行社总经理何光厚告诉记者："以前旅行社要给导游工资，零团费团出现以后，旅行社不仅不给导游工资，还可能从导游身上收人头费，那导游的心思就会放到怎么让客人去消费上，例如安排各种购物活动刺激客人的消费。由此旅游行为都发生了根本的变化。"

"实际是把一次性交费变成了分段交费，把交费由一次性交给旅行社变成了又交旅行社又交其他的一些项目，客人的实际费用没有多少减少。"四川省中国青年旅行社总经理何光厚说，"客人参加某些零团负团，服务质量得不到保障，吃得很差，住得也不行，再加上玩的都是自费项目，客人就感受到受了欺骗。"何光厚指出，"好像从表面来看，消费者用较少的钱获得较多的旅游产品，实际上消费者除了交第一次直观价格的费用外，在以后分段的旅游过程中还得不停地交费，总账算下来，他与一次性交费付得一样多甚至更多。”

吉林省青年商务旅行社总经理由杰说：“旅行社搞零负团就像在走钢丝，走好了走过去，走不好就会掉下去，如果客人都不去购物，都不去消费的话，它就会亏损，最后导致恶性循环。”

又是什么形成了这种奇怪的“气候”呢？业内人士分析认为，这是国内旅游市场上旅游心理并不成熟所导致的。消费者低价的片面追求，旅游企业对低价心理的盲目迎合和不正当的价格引导，使得零负团在一片“价格雪崩”声中泛滥成灾，而其恶果也已显露出来。业内人士表示，没有人能够从零负团中获得利益，这是一个共亏共损的陷阱。

任务结论

旅游消费活动不仅是一种经济行为，同时也是一种社会行为，所以评价旅游消费效果还应注意其社会效果。

课堂训练与测评

1. 怎样理解旅游消费的作用？
2. 怎样理解旅游消费合理化的标准及基本要求？
3. 如何进行旅游消费效果的评价？

模块六

旅游市场

学习目标

理论目标：通过本模块教学，了解旅游市场调查与预测的方法，了解国内旅游客源市场的一些规律。重点了解旅游客源市场的调查与规律；难点是旅游客源市场的预测及掌握旅游客源市场的调查、市场变化规律和市场预测的一些规律。借鉴国内外旅游市场的相关前沿理论与研究方法，采用定性与定量相结合、理论与案例相结合的研究方法，以旅游市场需求为主导，对旅游市场定位，旅游目的地形象，旅游产品营销等旅游市场的前沿相关理论与案例进行了深入研究和分析。

实训目标：掌握旅游市场调研的过程，具体包括调研程序、调研步骤、调研方法、资料收集、调研类型等内容。熟练掌握旅游市场调研营销信息系统的涵义、作用、意义以及构成要素。立足于中国对旅游市场研究，拓展国外旅游研究在内容和方法上与国内的异同，从而养成国内外旅游市场研究的科学方法。

项目一　旅游市场分类与竞争

任务一　游客购买力分析

任务描述

今年以来，中国游客在英国购物增长迅速。近日，由英国零售商协会发布的数据显示，海外游客已经成为英国国内消费的新增长点。去年前7个月，知名珠宝店聚集的邦德街中国游客人均消费973英镑，虽然低于俄罗斯的人均1 295英镑，但消费总额同比增加164%，已超过后者。金融危机爆发后，英镑对欧元、美元等主要货币大幅贬值。为鼓励消费，英政府还临时将增值税由17.5%调低至15%，吸引大量海外游客来英国旅游购物。管理伦敦牛津街、邦德街和Regent街三大主要商业的NEWWESTEND公司统计，2009年9月份三大商业街零售同比增长4.6%，环比增长25%，大大超出预期，主要原因是海外游客购物激增。其中，俄罗斯游客同比增长346%，中国游客同比增长35%。

上述调查结果表明：旅游购买力受社会政治经济等多种因素的影响，它具有综合性、变量性和动态性等特点。

任务实施

宏观上看，旅游市场的竞争受世界各国旅游政策的重要影响；微观上看，一个国家和地区的旅游市场资源是旅游市场竞争的首要条件。因此，对旅游市场竞争的分析理应放在世界政治、经济和文化大背景下，从经济学原理出发，研究影响其变化的内在和外在的因素。

一、旅游市场的概念

广义的旅游市场是指在旅游产品交换过程中反映的各种经济行为和经济关系的总和。

狭义的旅游市场是指在一定时间、一定地点对某种旅游具有支付能力的购买者，也即是说它包括旅游需求市场或旅游客源市场。即某一特定旅游产品的经常购买者和潜在购买者。从经济学角度讲，它是旅游产品供求双方交换关系的总和；从地理学角度讲，它是旅游市场旅游经济活动的中心，属于一般商品市场范畴，具有商品市场的基本特征，包括旅游供给的场所（即旅游目的地）和旅游消费者（即游客）以及旅游经营者与消费者间的经济关系。旅游市场有别于一般商品市场，它是以劳务为特征的包价路线，旅游供给与消费过程是同步进行的，具有很强的季节性特点。

二、旅游市场分类

旅游市场主要从区域位置、国境、季节、旅游动机、活动组织的形式和市场竞争的程度等方面进行分类。

（一）形成的条件

旅游市场是旅游需求市场和旅游供给市场的总和，反映着国家之间、国家与旅游经营者之间、旅游经营者之间、旅游经营者与旅游者之间错综复杂的经济关系。旅游市场的形成和发展是这些关系协调发展的必然产物。

1. 资源状况因素

旅游资源是旅游市场形成的首要条件。凡是世界著名风景名胜和历史遗址所在地区，必定会形成发达的旅游市场。比如，世界四大古都埃及开罗、希腊雅典、意大利罗马、中国西安，世界音乐之都奥地利维也纳，世界花园国家瑞士等等都形成了重要的国际旅游市场。

2. 经济发展水平

旅游市场形成与经济兴衰是同步的。首先，旅游客源市场分布格局与国家经济发展水平和国民人均收入水平是相一致的，并且这种客源市场结构具有一定的稳定性。经济的发展是旅游市场形成的主要条件，凡是经济发达和经济看好的国家和地区都是发展最好和最快的旅游市场。第二次世界大战以后，欧美地区是世界上经济发展最快的地区，从而也使这些国家一直是国际旅游市场的主体，既是世界最大的旅游客源市场，又是世界最大的旅游供给市场，并一直保持着世界旅游强国的地位。其次，随着世界经济格局的变化，世界旅游市场的分布也会发生一定的改变。比如，近些年来，东亚、太平洋地区的旅游市场崛起，就与欧美发达国家的经济波动及东亚、太平洋地区的经济充满活力息息相关。

3. 人文地缘关系

许多地域接壤、相互毗邻的国家或者地区之间都有着不可阻隔的政治、经济、历史、文化和通婚等密切交往，形成比较大规模的、长期稳定的人员旅行往来。其中比较典型的是欧洲国家间、欧美之间、欧洲与前殖民地国家间、英联邦国家间，以及中国的华侨、海外华人以及港澳台同胞。他们中每年都有大量探亲观光、寻根祭祖、旧地重游的人员流动，占有关各国每年入境旅游者总数的60%以上，形成世界人数最多的国际旅游客源市场。

4. 市场开发水平

旅游供给市场从形成到成熟，必须经过适应需求、引导需求、刺激需求和创造需求不同层次的实践过程。许多国家在很短的时间内就在竞争激烈的世界旅游市场成为旅游强国，靠的就是不断提高旅游服务质量，加速更新和开发旅游产品，增加旅游产品的销售渠道，增加旅游产品促销力度，提供并创造能够满足旅游者各种需求的旅游服务产品，使自己的国家迅速形成具有竞争力的旅游市场，并跻身于世界旅游强国的行列。比如新加坡、泰国、澳大利亚等。

5. 政府职能的积极作用

政府的旅游政策也是影响旅游市场形成的一个重要因素。积极的旅游政策将鼓励旅游经营者采取各种措施满足旅游市场的需求，简化旅游者的出入境手续，促进旅游市场的发育和形成；相反，则会抑制客源的增长。同时，政府通过对旅游市场有效的宏观调控和宣传促销，维护稳定的政治环境，提高国民素质，重视旅游人才培养，推进旅游设施建设，促进科学技术成果在旅游市场建设中的运用等方面发挥作用，直接影响旅游市场的形成和发展。研究影响市场的各种因素，使旅游经营适应不断变化的市场，达到吸引旅游者的目的。据WTO（World Trade Organization）统计：1950年，全世界的国际旅游人数为0.25亿人次，旅游收入21亿美元。到2001年世界旅游总人数为6.93亿人次，旅游收入达到4 620亿美元。

（二）旅游市场分类

1. 分类的重要性

对任何一个国家、地区或旅游企业来说，旅游市场的占有率直接关系到旅游经营的效益，故在开发建设旅游区及旅游经营过程中，旅游市场的调查、划分、开拓、预测十分重要。

2. 分类的方法：根据旅游经营需要，旅游市场有多种分类方法，如按旅游消费者划分的旅游客源市场分类；按地域范围分为国际和国内旅游市场；按旅游者的年龄和性别特征分为老、中、青、儿童和妇女旅游市场；还可按旅游者的社会地位、文化程度和经济支付能力划分。按旅游活动类型分为观光、度假、会议、购物、体育、探险和科学考察旅游市场；按旅游接待量和地区分布划分为一级市场、二级市场和机会市场。通过旅游市场的研究可确定旅游需求的现状和变化趋势，包括估计国际、国内旅游市场发展的总趋势、供需状况和竞争形势，并据此确定该地区的目标市场，进行市场规划。

（三）旅游市场的特点

1. 旅游市场的特点具有多样性、季节性、波动性、全球性。旅游市场具有以上特点，是因为它受主客观因素的影响。旅游市场的多样性表现在旅游产品种类、旅游购买形式、旅游交换关系的多样性上。旅游市场的季节性是因为旅游闲暇时间的不均衡和旅游目的地国家或地区自然条件、气候条件的差异而造成的突出的季节性特点。旅游市场的波动性是旅游业以需求为主导，影响需求的因素多种多样，从而使旅游市场具有较强的波动性。任何一个因素的变化都会引起旅游市场的波动。旅游市场全球性是指旅游市场是一个开发统一的全球性市场。

2. 全球六大旅游市场的特点

东亚及太平洋地区：亚太地区各国经济的多样性和互补性使该地区的经济合作具有巨大的潜力，而该地区的经济发展与旅游业的兴起是相互促进的，加上该区区域性经济合作一直在逐步发展，所以也相应地促进了旅游业的蓬勃发展。该地区也是最富有潜力的旅游客源地。

南亚旅游区：该地区是世界文明发源地之一，佛教和印度教的发源地，这里有悠久的历史文化，珍奇的名胜古迹，独特的民俗风情，雄伟的“世界屋脊”与优美的海滨风光，具有巨大的发展潜力。受经济发展水平的制约，本地区旅游业起步晚，发展慢，起伏大。但政府已加大对旅游业的重视，因此旅游业也有了较快的发展。

中东旅游区：中东素有“世界石油宝库”之称，还是世界三大宗教——犹太教、基督教和伊斯兰教的发源地，人文和自然旅游资源极其丰富，其具备了发展旅游业的便利条件。

欧洲旅游区：欧洲是希腊罗马古典文明和日耳曼文化的发源地，也是世界上资本主义发展最早，经济、文化发达的地区。是近代旅游业的发源地，也是当代旅游业最发达的地区，经济基础雄厚、交通、通讯发达、文化绚丽多彩，旅游资源特色显著。随着该地区经济复苏和新的起飞，欧洲旅游将持续在世界上保持领先的地位。

美洲旅游区：美洲地区各国经济发展很平衡，该地区区域集团化趋势十分突出，是世界最重要的旅游区之一，近年来，随着各国普遍重视发展旅游业，开发各具特色的旅游项目，尤其是生态探险旅游项目在拉美个国开展得有声有色。

非洲旅游区：非洲是人类的起源地之一，具有悠久的历史和丰富的文化遗产；加上非洲土地辽阔，自然资源十分丰富，有着发展生产的良好条件；经济的发展直接制约着非洲旅游业的发展，致使其旅游业起步晚，基础差，发展缓慢。总之，非洲有丰富的历史文化遗迹，迷人的自然风光和奇异的野生动植物，使其旅游业的发展具有很大的潜力，再加上近年来非洲经济不断发展，旅游基础设施不断完善，及各个政府认识的不断提高，有理由相信在不久的将来非洲的旅游业将会突飞猛进。

（四）旅游市场的功能

旅游市场的功能：旅游产品交换功能、旅游资源配置功能、旅游信息反馈功能、旅游经济调节功能。

旅游产品交换功能：旅游市场是联结旅游产品生产者和旅游需求者的纽带之一。旅游产品生产者通过市场为自己的产品找到买者，旅游需求者通过市场选择并购买自己感兴趣的产品。

旅游资源配置功能：只有适合旅游者需求的产品，他们才愿意购买，旅游市场可以检验旅游企业及其产品质量优劣来实现旅游资源配置，提供旅游者易于接受、乐于消费的旅游产品。

旅游信息反馈功能：旅游者的经济活动通过市场动态表现出来，旅游市场通过自身传递信息为旅游目的地国家或地区发展规划或经济决策提供依据。

旅游经济调节功能：表现在旅游市场调节旅游供求平衡，其次通过市场调节，实现社会经济资源的优先配置，合理分配劳动。

（五）中国旅游市场的发展趋势

1. 市场需求呈不断扩大趋势。随着国民收入的增加和人民生活水平的提高，越来越多的中国人已加入到旅游活动中来。国内旅游事业蓬勃发展，势头良好；出境旅游已发展起来，并取得一定成效；入境旅游出现了稳中有升的势头。目前，旅游消费群体正在形成并不断扩大，构成了一个庞大的旅游需求和消费市场。

2. 规范旅游市场秩序的进程加快。随着社会主义市场经济的建立和完善，旅游市场体系也在逐步完善，全国各地旅游行业和管理部门，针对旅游市场中某些不合理不规范的行为，正加大力度进行整治，切实加强规范化管理。

3. 市场需求呈现多样化与多层次性。中国幅员辽阔、山川秀丽，十几年前，中国许多地区已着手开发各类旅游资源和旅游产品，使得旅游资源和旅游产品不断丰富与发展。对旅游者来说，由于旅游者的社会经历、经济收入、个人兴趣爱好、受教育程度、职业和性别等等不同，旅游者表现出不同的市场需求，这种市场需求随着旅游者要求的变化而变化，并呈现出多样化和多层次性。

4. 东西部旅游市场差异呈现缩小趋势。过去，由于历史、地理、自然、交通和政策等诸多方面因素的影响，中国旅游市场差异表现在东部优于西部，沿海经济发达地区优于内地。随着科学技术的发展，尤其是交通运输现代化缩短了空间和时间的距离，信息传递快速便捷化使越来越多的旅游者参与开发新奇的旅游景点活动中。与此同时，内地、西部不发达地区政府对旅游业的重视、已加大了软硬件投入，使其与发达地区差距不断缩小。

5. 旅游市场竞争呈现多角化。过去，中国旅游市场的竞争基本是同行业中企业之间的竞争，由于当时饭店、旅行社数量和服务项目的供不应求，因此，竞争在一定程度上带有垄断性。然而，随着旅游业的兴起，各类旅游服务机构及设施大量出现，使其竞争加剧。目前的竞争表现为多方位和多角化竞争，有来自行业内部的竞争，有各行各业办旅游所带来的竞争，还有来自潜在竞争者的竞争，替代产品的竞争等多个方面。这是中国旅游市场呈现的新情况，这表明今后市场竞争将日益复杂化、多角化，要求企业从长期性和战略性来考虑企业营销战略。

6. 旅游市场格局出现新的变化。从国际旅游业来看，市场格局出现新的变化。第一，20 世纪 90 年代以来，亚洲市场发展强劲。中国入境客源市场快速增长，来华客源增长幅度较高的主要客源国大多都在亚洲。以 1995 年为例，当年日本来华旅游人数

13.015 2 万人次，比上年增长 1.4%；韩国来华旅游人数比上年增长 5.5%，成为中国第二大客源国；新加坡、马来西亚、菲律宾、泰国、印尼五国来华旅游人数合计已超过百万，达 103.191 万人次，比上年增长 1.412%。第二，市场结构发生变化，一是散客迅速增长，团队比重大幅度下降。据国家旅游局抽样调查，1990 年来华旅游者中散客占 3.514%，1994 年散客比重上升到 67 %。近几年这种势头继续得到延伸；二是中年旅游者趋增，而老年旅游者趋减。第三，客源流向发生变化。表现在随着国际旅游市场逐步趋于成熟，交通及接待条件不断改善，产品的弹性和替代性增强，旅游者的选择性加大，分布也日益广泛，近几年来主要旅游城市客源出现较大范围的下降与减速，而此时，又有一批新兴的旅游城市和地区出现客源较大幅度增长。第四，旅游方式发生变化。旅游者在华停留天数趋减，经停城市数趋减，旅行的随意性增强，买方的选择性增强。

任务分析

在旅游市场竞争中，游客购买力是影响其竞争的因素之一。人文地缘关系、市场开发水平和政府发挥的积极作用等是促进旅游市场形成的主要因素。社会市场需求的变化直接影响着旅游市场的变化和发展，市场的多元化与旅游竞争的多元化存在内在的联系。

相关知识

国际旅游竞争力的影响因素分析

1. 国内外有关研究现状

(1) 国外相关研究现状。国外学者对旅游竞争力的影响因素研究给予了较多的关注。Crouch 和 Ritchie 早在 1999 年就对此进行了探讨并认为：决定旅游目的地竞争力的因素主要有核心资源、吸引物、支持资源因素、目的地管理、目的地政策规划和开发、限制性和放大性因素等。Hassan（2000 年）从可持续发展的角度进行分析，认为决定目的地市场竞争力的因素有四个，即比较优势、需求导向、产业结构、环境一致性。比较优势指对目的地竞争力起着关键作用的宏观和微观环境，需求导向指对市场需求变化快速反应的能力，产业结构指有组织的与旅游相关的产业的存在或缺乏，环境一致性指目的地开发与环境的一致性程度，指出旅游竞争力的影响因素包括资源禀赋、支持性因素和资源、目的地管理、环境条件、需求条件等。在 Crouch 和 Ritchie 的概念模型基础上，从实践层面对目的地的旅游竞争力进行了研究，认为旅游目的地竞争力的影响因素，不仅包括目的地吸引物特性，还包括产业管理因素。Crouch 在 2006 年利用主成分分析方法对各影响因素的重要性程度进行了研究，研究结果表明，核心资源与吸引物对目的地竞争力的影响最大，其次是目的地管理，支持性要素与资源居于第三位，目的地政策、规模与开发居于第四位，而限制性和放大性因素居于第五位。

(2) 国内相关研究现状。黎洁、赵西萍早在 1999 年根据波特的国家钻石模型对国际旅游竞争力的影响因素进行了探讨，认为影响国际旅游竞争力的因素包括旅游生产要素状况、国内旅游需求、旅游相关及辅助产业的状况、旅游企业的战略、结构和竞争、机遇（如重大技术变革、外汇汇率的重大变化、重大事件等）（2002 年）、甘萌雨（2003 年）分别对城市旅游竞争力的影响因素进行了研究。杨英宝认为影响城市旅游竞争力的要素包括城市旅游资源、城市旅游经济条件、科技水平、旅游人才、城市旅游需求、旅游环境、旅游企业等；甘萌雨认为城市旅游竞争力依赖于能够带来城市旅游发展的基本条件，如技术、信息获得能力、人力资源、旅游管理水平等，此外，游客的口碑评价，对城市旅游竞争力也具有重要意义。郭舒和曹宁（2004 年）提出六因素联动模型，认为核心吸引物、基础性资源、支持性因素、发展性因素、资格性因素和管理创新是影响旅游目的地竞争力的六个关键性因素。梁明珠、陈小洁（2006 年）从供需两方面，分析了影响主题旅游城镇旅游竞争力的七大要素，即国际国内的市场需求状况、游客市场的规模和成长速度、区位要素、旅游环境要素、核心吸引物要素、城镇形象要素和品牌要素。易丽蓉、傅强（2006 年）运用德尔菲法，通过相关分析验证了旅游支持因素、旅游资源、目的地管理、需求状况和区位条件五个因素与目的地竞争力正相关性假设。黄秀娟、黄福才（2007 年）把国际旅游竞争力的重要影响因素分为旅游产业因素、旅游环境因素、目的地与客源地的联系因素三个部分，其中，可进入性、旅游企业竞争能力、旅游资源、经济环境、基础设施是国际旅游竞争力的五个最重要因素。

2. 旅游国际竞争力的影响因素再研究

（1）研究视角。过去对该问题研究一般采取旅游地导向的研究方法，即从旅游地出发，根据旅游地影响旅游业发展的有关因素来构建旅游竞争力的因素模型，这种研究方法虽然为旅游地的发展提供了一定的依据，但其科学性不够，且影响因素的层次性（如直接影响和间接影响）不够清晰。这里拟以旅游市场为导向（即从国际游客出游决策视角）来研究国际旅游竞争力的直接影响因素，进而分析对直接影响因素产生影响的间接因素，这样思路更加明晰。

（2）直接影响因素。根据前述，国际旅游竞争力是指某国（或地区）对国际旅游市场的获取能力，而旅游市场是由游客构成的，游客对旅游目的地的选择是一种自愿行为，是对有关因素的综合考虑后所形成的旅游地选择偏好力，旅游目的地（国）在竞争中通过满足游客的旅游需求和偏好而将游客吸引过来获取旅游市场的。因此，旅游地对旅游市场的竞争力可转化为游客对旅游目的地的选择偏好力，即旅游目的地的竞争力直接受游客旅游决策心理、特别是游客选择旅游目的地所考虑因素的影响。在信息完全对称的前提下，旅游者出游决策主要受激励性因素、支撑性因素和限制性因素的综合影响，激励性因素主要是旅游吸引物（即旅游产品），支撑性因素包括客源地与旅游地之间的交通、旅游配套设施和服务及旅游地安全，限制性因素包括旅游费用和时间，旅游花费又受旅游地的物价水平和客源地与旅游地的距离的影响，旅游时间也受两地距离的影响。因此，旅游竞争力的直接影响因素可以归纳为旅游地的旅游吸引物、文化背景、旅游配套设施与服务、语言、安全、物价水平以及与客源地距离、交通。

思考题

1. 经济全球化背景下影响旅游竞争的主要因素是哪些？
2. 结合国内旅游现状谈谈影响我国旅游竞争的主要因素。

课外阅读（一）

湖南省入境旅游市场竞争态分析

湖南是中国著名的旅游资源大省，璀璨的历史文化与秀美的湖光山色交相辉映，构成了独具特色的旅游百花园，旅游业特别是入境旅游业具备了较好的发展基础，发展较快。但是，近年来，随着旅游市场竞争的加剧，要实现旅游业的可持续发展，就必须增强旅游竞争力，提高竞争力的前提，是进行科学有效的旅游市场研究和分析。但现有的市场研究分析方法过于简单，只是单方面的市场占有率或市场增长率分析，缺乏综合性的市场分析指标体系，由此得到的分析结论，只能解释过去，却不能科学地预测未来发展趋势。鉴于此，本文提出旅游市场竞争态及其转移模型，对旅游市场进行综合分析和趋势预测，为旅游规划提供科学依据。旅游市场竞争态旅游系统由市场、旅行、目的地和促销等成分构成，包括客源市场子系统、出游子系统、旅游目的地子系统和支持子系统四个部分。旅游系统规划必须以客源市场系统为导向，以旅游目的地子系统规划为主体，以出游系统为媒介，以支持系统为保障，利用反馈系统来监控，可见市场研究是旅游系统研究的重要组成部分。

思考题

1. 湖南省入境旅游市场竞争态分析说明了什么？
2. 湖南省入境旅游市场竞争态分析给我们什么启示？

课外阅读（二）

在全球化趋势不断加深的当今世界，国家之间的竞争是全方位的，包括政治、经济、文化、军事和资源等，其中，国际旅游竞争是为了获取更多的国际旅游经济利益，因此是国际经济竞争的一个领域，而国际旅游经济利益的载体是国际游客，因此，国际旅游竞争表现为对国际旅游客源市场的争夺。由此可以看出，在国际旅游竞争中，竞争的主体是国家，竞争的对象是国际旅游客源市场（即全球出国旅游客源市场），竞争的动因和目的是为了获取更多的国际旅游客源市场份额。国际旅游客源市场好比一个大蛋糕，虽然总趋势在不断增大，但总量毕竟是有限的，各个国家通过竞争来瓜分这一蛋糕，竞争的结果形成每个国家分得一定市场份额的格局，且这一格局随着各国竞争策略的调整或新的竞争对手的出现而不断发生变化。

任务结论

游客购买力是旅游市场客观存在的基本因素，它与社会经济社会存在有着不可分割的联系。在市场经济条件下，游客购买力是旅游业存在和发展的基础，是旅游经济活动的主体，促进和推动旅游产业和旅游经济的可持续发展。因此，充分了解游客购买力，为加强旅游市场竞争打下坚实的基础和前提条件。

任务二 区域旅游市场分析

任务描述

黄山市是中国著名旅游城市，旅游业发展卓有成效。但目前全市旅游的国际化程度与所拥有的资源禀赋明显不相称，2006 年，全市入境游客 54.52 万人次，明显低于北京、上海、苏州、桂林等其他著名旅游城市发展水平（同期北京、上海、苏州、桂林入境游客人次数分别为 390 万人次、485 万人次、181 万人次和 110 万人次）。为改变这一状况，黄山市正全面掀起以推进旅游国际化为主要内容的第三次创业浪潮。黄山风景区作为黄山旅游的核心景区，无疑是实现黄山国际化旅游城市的中坚力量。国内已有学者综合运用时空集中度、市场竞争态、亲景度等市场分析方法研究桂林、苏州等地的国际旅游市场特征，为开拓当地国际旅游市场提供了科学依据，此类研究在黄山风景区旅游研究中尚属空白。系统研究黄山风景区国际旅游市场时空演替特征，对明确定位黄山风景区国际旅游目标市场，提升黄山风景区国际旅游市场竞争力，早日实现黄山市国际化旅游城市的建设目标具有重要的现实意义。

上述经典案例，引起我们关于区域旅游市场的以下思考：旅游客源市场调查有哪些方法；如何进行现场流量的测定；如何进行旅游客源市场预测；国内旅游客源市场与距离有什么关系；中国旅游各源市场细分的规律是什么？

任务实施

一、区域旅游市场定位

（一）市场调查的基本方法

在对旅游者进行调查研究时，往往运用多种调查方法，其中常见的有问卷法、首尾调查法、日记调查法、行为观察法和认知地图法等（表 6－1）。

表 6－1 旅游研究中主要的调查表

方 法	最适用的场合
问卷法	过去旅游经历中的旅行态势 建立旅游者特征剖面
首尾调查法	快速访谈以得到基本游客数据，常与其后的日记调查法结合使用
日记调查法	评估旅游行为，尤其是采用时间预算研究技术
行为观察法	非参与者方法：采用人工或仪器记录方式获得游客行为的现场记录 参与者方法：运用人类学方法详细评价旅游者行为
认知地图法	详细评价旅游者的空间知识

1. 现场流量测定

在缺乏较系统的历史数据时，旅游规划需要进行实地流量数据的测定，以达到收集基本数据进行科学分析的目的。有时将这种测定称为旅行测量。旅行测量一般包括两方面的内容，即对旅游流量的测量和对游憩者本身性的测量。旅游流的研究已经引起研究者的浓厚兴趣，虽然有作者提出旅游流不仅仅指旅游流，而是包括信息流、物流等，但大多数情况下人们仍然习惯于用“旅游流”来指称游客流。

现场流量测量可以分为瞬时数据和非瞬时数据两种情况。瞬时数据主要是指范围较小的景区、设施使用情况，往往采用人工把守观测或仪器观测记录的方法进行测量。无论哪种方法，其主要内容都是按某一特定时间段为单位，记录游客流量数据，以确定一日内不同时段设施的流量压力，进行合理的土地利用或空间布局规划设计。

非瞬时数据不分具体时段，仅以一日、一周时间为单位，记录游客数量。它可以通过门票销售、床位出租和营业额等数字反映出来。这些数据在宏观上反映旅游区规模和预测接待设施、基础设施的需求时，具有关键意义。

无论是瞬时数据还是非瞬时数据，都仅仅反映了旅游者总体的规模特征，要对市场详细情况有所了解，还必须对其社会经济状况和旅游态度等心理特征，运用抽样调查方法加以调查分析。问卷调查是一种专门的技术，它主要包括准备阶段、实施阶段、分析阶段和总结阶段4个程序（图6-1）。通过对这些具有典型意义的样本的了解来推断全面的市场特征。

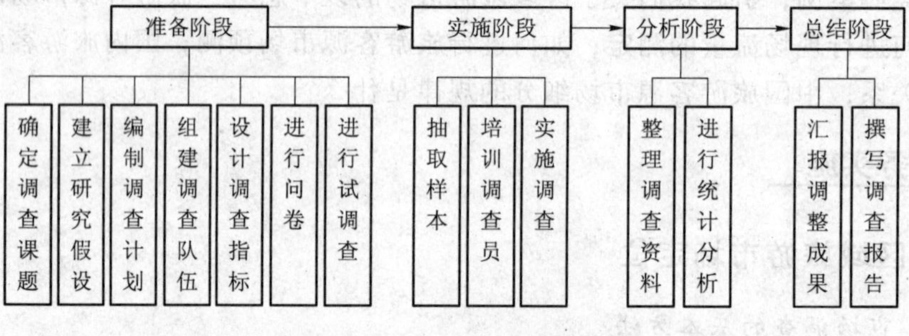

图6-1　问卷调查的一般程序

2. 历史数据的收集和分析

在很多情况下，区域旅游规划可能会涉及一些已经具有较长开发历史的旅游区，这些旅游区一般都会积累一定时间长度的历史资料。收集这些历史数据是非常重要的，它是进一步分析预测今后旅游业发展规模与特征的最重要的基础之一。

将历史数据依一定的时间单位和流量单位排列，绘制流量曲线，据此对过去的旅游市场变化进行分析，以推测今后的发展趋势。

3. 影响出游力因素分析

3.1　收入与出游力

一般地，人们的收入水平与他们的出游力存在明显的正相关。国际经验参数表明，当一个国家或地区的人年均收入达到400美元时，就会产生国内旅游的出游需求；当人们年均收入达到 800 美元时，出国旅游的需求随之产生。

表 6－2　　美国家庭收入与游憩活动参与率的关系

游憩活动类型		家庭税前收入					
		所有家庭	低收入	中低收入	中等收入	中高收入	高收入
全美年均参与活动日数出游率（%）		94.8 96.2	79.9 56.8	86.3 78.2	103.5 87.7	116.2 89.2	132.0 89.8
部分游憩活动类型	年均游泳日数出游率（%）	22.3 46.0	18.7 24.4	19.1 46.4	23.1 59.3	27.4 65.4	36.7 68.6
	年均游船日数出游率（%）	10.2 24.5	9.0 10.9	9.3 22.7	10.6 33.4	11.4 38.5	13.4 48.4
	年均野炊日数出游率（%）	6.6 48.9	6.1 32.1	6.4 52.4	6.7 60.9	7.5 56.6	7.5 48.5
	年均野营日数出游率（%）	11.3 21.0	10.1 10.8	10.6 22.8	12.4 27.9	12.1 27.4	10.6 20.4

虽然收入水平从总体上影响人们的游憩活动参与率，但收入对游憩活动参与率的影响并不是一成不变的。表 6－3 显示了美国人 1977 年时收入水平与参与各类户外活动的频率的关系。从中可以看出，随着收入水平的提高，各类户外游憩活动的参与率普遍增高，尽管增加的幅度有所不同，但收入增加到一定程度后，由于最高收入层的人士往往是有十分繁忙的任务，他们反而没有时间参加更多的户外游憩，因而其参与率又出现一定程度的下降。从表中可以看出，收入弹性在不同水平上对旅游参与率的作用是不同的，年均家庭收入在 0.6～3.5 万元之间，收入越高，游憩参与率越高；收入在 0.6 万元以下以及在 3.5～4.0 万元之间时，参与率与收入增长没有什么关系；而收入在 4.0 万元以上时，随着收入的增加，参与率反而降低。

表 6－3　　美国人年均家庭收入对游憩活动参与率（%）的不同影响

游憩活动	年均家庭收入（万美元）					
	<0.6	0.6～1.0	1.0～1.5	1.5～2.5	2.5～5.0	>5.0
近程野营	17	30	36	36	32	31
徒步旅行	16	26	32	33	33	36
狩猎	14	19	20	22	18	23
野炊	55	74	79	80	74	67
打高尔夫球	6	11	13	22	34	26
滑雪	9	16	25	26	29	20
观光	42	59	66	74	73	81
驾车兜风	54	69	78	76	75	75

3.2 闲暇时间与出游力

闲暇是社会的必需，是现代人日常生活中的一个有机组成部分。闲暇的定义不仅仅是局限在时间概念上，它涉及了社会学、心理学及经济学等多学科内容，我们可以分别从时间、作为一种活动、作为一种心态或者总和的角度来定义闲暇。从时间的角度看，闲暇在很大程度上决定居民出游力的高低，甚至是与经济收入同样重要的两大影响因素之一。调查分析客源市场的闲暇时间及其利用方式，是进行市场分析时不可忽视的一个方面。

3.3 年龄与出游力

年龄不同，旅游需求也不同。总的来说，年龄与旅游活动的参与率之间存在负相关，也就是说，年轻人与年老者更趋向于参加旅游活动。进一步分析可以发现，对不同类型的游憩活动，不同龄层的人的参与率也是不同的。例如，美国遗产保护与游憩管理局进行的调查发现，对于大多数类型的游憩活动，都是年纪轻的比年龄大的人更多地参与，但其中不同类型活动存在明显差异性。例如，徒步旅行或背包旅行，年轻人参与的更集中，而观赏风景，则随着年龄增加参与率也增加，然后又出现下降趋势（表6-4）。

表6-4 美国人年龄与游憩活动参与率（%）的关系

年龄组 / 活动类型	12~17	18~24	25~34	35~44	45~54	55~64	>65
近程野营	40	87	38	34	23	21	8
徒步旅行与背包旅行	41	63	38	32	19	14	7
骑自行车游憩	89	53	59	46	32	16	10
野炊	77	74	84	81	75	64	47
户外网球	65	53	43	34	18	7	2
观赏风景	61	63	70	73	64	59	44
参观动物园水族馆集会	86	87	87	80	66	53	38

正是由于年轻人在人口年龄结构中占有的醒目地位，形成了相对优势的“青年人旅游业”。据统计，15~29岁的青年人旅游市场占有现有国际旅游人数的19%以上。有的资料甚至显示，青年旅游者在全体旅游者中的比例，美洲为42.9%，欧洲为49.0%，非洲为34.0%，亚洲为38.7%，大洋洲为34.0%（转引自赵幼芳，1996）。1991年在新德里召开了有关青年人旅游的国际研讨会，对青年人的旅游动机、特点及潜力进行了研讨并得出了一些颇为有趣的结论。Kreul（中译本，1993）指出，青年人旅游对交通费用、食宿设施等有低价需求。这一结论表明中国有极好的机会占有国际上青年人旅游这一广大地不断发展的市场，但中国的产品及服务需要做出进一步的改进提高。

3.4 职业与出游力

职业不同，意味着收入、闲暇时间和教育程度的不同，旅游的倾向和需求也不一样。抽样调查显示，被试就业情况与出游力关系表现为：已就业的多以公务员、科技人员、工人、公司职员和商业人员为主，未就业的多以学生为主。不同职业的被试对目的地的选择也有所不同。

表6－5显示了90年代前期在上海的调查结果。该调查表明，各种职业的人都把观赏自然风景放在了首位，这与各年龄层对自然风景的偏好是一致的。科技人员与公务员（干部）更有机会借出差之机到目的地旅游，并且由于单位福利的原因，度假休养的机会也多。相关分析还表明，公司职员（包括商业、服务业、金融业等）外出旅游的比例在各职业中也居显著位置，且与家人同游和与人结伴同游的人更多。这表明公司职员的高工资水平，使他们的出游能力更强。离退休人员外出集中于探亲访友、度假休养及娱乐等目的。而学生除观赏风景外，以娱乐为目的的出游比例上升，他们的经济实力虽然低下，但出游欲望强烈，依靠家庭的经济基础，是个不容忽视的旅游群体。

表6－5 上海市民的职业与出游目的的关系

目的／职业	观赏风景	出差	探亲访友	扫墓	做生意	调查实习	度假休养	娱乐	购物
工人	54.25	10.02		7.29		0.81	7.69	6.88	1.62
商业服务者	43.48	17.38	6.52	10.87	6.52		13.04	4.35	
公务员	45.23	23.81	2.38	9.52	2.38		19.05		
个体经营者	53.85	7.69	7.69		7.69		15.28		7.69
学生	71.20	2.96	5.92	3.70		0.74	3.70	18.33	0.74
教师	52.00	12.00	8.00	4.00			8.00	8.00	2.00
科技人员	60.00	24.00		2.00		2.00	6.00	6.00	
离退休人员	38.89		11.11	5.56			16.67	16.67	
公司职员	51.04	16.67	2.08	2.08	1.04	2.08	17.71	17.71	

在所调查的来沪购物旅游者中，专业技术人员和商贸人员占很大优势，分别占总样本的25.0%和23.5%，这与上海和其他地区之间经济贸易等交流的日益频繁是分不开的。从消费水准来观察，专业技术人员、商贸人员和个体经营者的水平较高，公务员次之，教师、服务人员和农民最低。

3.5 教育程度与出游力

一般而言，由于出游行为很大程度上是一种精神消费，因此受教育程度越高，对旅游的需求越大。但是在自费旅游的出游能力上，国内的一项调查却发现了与上述常规结论不一致的地方。张小金（1995）发现，在厦门市工薪阶层自费旅游的被试群体，随着文化水平的提高，出游率反而有下降现象。作者分析，这可能是因为教育水平较高的被试者职业（管理层居多），为他们提供了较多的公费旅游机会，从而降低了自费出游频率。

3.6　家庭结构与出游力

交叉分析表明，家庭结构对出游能力有一定的影响。根据90年代初对上海市民的调查，绝大部分被试生活于二代户和三代户家庭。夫妻二人组成的小家庭所占被试群体的比例较小，仅有2%，但因为他们闲暇时间受限制少，出游倾向高，1992－1994年间平均每年出游3.16次。二代户家庭所占比例最高（57%），因子女要求出游的比例增加，年均出游次数次之，平均为2.3次。单身人士占被试10%，本应有较高的出游次数，但调查结果显示单身者多为离家就读的大学生，经济尚未独立，影响了出游力，平均每年出游2.22万次。三代户家庭占被试比例也较大，达32%，但此类家庭由于家庭事务多、负担重，平均每年出游次数最低，为2.1次。

（二）客源市场预测的方法

1992年，两位威尔士大学的学者（Witt and Witt，1992）出版了一本题为《旅游需求建模与预测》的专著，他们系统归纳了在旅游需求预测领域中使用的各种数学方法。赵西萍、王磊等（1996）对旅游目的地国的国际旅游需求预测方法进行了综述。史密斯在其《旅游决策与分析方法》一书中专列一章讨论了“旅游需求与市场趋势的预测”问题。Walsh在其《游憩经济决策：效益成本比较》一书中也列出“预测未来消费”一章讨论了旅游预测方法（1986）。Van Doorn和Van Vught（1978）归纳了各家的预测方法，大致分为四种基本类型，即探研预测、推演预测、标准预测和综合预测（表6－6）。

表6－6　　旅游预测技术与适用模式

预测类型	类型释义	适用模式
探研预测 Explorative	趋势外推 寻求符合逻辑的变换方案	趋势组合：时间序列分析 回归分析 引力模式 历史类推法 情景预设（Scenario Writing） 现象学分析
推演预测 Speculative	事件发生概率的估计 决策过程中的内在期望	头脑风暴 Delbecq and Impasse 德尔菲法（Delphi）
标准预测 Normative	对希望达到的未来状态及引致该态势的途径的外在描述	标准情景预设 贝叶斯统计（Basesian Statistics） 模式化方法
综合预测 Integrative	研究选项的暗示意义 建立已有各孤立预测的相关模式	投入－产出模型 交叉影响分析 图形化方法

1. 探研预测

探研预测主要关心的是对发展趋势的研究，并寻求建立若干种替代方案的可能性。其下又可分为时间序列分析、回归模型、情景预设等适用模型。其中时间序列方法仅对一项变量进行预测，且预测期较短；线形回归模型则是对两种变量进行预测；多元回归模型如引力模型等则可对三种或更多的变量加以估计。

时间序列法（Time Series Analysis）

作为单一变量预测方法，时间序列方法中用于预测的指标可以是抵达的旅游者人数、游憩者人数或者是航空机票的销售数等。时间序列法主要包括无改变法、比例改变法、趋势拟合法（简单回归模型）、移动平均法、Boc-Jenkins 模型法、指数平滑法等。值得指出的是，虽然时间序列法被广泛应用于旅游规划，但它随着预测期的延长，准确性和可靠性迅速下降，因此不太适用于中长期的预测。

回归模型法（The Regression Model Method）

在需要对两种或两种以上的变量的相关关系预测时，我们可以采用线性回归模型或多元回归模型。例如利用最小二乘法模型描述收入与出游力之间的关系。

历史类推法（Historical analogy）

在经过适当分析后，如果认为将来某个时段的发展与过去某个时段的发展状况类似，或者与其他国家（地区）的某一个时段的发展状况相似或相同，则可用它们的增长情况来代替将来的增长情况。

情景预设法（Scenario Design Method）

上述诸种预测方法离不开数学和算术的帮助。但是仅有数学计算还不能完全解决问题，因为在规划过程中，我们还会遇到决策过程、变量随时间的变化等非定量因素的影响，因此有必要考虑定性因子的问题。所谓情景预设方法就是用来解决这一问题的。它对未来时间尺度上的发展场景进行预设，以对未来的变化做出合乎情理的判断。情景预设法既可在探研预测中运用，也可在标准预测中加以应用。

2. 推演预测

所谓推演预测方法摆脱了常规的预测方法对过去及当前的基础数据的依赖，而主要依靠专家的直觉判断。属于这类方法的适用模式包括 SIG 模型（Subjective Intergrated Group Processors，即综合小组主观评判程序）、JAM 模型（Judgement Aided Models，即判断辅助模型）、GDST 方法（Group Discussion Structuring Techniques，即小组讨论结构法），以及 Delphi（即德尔菲法）等。其中以德尔菲法尤其具有较广泛的应用，并以在奥地利、瑞士、英国的预测为典型（Krippendorf，1979；Ryan，中译本，1993）。

德尔菲法（Delphi）有时译为特尔菲法，是一种系统地利用专家在信息较充分条件下所作的直观判断方法。该方法最先由美国 RAND Corporation（兰德公司）50 年代初创立，它是在缺乏历史数据或动向数据的情况下，或者在现有模型需要高水平主观判断的情况下进行未来预测的一种方法（Smith，1989）。德尔菲法以问卷的形式对一组选定的专家进行征询，经过几轮征询使专家的意见趋于一致，从而得到所需的预测结果。一般情况下，专家小组的规模在 40～50 人之间。在软科学的研究中，包括旅游规划中对未来产品的开发的预测中，德尔菲法发挥出特有的预测作用。

销售人员综合意见法通常在预测无法直接接触消费者或其他调查对象时才用。具体做法是：请 n 位销售人员对未来某时段的市场规模的最高、最低和一般值及三种情况的出现概率进行预测，得到各自的期望值（表 6－8）。再将 n 位预测者的期望值进行平均，即可得到预测结果。

表 6－8 销售人员综合意见法

销售人员	预测项目	销售量	出现概率	销售量×概率
A	最高消费量	1 000	0.3	300
	一般销售量	700	0.5	350
	最低销售量	400	0.2	80
	期望值			730
B	最高消费量	1 200	0.2	240
	一般销售量	900	0.6	540
	最低销售量	600	0.2	120
	期望值			900
…				
n	最高消费量	900	0.2	180
	一般销售量	600	0.5	300
	最低销售量	300	0.3	90
	期望值			570

权重法认为，越接近预测年的数据在决定预测数据的大小时，占有越大的比重。例如要预测 2000 年的游客数量，需以 1996～1999 年的数据为基础，其中 1999 年的权重最大，1998 年的权重稍小，1997 年的权重最小，各年的权重乘以各年的游客量，即可得到预测值（表 6－9）。

表 6－9 分权重的游客预测方法

年　　份	1996	1997	1998	1999
旅游人数（万人次）	T96	T97	T98	T99
权重	w1	w2	w3	w4
预测公式	T2 000 =（T96 × w1 + T97 × w2 + T98 × w3 + T99 × w4）÷（w1 + w2 + w3 + w4）			

另外 2 种方法没有介绍。

（三）国内旅游市场预测的一些规律

中国旅游业走过一段较长时期的以国际旅游（海外旅游）为主的发展道路。而国内旅游则长期处于自发状态。一些地区习惯于以海外市场为主来进行市场定位，对规划开发的项目的档次、标准、规模的确定，也常忽视广大国内旅游者的需求。

1. 中国国内客源市场与距离的关系

根据近年的研究，一些作者得到了关于中国国内旅游市场运动的基本规律。特别是在国家自然科学基金支持下，对中国国内游客市场的分布和出游规律取得了较重要的发现（吴必虎、徐斌等，1999；张捷、都金康等，1999；王瑛，1999）。其中城市居民出游率随出行距离变化的曲线被旅游界称为“吴曲线”（刘菲，1999），它阐述了中国城市居民旅游和休闲出游市场随距离增加而衰减；80%的出游市场集中在距城市500公里以内的范围内。

为何出现上述市场规律呢？因为游客在一定条件下总的出游力是有限的，在特定时段、特定背景下只能到访一定数量、分布于一定范围内的目的地。即游客的到访率在各个目的地之间存在某种分配，对于目的地而言，游客的到访实际上是客源市场在目的地空间上进行市场分割的结果。研究结果表明，首先是距离因子，影响了到访率的空间分割。

表6-10 中国城市居民在不同距离目的地的到访率（据吴必虎，2001）

到访率／城市	不同距离内前5位目的地的到访率				
	0~15km 市区	约15~50km 郊县	50~500km 近程	500~1 500km 中程	>1 500km 远程
上海	94.6	56.5	68.8	26.6	6.4
西安	88.0	65.5	31.4	28.8	6.0
成都	94.2	69.4	49.0	23.0	18.4
长春	88.0	46.4	59.0	41.0	28.8
总平均	91.2	59.5	52.1	29.9	14.9

一般而言，随距离增加，出行人数下降。但由于各地旅游产品的吸引力不同，空间上表现出到访率的波动，造成游憩活动空间的不连续性。例如，观察游客在上海郊县和邻省目的地的到访率分布，可发现郊县目的地仅有少数景点有吸引力，到访率水平低于某些邻省景点，尽管后者距离较远。但从全国平均水平观察，市郊到访率仍高于邻省或省内其他地区。

随着距离的增加，到访率衰减现象越来越显著，500~1 500公里之间的到访率分别降至20%~40%之间，而1 500公里以外的目的地的到访率就更降低到5%~30%。但由于城市辐射面的不同，远距离的分配份额显示出不同，即腹地较广、四周皆为人口分布的城市，远距离到访率降低较快。如上海除了东面为海洋外，其他三个方向皆有目的地可供选择，到访率在1 500公里以外迅速降低到6%。但成都和长春两市，一个位处西南，一个地处东北，出游范围受限，到1 500公里以外时，到访率仍保持在20%左右。

2. 中国客源市场的细分规律

吴天明（1996）、赵振斌（1999）研究了中国双休日旅游市场的细分特征。赵振斌认为双休日市场可以根据出游动机、目的地型、团队机构、滞留时间、年龄、市场范围等加以细分（表6-11）。吴天明运用社会分层与社会生活方式的有关概念和理论，探讨了武汉市不同社会阶层居民与双休日短途旅游意愿、出游方式、时间偏好以及预期旅游消费水平之间的关系。

表 6－11　中国双休日客源市场的细分

出游动机	回归自然	修养	娱乐	求知求新	观光	健身	购物
目的地型	山野风光 森林游憩 乡村风光	温泉浴 日光浴 疗养所 度假村	娱乐场 夜总会	产业旅游 拓展训练 生态旅游	名胜古迹	健身房 运动场	大商业区 购物中心
团队结构	陌生团队 伙伴 家庭	家庭 单人	伙伴 家庭	伙伴	陌生团队 家庭 伙伴	伙伴 单人	伙伴 单人
滞留时间	1～2 日	1～3 日	1 日	1～2 日	1～2 日	1 日	1 日
年　龄	全龄	中老年	青少年	青少年	全龄	中青年	中青年
市场范围	周边	周边 本地	本地	周边 本地	周边	本地	周边 本地

在分析旅游区的客源市场地域结构时，距离固然具有十分重要的作用，但同样不能忽视收入水平的意义。张红（1999）研究了前来西安市的国内客源市场的地域结构，发现出游率不仅受制于距离，同时受制于收入，并据此将市场细分为若干环节。（表 6－12）

表 6－12　西安市国内游客市场在地域上的细分

市场细分	出游率（%）	主要影响因素	目标市场分布
Ⅰ类	7.0～13.0	距离近或收入高	河南、山西、江苏、广东、浙江
Ⅱ类	3.5～7.0	距离较近或收入高	四川、甘肃、湖北、安徽、北京、山东
Ⅲ类	2.0～3.4	距离较远	辽宁、新疆、河北、广西、内蒙古、上海、云南
Ⅳ类	1.0～2.0	距离很远	吉林、福建、湖南、宁夏、青海、天津
Ⅴ类	0.1～1.0	距离远而收入低	江西、黑龙江、贵州、西藏、海南

任务分析

旅游市场分析要考虑国际金融市场变化，世界经济不确定性、不稳定性等因素，通过分析当前旅游市场形势，研究讨论应对措施，并部署下一阶段工作，促进我国旅游市场持续稳定较快发展。重点在于全面把握当前旅游市场形势，总体看，国内市场、出境市场比预想的要好，但入境旅游要实现年初确定的增长目标难度加大。对此，我们必须保持冷静的头脑，既要充分认识到当前国际国内经济的复杂因素对我国旅游市场特别是入境市场带来的挑战，又要清醒地看到，我国旅游业发展良好的基本面没有改变，仍然有着诸多有利条件和发展机遇。面对当前形势，我们要未雨绸缪，积极应对，同时要善抓机遇，推动发展。

同时看到从不利因素：一是当前国际金融市场出现急剧动荡，全球旅游发展的不确定因素增多。近期国际金融市场动荡增加了全球经济发展的不确定性和不稳定性，也增加了全球旅游业发展的不确定因素。二是主要客源国家可能调整的经济政策，将进一步挤压我国入境市场增长空间。金融动荡引发的经济不确定性将影响我国主要客源地的居民出游意愿与旅游消费支出，同时影响投资信心，导致商务旅行减少。三是国内价格上涨压力加大等因素影响居民旅游消费预期。7 月份，我国 CPI 同比上涨 6.5%，创 37 个月新高。物价上涨相对降低了部分居民特别是中低收入者的旅游消费能力。四是各种传统和非传统安全因素都增加了旅游市场发展的不确定性。

我们必须而且应该充分看到有利因素：一是我国旅游业正处于难得的“黄金发展期”。本世纪前 20 年，是我国经济社会发展的战略机遇期。这一时期，我国旅游发展大众化趋势更为明显，散客市场快速成长，包括农民和农民工以及部分老年人等一般收入人群，成为旅游消费新的重要组成部分。二是旅游发展政策环境持续向好。在转变发展方式、调整经济结构，更多地依靠扩内需、促消费的战略推动下，各级党委政府更加重视旅游业发展，促进旅游业发展的政策强度、措施力度都将不断增强。三是旅游产业化发展加速。近年来，我国高速铁路、高速公路、民航航线等不断增加，旅游通达条件进一步改善。四是入境旅游发展潜力仍然很大。我国入境旅游经过改革开放 30 多年的高速发展，随着市场基数的不断扩大，市场增幅有所放缓是正常现象。

采取更加有力措施，促进三大市场协调发展：一是要全面认识和推动三大旅游市场协调发展。二是要加强对重要旅游市场研究。三是要加大入境旅游宣传推广力度。要在继续用好传统的旅游市场宣传推广办法和手段的同时，不断创新旅游营销推广方式，加大投入力度。四是要充分发挥各省区市和旅游企业特别是骨干旅游企业的积极性。五是要充分运用国际国内各种合作平台。六是提升质量，规范秩序，保障安全，推动旅游市场持续健康发展。

相关知识

旅游市场主体是旅游者和旅游产品供应者，客体是旅游产品，中介是有形和无形的媒介和桥梁。从世界范围内，按区域分可以分为欧洲、美洲、东亚太平洋地区非洲、中东、南亚等六个主要区域：

从国际旅游客流规律看，近距离出国旅游，特别是邻国旅游、占有绝大的比重；远程国际旅游主要在欧洲、美洲、东亚太之间：东亚太地位迅速上升。

旅游市场分类按消费水平分，可分为豪华、标准和经济类；按国界分为国内、国际（入境、出境）类。

我国旅游市场的发展状况，自 2008 年以来（国家旅游局有关信息报道，中国已位居世界第四位入境接待国、亚洲最大的出境旅游客源国。据世界旅游组织统计，中国在 2020 年将成为世界上第四大出境旅游国。

我国旅游市场，从发展阶段看主要经历了发展阶段、起步阶段和快速发展阶段。其特点为：市场规模大、发展潜力足，短短旅游比重大，以散客为主、旅游消费增长快，消费水平低，城市是主要旅游目的地和客源地。

我国出境旅游市场主要为三种形式：一是出国旅游，以自费和旅游团的形式；二是以旅游团形式，到邻国边境区域进行的活动；三是港澳台旅游。其特点是增长迅速，以城市居民为主体。

课外阅读（一）

国内旅游市场和国际旅游市场

一、总体规模及增长情况

2008 年是曲折的一年，在这一年里我国遭受了重大自然灾害，也经受了金融危机的冲击，但是在入境旅游下降的情况下，国内旅游依然取得了增长，这说明我国经济基本面的完好，国内旅游消费已经成为拉动国内总需求的一个重要环节。2008 年，国内旅游继续平稳发展，旅游人次和旅游收入都再创新高。2008 年，国内出游人数达 17.1 亿人次，较 2007 年增长 6.3%，出游率进一步提高；国内旅游收入 8 749 亿元，较 2007 年增长 12.6%。

二、旅游节庆游市场分析

（一）“黄金周”旅游市场状况

1. “黄金周”回顾

1999 年 9 月，国务院制定了《全国年节及纪念日放假办法》，并作出了在春节、“五一”、“十一”3 个法定假日基础上，通过前挪后搭周末双休日形成 7 天长假的决策（即“黄金周”）。黄金周实施之初，迅速刺激了蓄积已久的消费需求，凸现了假日经济的拉动作用，也同时显露了消费供需之间的矛盾。

2007 年，国家发改委在其官方网站刊登国家法定节假日调整方案问卷调查，经过一年多的多方研究论证比较，国家法定节假日调整方案已基本形成。调整的主要内容包括：(1) 国家法定节假日总天数增加 1 天，由目前的 10 天增加到 11 天。(2) 对国家法定节假日时间安排进行调整：元旦放假 1 天不变；春节放假 3 天不变，但放假起始时间由农历年正月初一调整为除夕；“五一”国际劳动节由 3 天调整为 1 天，减少 2 天；“十一”国庆节放假 3 天不变；清明、端午、中秋增设为国家法定节假日，各放假 1 天（农历节日如遇闰月，以第一个月为休假日）。(3) 允许周末上移下错，与法定节假日形成连休。

2. 2008 年“黄金周”市场发展状况

2008 年我国的“黄金周”在拉动内需、引导人们假日休闲方面继续产生重要而显著的影响。黄金周虽然由去年的三个减为现在的两个，但黄金周的出游人次依然很高。春节和“十一”两个黄金周累计接待旅游者 2.654 亿人次，实现旅游收入 1 189 亿元。2008 年春节黄金周期间，经国家旅游局、国家统计局汇总，结果如下：春节黄金周期间，全国共接待游客 8 737 万人次，比上年春节黄金周下降 5.2%；实现旅游收入 393 亿元（未包括铁路客运收入），按可比口径计算，比上年同期下降 6.2%。在全国接待的 8 737 万人次中，过夜旅游者（仅限于住在宾馆饭店和旅馆招待所）为 1 995 万人次；一日游游客为 6 742 万人次。

2008 年“十一”黄金周期间，经国家旅游局、国家统计局汇总，结果如下：“十一”黄金周期间，全国共接待旅游者 1.78 亿人次，比 2007 年“十一”黄金周增长 22.1%；实现旅游收入 796 亿元，比 2007 年同期增长 24.2%；旅游者人均花费支出 448 元。“十一”黄金周期间，在全国接待的 1.78 亿人次旅游者中，过夜旅游者（仅限于住在宾馆饭店和旅馆招待所）为 4 269 万人次，比 2007 年同期增长 13.5%；一日游游客为 1.35 亿人次，比 2007 年同期增长 25.0%。在所实现的 796 亿元旅游收入中，民航客运收入 39.31 亿元，比 2007 年同期增长 33.8%；铁路客运收入 19.96 亿元，比 2007 年同期增长 35.0%；39 个重点旅游城市实现旅游收入 340 亿元；其他旅游城市和景区实现旅游收入 397 亿元。

春节和“十一”是一年中旅游比较集中的两个旺季，2008 年黄金周的旅游收入和旅游人次较 2007 年有所下降，这是因为 2007 年取消了“五一”黄金周，但仅从春节黄金周和“十一”黄金周来看，2008 年还是取得了增长，特别是“十一”黄金周，全国共接待旅游者 1.78 亿人次，比 2007 年“十一”黄金周增长 22.1%；实现旅游收入 796 亿元，比 2007 年同期增长 24.2%，较去年有了很大的提高。

三、旅游节庆市场存在的问题及发展趋势

（一）黄金周带来的旅游问题

黄金周长假对旅游、商业、餐饮、交通、景区、文化、体育、银行、保险、通讯等各产业的发展，产生了明显的促进和拉动作用，成为刺激消费、拉动内需的一项重要制度安排。全国黄金周工作取得了明显成绩，但也反映出一些客观问题。一是热点旅游线路和高峰时段运力紧张，出现了不同程度的买票难。二是热点旅游景区游人拥挤，环境负荷加重，游览和服务质量有所下降。三是因短时间的供求关系失衡，个别地方旅游市场秩序不好，出现了“黑车”、“黑导”、零负团费和欺客宰客等损害旅游者利益的现象。

（二）客观问题对策

1. 2007 年国家对黄金周做了一项重大调整，取消了“五一”黄金周，这是对近年来黄金周争论所作出的一个反映，但是这又引起了新的争论，社会上有些人士还是坚称五一黄金周应该恢复，黄金周的改革依然处于争论中。

2. 传统节假日得到重视

我们国家有许多的传统节假日，清明、端午、中秋等，但是由于以前的节假日的安排，这些传统节假日并没有成为旅游的引热点。但是 2007 年节假日的改革使得人们在这些传统节假日终于有了些许时间去放松，我们认为传统的节假日将会成为新的旅游消费增长点，特别是对于近程旅游和都市旅游，这些都是促进旅游消费的好机会。

四、国内旅游发展特点

（一）国内旅游持续稳定发展

2008 年，国内旅游继续增长，国内旅游总人次达到 17.1 亿人次，较 2007 年增长 6.3%，出游率进一步提高；国内旅游收入 8 749 亿元，较 2007 年增长 12.6%。国内旅游人次的持续增加主要得益于我国经济的稳定高速增长，自从 2003 年以来，我国宏观经济形势连续 5 年增长超过 10%，2008 年虽然受到金融危机的影响增速有所回落，但也达到了9%。城乡居民收入稳步提高，推动了我国居民出游的愿望的增强。我国国内旅游规模的增长仍处于上升通道中，我国已成为世界上发展潜力最大的旅游市场。

（二）国内游客更加注重旅游品质

国内旅游经过几十年的发展，目前逐步进入转型期——休闲、度假旅游的中国式发展，国内旅游业的发展不再单纯依赖于规模，旅游业发展更注重品质，旅游深度的增加则来源于旅游产品品质的提升以及产业运行模型的转变，旅游业将加速产业化进程。国内游表现出巨大的潜力。目前，各大旅游的龙头企业已经注意到国内市场的潜力，开始针对国内旅游市场打造高端的休闲度假旅游产品，并致力于打造针对国内市场的高端民族品牌。

五、国内旅游存在的主要问题

（一）公共服务平台欠完善

旅游业的发展离不开公共产品的供给，目前国际上旅游业发达的国家或城市都强调要从游客和旅游企业的需要出发，配套服务体系，搭建公共服务平台。公共服务平台，包括旅游信息系统、旅游监督系统、旅游救援系统、旅游危机防范系统、旅游人力资源共享系统及城市旅游形象建设系统等。我国目前还缺少完善的公共服务平台，还有待改善。

（二）旅游开发意识淡薄

国内旅游目前虽然是我国旅游业中的主力军，但是其优势点仍然在于中国巨大的人口基础，旅游人数多。虽然目前这一现象似乎有所改变，旅游收入的增长高于旅游人数的增长，表现我国国内旅游业的消费升级。但是这也只是一个发展转变的苗头，我国的国内旅游还有许多问题需要解决。我国的旅游产品相对滞后，目前我国的旅游业还是需求引导消费，哪些产品有客源，就做哪些产品。主要原因是对旅游者的消费需求挖掘不够，在开发旅游产品前对旅游者的消费心理进行过细致调查的旅游产品开发商几乎没有。目前，随着我国经济的快速增长，我国人均可支配收入的增加，我国消费者对于休闲的需求进一步提高，但是什么样的旅游产品可以满足他们的需求，开发商并不知道，如果在旅游产品的开发中仅限于发展已有的旅游形式，对旅游者需求的开发不充分，将严重阻碍我国国内旅游的健康快速发展。

（三）产品老化严重

随着经济的增长和人民生活水平的提高，休闲旅游和体验旅游正在成为市场需求的热点。相对而言，我国目前旅游开发主体还未能适应大众旅游口味的转变，没有开发出足够适合旅游者消费口味的产品。总的来说，国内旅游产品的老化主要表现在以下方面：首先，经典的观光资源缺乏内涵创新和升级缓慢。多年来观光资源被线路产品所固化，在多样产品和品质提升方面受到限制，使我国大部分景点主要靠自然禀赋生存，而逐渐丧失文化更新和衍生能力。其次，在产品质量上，与国外同类产品相比，我国观光资源的主体——历史名胜旅游在质量上属于低端，即旅游体验度不高，游客参与性与知识性差，不能满足游客日益增长的高层次旅游需要。

（四）中国将成为世界旅游大国

国家旅游局综合协调司司长张坚钟8日在安徽合肥召开的第七届中国国际徽商大会安徽旅游推介会上表示，中国已经成为亚洲最大的出境旅游客源国和世界第三大入境旅游接待国，并正在形成世界上最大的国内旅游市场。张坚钟说，近年来，随着中国综合国力的显著增强和人民群众收入水平的不断提高，中国旅游业实现了持续快速增长，已经成为国民经济的重要产业。“我国已经成为世界第三大入境旅游接待国和亚洲最大的出境旅游客源国，并正在形成世界上最大的国内旅游市场。”他说。

张坚钟介绍，2008 年国际金融危机发生以来，中国旅游业率先复苏并较快增长，成为国民经济中的一大亮点，国家高度重视旅游业的发展。2009 年，国务院出台了关于加快发展旅游业的意见。目前，中国旅游业正在成为国民经济的战略性支柱产业和令人民群众更加满意的现代服务业。

同时，此次安徽省旅游推介会上共有 2 个战略合作项目、21 个旅游投资项目签约，来自境内外 21 个国家和地区的企业签约总额达 628 亿元。

案例思考题：

1. 结合上述阅读资料分析国内旅游市场状况。
2. 结合本案例阐述国内旅游发展的特点。
3. 结合国内旅游市场存在的问题谈自己的理解和认识。

课外阅读（二）

2011～2015 年四川旅游行业投资分析及前景预测报告

四川省简称川或蜀，位于中国西南地区、长江上游，幅员总面积 57.01 万平方公里，四川现辖 11 个地级市和 7 个地区及 3 个自治州，地理条件优越，资源丰富，是中国西部地区经济发展的一颗璀璨的明珠。

“十一五”时期是四川旅游业发展极不寻常、极不平凡的 5 年。2008 年汶川大地震重灾区是四川重要的旅游资源聚集区，北部有九寨沟、黄龙世界自然遗产，中部有藏羌文化走廊和剑门蜀道，南部有青城山、都江堰和大熊猫栖息地。地震给四川旅游业带来了空前巨大的影响，旅游景区损失达 336 亿多元。除了造成灾区旅游资源、基础设施和服务设施的破坏，更是对旅游业生产能力的重创，导致灾区和全省旅游市场消费降至冰点。地震改变了灾区地质地貌状况，也改变了灾区原有产业基础条件。因此，四川在恢复重建中，强调产业结构的调整优化，因地制宜，宜农则农，宜工则工，宜旅游则旅游。绿色、低碳的旅游业成为灾区恢复重建中的优势产业和主导产业。

到 2009 年底，四川省旅游总收入完成 1 472 亿余元，同比增长 34.8%，恢复并超过 2007 年水平。到 2010 年底，四川省实现旅游总收入 1 886 亿余元，同比增长 28.1%。旅游总收入、国内旅游收入和国内旅游人次数等三大指标，与震前 2007 年相比，分别增长 54.9%、57.8%、46.2%。目前，四川省旅游业的恢复重建项目 175 个，总投资 75 亿余元。

截至 2011 年 4 月底，累计已开工 164 个项目、已完工项目 121 个，分别占总项目的 93.7%、69.1%；累计完成投资 56 亿元，占规划总投资的 75%。其中完成中央基金投资 4 亿余元。四川省旅游业的恢复带来人流、物资流、信息流，带动了产业和社会的全面恢复，促进了灾区社会面貌、游客信心和投资商信心的全面恢复。

预计到2015年，旅游业收入占四川省GDP（Gross Domestic Product）的比例将会超过15%，从而成为真正的支柱产业。

案例思考题：

1. 结合本案例试从旅游消费者角度分析旅游投资及前景分析。

2. 结合本案例谈谈你对重建旅游市场的理解和认识。

任务结论

通过对国内旅游市场的学习，正确理解国内旅游市场发展特点，学习国内旅游发展中遇到的问题，学会运用经济学原理分析旅游市场问题产生的主要原因，掌握解决该问题的方法和措施。

学习目标

理论目标：通过本模块教学，了解旅游市场开发的目标和策略，了解国内旅游客源市场的一些规律。重点是旅游市场开发目标的定位；难点是旅游市场开发的预测。掌握旅游市场竞争的相关知识，借鉴国内外旅游市场的相关前沿理论与研究方法，采用定性与定量相结合，理论与案例相结合的研究方法，以旅游市场需求为主导，对旅游市场定位，旅游目的地形象，旅游产品营销等旅游市场的前沿相关理论与案例进行了深入研究和分析。

实训目标：掌握旅游市场开发目标的过程，具体包括目标程序、目标实施步骤和目标实施方法等内容。熟练掌握旅游市场研究，立足于国内市场，拓展国外旅游研究在内容和方法上与国内的异同，从而形成国内外旅游市场开发的科学方法。

项目二　旅游市场开发目标与策略

任务一　确定旅游市场中目标市场

任务描述

价值规律是商品生产与交换的基本规律，它的基本内容是：商品价值由社会必要劳动时间决定，商品交换以价值为基础，实行等价交换。旅游市场是市场经济的重要组成部分，受市场经济的一般规律和旅游经济特殊规律的双重作用。据WTO统计：1996年，全球旅游人数为5.39亿人次，旅游收入4 230亿美元，我国国际旅游人数为5 112.75万人次，旅游收入达102亿美元。旅游业已超过石油业和汽车业，发展成为世界第一大产业。截至1998年底，全国各类旅行社和旅游涉外饭店分别达到了6 222家和 5 782 家，他们为争夺客源市场展开了全面竞争，旅游市场的有限性、脆弱性和易波动性使这种竞争更为残酷。

竞争是企业与企业之间的全面较量，旅游企业为打败竞争对手，就必须积极开拓市场，不断开发旅游产品，及时采用先进技术和设备，实行科学化管理，提高劳动生产率，提高旅游企业的综合实力。

竞争使旅游企业意识到，要想在竞争中取胜，关键在于能否把握市场需求，能否推出适销对路的优质产品或服务。为此，旅游企业必须以市场为导向，努力提高产品与服务质量，不断增加花色、品种和效用，最大限度地满足旅游者的需要。

竞争引起价格涨落和供求变化，导致资金和劳动力按价值规律的要求流动，旅游资源由此得到了合理的开发和利用。竞争推动了企业的集团化进程，实现了旅游业的大规模运营，优化了旅游产业结构。

任务分析

一、旅游市场竞争类别

自由竞争型：完全竞争市场是指不受任何阻碍和干扰的市场情况。一方面，市场上存在着许多彼此竞争的旅游经营者和旅游者；另一方面，各个旅游经营者提供的旅游产品是完全相同的。

垄断竞争型：垄断竞争市场是介于完全竞争和完全垄断间的市场状况，它既包含竞争因素，也包含垄断因素。一方面，同类旅游产品的市场上，拥有较多的旅游经营者，每一个经营者都无法操纵市场；另一方面，旅游经营者进入或退出市场比较容易。

寡头垄断型：寡头垄断市场是指某一产品的绝大部分由少数几个大企业所提供，这几个大企业所提供的产品在市场上占有较大的份额。完全垄断市场是指一种产品完全由一个企业控制的状态，而且这种产品没有任何替代品。

在旅游经济活动中，对某些独有的旅游资源开发后形成旅游产品，会形成垄断产品，从而成为一定的完全垄断市场。

旅游市场竞争的目标是争夺旅游者，旅游者是旅游产品的购买者，也是旅游市场竞争的根本目标。

二、旅游目标市场的选择

选择旅游目标市场，是旅游企业在营销活动中的一项重要工作。选择旅游目标市场，明确为哪类旅游者提供旅游产品和服务，满足他们的旅游需求，是旅游企业营销活动的重要策环节之一。旅游企业必须根据内外条件，遵循正确的原则，采取恰当的目标市场营销策略，才能扬长避短，发挥自身的优势，取得营销的成功。

从供给者的角度看，旅游产品是旅游经营者凭借一定的旅游的旅游资源和旅游设施，向旅游者提供的满足在旅游过程中综合需求的服务。

旅游产品有整体旅游产品和单项旅游产品，它是整个旅游活动中全部需要的产品或服务。

从供求者的角度看，旅游产品是指旅游者通过支付一定的金钱，时间和精力所购买到的满足其旅游欲望的一次完整的经历。

思考题

1. 旅游市场竞争有哪些作用？
2. 结合价值规律谈市场中目标市场的确立。

任务结论

旅游目标市场一是指对本企业的旅游产品和服务有需求、购买欲望和购买能力；二是指这种旅游需求未被市场上的旅游企业所满足，或满足程度不够。旅游目标市场有能力满足这一旅游需求，即在满足这种旅游需求方面企业有一定的竞争优势，这主要体现在：一方面企业能够根据旅游者的需求提供这种产品和服务；另一方面企业能够发挥自己管理和销售等方面的优势，通过适宜的渠道、强有力的营销手段去争取目标市场，从而占领该市场。在满足旅游需求的同时取得一定的经济效益。即在旅游企业进入或占领该目标市场后，企业所获得的经济效益能够抵偿营销费用并有相当的盈余，达到企业的经营目标。旅游企业在选择目标市场时，尤其要注意这一点。

任务二　掌握旅游市场开拓策略

任务描述

在当前调整产业结构的形势下，各地纷纷把旅游业列为当地的支柱产业或新的经济增长点，旅游研究报告指出 20 多个省市新出台了扶持旅游业加快发展的具体措施，加大了对旅游基础设施、旅游资源开发、旅游产品促销等方面的财政投入，政府主导旅游业发展的新局面进一步形成。

我们可以通过上述介绍旅游市场开拓的重要性，认识旅游市场前景和价值。那么，如何做好市场开拓？

任务实施

一、旅游市场开拓的重要性

开放性及国际性是旅游市场的显著特点。近年来，旅游业的全球性竞争加剧，主要表现为国际竞争国内化，国内市场国际化。国际竞争国内化主要是指许多外国企业集团、跨国公司通过联号、连锁形式进入我国旅游市场，使国内市场的竞争愈演愈烈。国内市场国际化主要是指随着我国改革开放的深入，国内旅游市场逐渐成为国际旅游市场的组成部分，国内市场的竞争越来越呈现出一种国际化的竞争态势。

二、旅游市场调查、分析和预测

(一) 2011～2015年中国旅游业市场投资分析及前景预测报告

随着社会的发展，旅游业已成为全球经济中发展势头最强劲和规模最大的产业之一。旅游业在城市经济发展中的产业地位、经济作用逐步增强，旅游业对城市经济的拉动性、社会就业的带动力以及对文化与环境的促进作用日益显现。旅游业是中国经济发展的支柱性产业之一。

2009年，我国旅游业总体保持较快增长，旅游总收入实现较大幅度增长。全年国内旅游人数达19.02亿人次，增长11.1%；国内旅游收入1.02万亿元，增长16.4%；入境旅游人数1.26亿人次，下降2.7%；旅游外汇收入397亿美元，下降2.9%；旅游总收入1.29万亿元，增长11.3%。

2010年，我国旅游经济呈现又好又快的增长态势：三大市场全面增长，国内市场主体地位进一步突出；旅游投资规模扩大，产业发展呈现出诸多亮点，扩大消费和改善民生功能明显。全国旅游业总收入1.57万亿元，同比增长21.7%。其中，国内旅游人数达21亿人次，同比增长10.6%；国内旅游收入1.26万亿元，同比增长23.5%。入境旅游人数达1.34亿人次，同比增长5.8%。

“十一五”期间，我国国内旅游人数年均增长12%；入境过夜旅游人数年均增长3.5%，出境旅游人数年均增长19%；全国旅游业总收入年均增长15%。我国目前已跃居全球第三大入境旅游接待国和第四大出境旅游消费国。旅游业对我国经济社会发展的积极作用更加明显。

2011年上半年，我国旅游总收入突破一万亿元，比上年同期增长18%。其中，国内旅游人数约13.3亿人次，同比增长13%；国内旅游收入约9 200亿元，同比增长22%；入境旅游人数约6 627万人次，同比增长1%；旅游外汇收入约225.5亿美元，同比增长1.6%。

在内需启动、消费升级以及国民收入不断提高的背景下，中国旅游业正步入黄金发展期。根据“十二五”规划，未来五年中国政府将多策并举，把旅游业培育成国民经济的战略性支柱产业。国内旅游行业之政策环境获得持续改善，行业也将迎来一个崭新的发展阶段。

(二) 2010～2015年上海餐饮业投资分析及前景预测报告

上海是全国餐饮业领衔地，荟萃八大菜系、16大帮别，交融中外餐饮。近年，上海把发展餐饮业作为经济增长点之一，取得很大成绩。上海是我国餐饮业最具规模、发展最为成熟的城市之一，餐饮销售总额在全国各城市居首位。

2007年上海市餐饮销售总额达556.2亿元，比2006年增长23%左右，但这一增幅较2006年度的29%有所下降。原材料价格、人力和物业成本上升，以及餐饮市场竞争激烈等原因，都是影响餐饮业发展的重要因素。从地域分布来看，上海市餐厅数量众多，但以浦东新区和徐汇区数量最多，且餐厅数量的增长速度也分别高达72%和67%。另外，闸北、宝山、闵行等新近开发的区域，随着地铁线路的开通、区域经济的发展，餐厅数量也呈现飞快的增长。

2008 年上海餐饮业实现营业额 669.54 亿元，比上年同期增长了 20.3%，与上年相比，增幅降低了 2.8 个百分点。2009 年上海餐饮业实现零售额 761.5 亿元，增长 13.7%，其中快餐市场的总规模已超过每年 200 亿元的规模，并且以每年 55% 的速度快速增长。

国家将继续大力发展餐饮业。以消费促发展，在三方面大力发展餐饮行业：首先，大力发展大众化餐饮；其次，重点关注和解决餐饮行业的放心消费问题，严把食品原料进货关；第三，积极推进节能环保工作，推动行业节能减排纵深发展。

（三）2010～2015 年北京餐饮业投资分析及前景预测报告

北京作为中国的首都，是国家政府机构集中的地方。许多全国性的政治、文化、经济活动都在北京举办，这些活动有力地促进了餐饮业的发展。北京餐饮业在消费力度、投资力度、供应与产业规模、餐饮政策、餐饮文化包容性、领导消费时尚和示范效应等许多方面都具有其他城市无法相比的优势。

餐饮业作为北京在全国有影响力的产业之一，在促进消费、吸收就业、带动相关产业发展等方面发挥着积极而不可替代的作用，是北京第三产业发展不可忽视的力量。

2007 年，北京市餐饮业实现零售额 343 亿元，高于社会消费品零售总额 16% 的增长速度，但北京餐饮业零售额与上海、广州差距较大。

目前，网络对餐饮业的影响力日渐增长，网络营销除了可以使目标消费者了解餐厅和品牌外，也可以成为直接促销和推广的工具。利用网络进行各式各样的促销也是企业现代营销手段中不可或缺的一部分。对于餐饮企业来说，最常见的促销方式之一就是优惠券。2008 年 10 月份北京优惠券浏览量近 294 万次，下载量超过 33 万次，比九月份下载量增长 21.4%。

《北京市“十一五”商业发展规划》提出北京将大力发展餐饮业，鼓励国内外名优餐饮品牌落户北京，荟萃国内外餐饮精华，打造中国美食之都，世界美食之窗。未来北京的旅游业将会保持高速增长。而与此密切相关的餐饮行业将会大幅获益。

（四）2011～2015 年中国文化旅游业投资分析及前景预测报告

文化旅游泛指以鉴赏异国异地传统文化、追寻文化名人遗踪或参加当地举办的各种文化活动为目的的旅游。寻求文化享受已成为当前旅游者的一种风尚。文化旅游产业是一种特殊的综合性产业，因其关联度高、涉及面广、辐射力强、带动性大而成为新世纪经济社会发展中最具活力的新兴产业。

中国文化旅游可分为以下四个层面，即以文物、史记、遗址、古建筑等为代表的历史文化层；以现代文化、艺术、技术成果为代表的现代文化层；以居民日常生活习俗、节日庆典、祭祀、婚丧、体育活动和衣着服饰等为代表的民俗文化层；以人际交流为表象的道德伦理文化层。

当前，中国的旅游业正在慢慢转型，文化与旅游结合的需求越来越明显。全国各地文化旅游业发展如火如荼：2008 年湖北省大力整合省内旅游资源，打造“鄂西生态文化旅游圈”，并出台了“2009～2020 年鄂西生态文化旅游圈发展规划”；四川在地震后为复苏旅游业，把文化旅游作为其发展方向；而在安徽，2009 年以来文化旅游项目广泛受到投资者青睐；2010～2011 年湖南省和云南省相继设立了文化旅游产业发展基金。

现阶段实现旅游产业利益最大化和不断发展，关键在于开发利用各种文化资源，满足人们对旅游产品和服务中的文化需求，在深度挖掘旅游文化内涵的过程中，建立产业良性的内部运行机制和外部发展关系，从而提升产业素质，获得可持续发展。文化旅游是一项充满憧憬、创意的文化活动，必须以观念创新推动文化旅游产品的开发。在文化旅游产品开发中，要按照全面创新的战略要求，用新的思维认识、开发和管理文化旅游产品。

21 世纪中国旅游的方向直指向文化旅游，文化旅游产品以其丰富的文化内涵、相当的发展规模和精深的人文底蕴独占鳌头，成为最具竞争力的优势产品。

（五）2010～2015 年杭州旅游业投资分析及前景预测报告

有着 2200 年悠久历史的杭州是中国七大古都之一，也是国务院确定的重点风景旅游城市和历史文化名城。俗话说“上有天堂，下有苏杭”，杭州自古以来就是高频率的旅游趋向城市。杭州作为以休闲、度假旅游为特色的旅游城市，在实现旅游活动日常化、亲近化方面有其独特的优势。从杭州市旅游国际化进程来说，杭州旅游业从起步到繁荣经历了从无到有、从政府接待型转变为产业经营型的曲折发展过程，目前，旅游业已成为全市国民经济的支柱产业和新的增长点，国际化程度不断提高，成为赚取外汇的主要产业之一。

2007 年杭州市接待入境旅游者 208.6 万人次，比上年增长 14.6%；接待国内游客 4 111.89 万人次，增长 11.7%；全市旅游总收入达到 630.06 亿元，增长 15.8%。截至 2007 年末，全市各类旅行社达 406 家，星级宾馆达到 250 家；杭州市区有 A 级景区 25 个，其中 5A 景区 1 个，4A 景区 19 个。

2008 年，面对春节前后极端气候（雪灾）、人民币汇率持续升值、全球经济景气度下降、食品安全事件、汶川大地震、奥运会安全引发的对入境签证难等一系列灾害与危机，杭州及时推出“救市”举措，旅游业各项经济指标仍实现平稳增长。2008 年，杭州市接待入境过夜旅游者 221.30 万人次，增长 6.1%；旅游外汇收入 12.96 亿美元，增长 15.8%；旅游总收入 707.22 亿元，增长 12.2%，比全国高出 8.2 个百分点（全国为 4%）。

（六）2010～2015 年中国滑雪产业投资分析及前景预测报告

滑雪集娱乐和健身于一体，在欧美，特别是北欧和阿尔卑斯山区，滑雪运动非常流行。在中国随着国内人民生活水平的提高，以及本身所具有的刺激性和强身健体的功能，滑雪运动在近几年逐渐褪去“贵族运动”的外衣，成为一项深受广大民众喜爱的运动。中国的滑雪产业经过前 10 年的积累，目前正处于较快发展时期。以 2000 年为界分为两个阶段。2000 年前 5 年，滑雪场只分布在黑龙江和吉林两省。2000 年以后，由于掌握了大规模造雪技术，在两省以外地区，尤其在北京，开始出现滑雪场。这对滑雪产业在全国的整体发展起到促进作用。现在，东北、河南、山东、甚至一些南方省市也在积极开发这个市场。到 2006 年全国各地有 200 多个滑雪场，滑雪人数突破了 400 万人次。

滑雪是一项旅游休闲和体育运动相结合的项目，涉及多种行业，可以说滑雪场里的任何一种设备和器具都是一种产业，比如滑板、滑雪服、缆车、造雪机、压雪机甚至是眼镜、帽子等，每样东西都会带动相关产业的发展。滑雪场的建设与旅游滑雪业的发展会带动全社会相关产业的开发与建设，首先受益的是酒店、宾馆等服务行业，此外对建筑、交通、电信、商业、手工业和农副产品生产等行业都有着巨大的拉动作用，对周围贫困地区的就业、脱贫乃至促进经济发展，增加收入都有积极的作用。

滑雪目前在中国仍停留在时尚的层面上，当老百姓在不远的将来真正了解了它的诸多益处并参与其中的话，滑雪同样会成为中国人冬季生活的重要组成部分。

随着国民经济的发展，群众生活水平及健康意识的提高，中国大众滑雪运动会有更加科学的发展。预计到2015年后中国年滑雪人次能够达到1 000万，产值近40亿。

（七）2010~2015年青岛旅游业投资分析及前景预测报告

近年来青岛旅游业的业绩有目共睹。特别是入境游客、国内游客、旅游业总收入三个指标，在从1984年到2004年，用20年时间分别实现突破50万人次、2 000万人次和200亿元的“三突破”的基础上，仅用2004年到2007年的3年时间，又实现了突破100万人次、3 000万人次和400亿元的新“三突破”，标志着青岛旅游已经步入快速发展的快车道。

2007年，在奥运机遇的拉动下，青岛旅游业实现较快增长。全市旅游总收入达400.3亿元，增长23.1%，其中，国内旅游总收入350亿元，增长24.2%；国际旅游收入6.75亿美元，增长24.4%。全年共接待国内外游客3 366.93万人次，增长16.6%。其中，国内游客3 258.78万人次，增长16.3%；海外游客108.15万人次，增长26.6%。

2008年以来，国际、国内经济波动，特别是雪灾、地震等因素影响，给中国旅游业发展造成了巨大冲击，青岛市旅游业同样也受到较大影响。2008年全市旅游总收入达420.28亿元，增长5%。全年共接待国内外游客3 469.58万人次，增长3.1%。

2008年青岛成功举办了奥帆赛，在奥帆赛举办地的光环下，青岛城市吸引力大长。奥帆赛的巨大成功，更为青岛旅游业的提升开启了一片辽远空间。随着奥运的结束，中国旅游业发展已进入一个全新的“后奥运”时代，青岛旅游更加掌握了令国内其他同类城市难以企及的先发优势。

未来青岛市将借助奥运影响力，构建以度假旅游为核心、以高端旅游产品为重点、精品项目为支撑的多元化旅游产品体系，重点培育和完善度假旅游、观光旅游、海上旅游、文化旅游、商务节会旅游、体育健身旅游、国际邮轮旅游七大系列旅游产品。

中投顾问发布的《2010~2015年青岛旅游业投资分析及前景预测报告》共六章。首先介绍了旅游的定义、类型、产业特征及在国民经济中的地位等，接着分析了中国旅游业和青岛旅游业的现状，然后具体介绍了青岛滨海旅游、温泉旅游、森林旅游的发展。随后，报告对青岛旅游业做了关联产业发展分析，最后分析了青岛旅游业的未来前景与发展趋势。您若想对青岛旅游业有个系统的了解或者想投资青岛旅游，本报告是您不可或缺的重要工具。

（八）2010~2015年深圳旅游业投资分析及前景预测报告

深圳旅游业是广东旅游业一个非常重要而且十分具有特色的组成部分。近年来，广东省旅游创汇占全国的四分之一，深圳旅游总收入占广东的四分之一。多年来，深圳旅游行业不断创新理念、创新机制、创新产品，使旅游业发展突破了资源限制，走在全国前列。

2007 年，深圳市全年接待游客总人数为 6 560 万人次，旅游年总收入达到 511.12 亿元。2008 年，雪灾、地震、金融海啸以及股市的深幅下挫，无不对旅游业发展构成重大考验，然而，深圳旅游业却表现出了顽强的生命力。2008 年，深圳市旅游业客流量指标和收入指标依然实现正增长，全年深圳市接待游客总数为 6 755.3 万人次，比上年增长 2.93%；旅游业总收入 517.83 亿元，增长 1.31%。2008 年，深圳市旅游景区接待游客 2 660.23 万人次，比上年增长 1.07%。旅游景区客流量的增量主要得益于深圳市大型生态旅游景区东部华侨城的开业。

2009 年，深圳全年接待游客总人数 7 071.32 万人次，同比增长 4.68%，全市旅游业总收入 544.24 亿元，同比增长 5.1%，继续位居全国大中城市前列。2009 年底，美国《纽约时报》旅游版将深圳列为全球 2010 年旅游必到的 31 个城市之一，位列第 20 位，这是近 3 年来该报首次推荐中国城市。

2010 年上半年，深圳市共接游客 3 539.22 万人次，同比增长 10.51%；旅游业总收入 261.86 亿元，同比增长 15.87%。其中，含金量最重的接待过夜游客人数达到 1 478.52 万人次，增长 16.02%。旅游业在 2010 年上半年取得了恢复性增长。

国际旅游城市是深圳未来城市发展的五个定位之一。2011 年，深圳将迎来世界大学生运动会的盛事，将为深圳旅游业做大做强提供良好契机。2011 年，湛蓝的深圳湾将增添一处免费开放的海滨公园——占地 125 万平方米的华侨城“欢乐海岸”，项目将于 2011 年深圳大运会开幕前正式对外免费开放。

任务分析

旅游目标市场就是指旅游企业在市场细分的基础上，进行营销活动所要满足的市场要求，即旅游企业的主要经营对象。选择旅游目标市场，明确旅游企业应为哪类旅游者服务，满足他们的哪一种旅游需求，是旅游企业在营销活动中的一项重要工作。

选择旅游目标市场的意义在旅游市场营销活动中，任何旅游企业都必须选定旅游目标市场，因为对旅游企业来说不是所有的旅游市场对其都有吸引力，同时任何旅游企业也没有足够的人力资源和资金满足整个旅游市场。只有扬长避短，找到有利于发挥本企业现有的人、财、物优势的目标市场，才不至于在庞大的市场上瞎撞乱碰。

选择旅游目标市场具有以下意义：有利于旅游企业真正实现现代营销观念，现代营销观念要求旅游企业必须以满足旅游者的需求为中心组织生产与经营活动，但旅游者的需求具有多样性，由于年龄、性别、收入水平、购买习惯、受教育程度、宗教信仰等因素的影响，有的为了好奇、学习而旅游；有的为了躲避工作压力，松弛精神而旅游；有的为了身体健康、治疗疾病而旅游；有的为了公务、经商、洽谈业务而旅游；有的为了满足冒险、刺激、浪漫生活而旅游等等。

思考题

1. 如何掌握旅游市场的前景和价值？
2. 如何开拓旅游市场？

相关知识

最新报告预测中国有望成全球第二大旅游市场

近日，著名商业战略咨询机构美国波士顿咨询公司在其最新研究报告中指出，2013年中国有望赶超日本成为全球第二大旅游市场，占全球旅游市场比重的8%。

这份名为《扬帆起航：中国旅游业的发展与前景》的报告中还指出，目前，占中国旅游业主要份额的国内游每年将会增长16%，到2020年，市值将增至3.9万亿元，特别是休闲游市值将翻两番以上。到2020年，中国旅游市场占全球旅游市场的14%，出境旅游人次将接近美国水平，前往日本和韩国的国际游客中将有25%以上来自中国，欧洲游的人数也将翻两番，而在北美市场，中国游客数量将位居第三。

思考题

1. 上述预测的依据是什么？
2. 结合我国国情谈谈采用哪种开发策略确保旅游市场健康发展。

课外阅读

国内旅游市场潜力巨大

不仅国外研究机构看好中国旅游市场，国家旅游局局长邵琪伟在2011年中国国内旅游交易会期间也表示，尽管面对多种自然灾害和国际金融危机的冲击，中国旅游业仍保持较快发展。他认为，国内旅游是经济社会繁荣发展的重要标志，在“十一五”期间，国内旅游人数年均增长11.7%，已达21亿人次；国内旅游收入年均增长18.9%，已达1.26万亿元，目前正在形成全球最大的国内旅游市场。

中国旅游研究院院长戴斌分析说，一季度旅游经济运行有几个突出特点，旅游酒店业在资本市场表现相对活跃，收益率持续相对较高；国内旅游在发展环境、市场和行业等方面的表现一直优于国际旅游；旅游经济的国际化步伐一直稳步进行，已初步进入全球化发展的新阶段；旅游业竞争力提升较快。这说明我国正处于旅游业大众化的黄金发展时期，旅游业发展潜力正得到释放。

2011年5月12日，国家旅游局召开新闻发布会，宣布经国务院批准，自2011年起，每年的5月19日为“中国旅游日”。“设立‘中国旅游日’，是贯彻落实《国务院关于加快发展旅游业的意见》的具体要求，标志着我国旅游业正迈入一个更好地满足人民群众日益增长的旅游需求的新时代，体现了社会各界对旅游促进经济发展、促进人类文明健康的广泛认同以及新时期人民群众对旅游生活的新期待。”国家旅游局副局长祝善忠在接受记者采访时说。

一、调结构适应快速发展

虽然中国旅游市场有强大的潜力，但中国的旅游业仍处于起步阶段，95%的中国游客声称在国内游和出境游两方面均未得到优质服务。

报告指出，中国的旅游市场竞争激烈、鲜有创新、差异化不大几乎是目前中国旅游业的鲜明特征，从旅行社到酒店再到航空公司，然而只有携程等少数几家公司了解中国游客的需求。

就此记者采访了国内知名的在线旅游服务商携程旅游的业务发展总监魏裕，她对这份报告对中国旅游市场增长前景的判断表示认同，同时还认为，虽然我国旅游市场将会有一个量的突破，但是质的提高才是摆在旅游从业者面前最紧迫的任务。她认为，中国旅游产业的发展还面临一些制约因素，产业环境以及相关政策对于旅游企业跨地域发展的支持力度还不够，航空公司、高铁和旅游地面交通等的市场化程度有待进一步提高，而且最主要的障碍还有相关人才的缺乏。

二、创新满足市场独特性

这份报告不仅分析了中国旅游市场巨大的潜力，还探讨了中国旅游市场的独特性，例如中国的旅游需求主要来自渴望见识新世界的年轻人；平均每年有2 500万游客首次尝试过夜休闲游；中国游客的旅行时间可能比西方游客长，而且常与多个朋友结伴出游；超过一半的受访者把网上信息列为他们最信赖的旅行计划来源；西方游客宁愿把大部分旅费预算用于食宿，而中国游客却将近一半预算用于购物。

不难看出，中国游客与西方游客的差别相当显著，这也使得他们需要旅游企业提供不同的服务。

当前，国内旅游市场仍以中低端旅游消费为主，主要是观光游、休闲游和自驾游等，而高端的商务会展旅游、度假游以及出境游的占比仍有待提高。借消费升级东风，旅游行业发展将由单纯的景区观光向度假休闲方向转变。

据记者了解，我国旅游业“十二五”规划已基本编制完成。而《国民休闲纲要》则有助于进一步减轻景区及交通网络运营压力，平滑全年客流量。海南离岛免税政策为海南国际旅游岛建设再进一步，而上海、西藏、广西、云南等地推出的区域性政策也将助推当地旅游业发展。

携程旅游相关负责人也表示，中国消费者对于旅游需求迅速增长，在各级城市中，无论是富裕消费者还是新兴中产阶层都正在努力寻找值得信赖的品牌和服务，这为勇于创新的先行者提供了千载难逢的机遇。旅游企业应该通过创新获得竞争优势，靠信誉建立品牌。根据中国市场的特点，携程旅游率先开发出在线打包的自由行、“透明团”团队游、当地游等休闲度假产品，并提供目的地服务，绝大部分客户都来自网络预订，还提供相关增值服务。

包括目的地的重要资料、推荐的行程、其他游客体验的照片和评论和第三方支付等透明可靠方便的支付流程、热线支持等等，创新型的服务将满足不同层面消费者的需求。

国家旅游局局长邵琪伟近期在携程调研时表示，携程旅行网作为旅游服务新业态的先行者，运用现代科学技术和最新前沿理论，为旅游消费者提供满意度更高的现代旅游服务，积累了相当丰富的经验，这些探索和实践也是整个中国旅游业的财富。他希望携程旅行网能够不断创新，为中国乃至全世界旅游业的发展、旅游服务品质的提升作出独特的贡献。

据业内人士分析，城市化率的提升、宏观经济增长随之带来的居民收入的提高以及铁路航空等交通配套设施的逐步完善，必将推动我国旅游产业进一步做大、做强。

思考题

1. 旅游市场竞争有哪些作用？
2. 结合价值规律谈市场中目标市场的确立。

任务结论

随着旅游形式要求的日趋多样化，休闲旅游、宗教文化旅游、探险体验旅游以及节庆旅游等类型的旅游活动越来越受到众多旅游者的喜爱。随着多种参与性旅游活动的开发，近程市场产品如观光旅游产品不断增加和丰富产品的内容，融知识性、文化性和参与性于一体，以满足旅游者新的需求。度假型旅游产品重点开发的旅游产品重视休闲度假与旅游文化的结合，积极开展文化休闲活动，提升文化品位，营造良好的度假氛围。开发宗教文化旅游，与观光度假型旅游产品组合，开发滑水、登山、自行车、龙舟竞赛等健身旅游，可以与有关体育组织联系，成为该项目的活动基地；与适应现代生活需求的养生文化相结合，开展运动养生游；如饮食文化，推出食疗（药膳）旅游产品；与中医疗养相结合，推出针灸、推拿按摩等旅游产品。开发短途休闲旅游产品。举办一些旅游节庆活动和一些主题旅游项目，如“红色旅游文化节”、“传统艺术文化旅游”、“宗教文化旅游节”等。依托中心城市，整合区域旅游资源，构建以城市旅游（商务与文化观光）、休闲度假和特色专项旅游为主的三大旅游产品体系。远程市场产品提高现有观光旅游产品的档次，加速观光旅游产品的更新。实施旅游精品工程，重点开发以保护为主，开发为辅，创造返璞归真的旅游氛围，并可开展一些生态型的参与性旅游活动，以丰富生态观光度假旅游产品的内容，创造旅游品牌。积极开拓主题旅游产品。迅速推出散客产品，加速形成区域散客市场。

模块七

旅游价格

学习目标

理论目标：通过该部分内容的学习，掌握旅游价格的构成和分类，了解旅游价格的特点，熟悉旅游产品的定价方法和目标，了解旅游价格的管理形式。

实训目标：熟练掌握如何进行旅游产品的定价，并在不同的市场情况下，能灵活调整旅游产品的价格，实现旅游企业利润的最大化。

项目一　旅游价格的构成与分类分析

任务一　熟悉旅游价格的构成与分类

任务描述

九寨沟旅游价格猛涨引发争议

现在到著名的九寨沟、黄龙景区去的游客，将不得不比10天前多掏300元左右。这次源自宾馆涨价的行为，引起了各旅行社的争议。日前，成都几十家旅行社联合起来商讨对策。

据了解，从7月1日以来，四川九寨黄龙四日游标准团队的价格已由每人480元涨至780元。豪华团价格早已超过了每人800元，有的甚至达到1 000元。

一位姓邱的旅行社经理告诉记者："我们也没有办法，宾馆要涨价，我们只能跟着涨，这个价格不知吓跑了多少游客！据我估计，10日过后，这个价格肯定还要继续攀升"。

据介绍，本月1日，九寨沟旅游饭店协会发出通知，为整顿旅游市场，境内宾馆从7月1日起，实行"成本经营"，上调房间价格。同时，该协会还认定按市场原价接待游客的电力宾馆等数家宾馆为低价行为，违反了"成本经营"，"勒令"这几家宾馆"停业"。

此后，九寨沟100余家宾馆开始全线上调房价。"九寨黄龙"线上的汶川县、松潘县、茂县、川主寺等地的宾馆也纷纷效仿九寨沟的做法，上调宾馆价格。

此举立即引起了各大旅行社的连锁反应。部分旅行社相应调高了游客团队报价，规模较小的旅行社不得不从九寨黄龙旅游线上黯然隐退。据介绍，九寨沟“涨价”后的10天里，广元12家旅行社共有150个旅游团队退团，定好的旅游专列被迫取消、意向性的团队改线，给旅行社造成了诸多难以估算的损失。

旅游价格在旅游经济学中有非常重要的意义，旅游服务企业的经营者要善于运用经济学的头脑分析旅游市场的供求关系，通过确定合理的旅游产品价格，适应消费者需求的变化，获得良好的经济效益，并使企业立于不败之地。

任务实施

一、旅游价格构成

价格是经济学中的一个重要范畴，是价值规律运动的表现形式。旅游价格是旅游经济运行的指示器和调节器，是旅游企业实现自身利益的重要手段。价格是以价值为基础，因此，研究价格的构成，就要了解价值构成要素，以及这些要素的具体表现形态。

（一）旅游产品的价值构成

价值是凝结在商品中的人类抽象劳动。人们要从事生产活动，就要有生产资料。生产资料与劳动力的结合过程就构成了现实的生产过程。生产过程是价值的形成过程，因此，在旅游产品的价值构成中，包括物化劳动的转移部分和活劳动新创造的价值部分。而活劳动新创造的价值又可分为两部分，即劳动者为自己的劳动所创造的价值和为社会所创造的价值。因此旅游产品的价值均由三部分构成：① 在生产过程中已消耗掉的生产资料的转移价值；② 在生产过程中劳动者为自己劳动所创造的价值；③ 劳动者为社会劳动所创造的价值。

（二）旅游产品价格构成

所谓旅游产品价格构成是指构成旅游产品价格的各个要素及其在价格中的组成情况。旅游产品价值构成的各个部分，在货币形态上分别转化为旅游价格构成的有关部分，其中物化劳动转移的价值和劳动者为自己劳动所创造的价值在货币形态上转化为生产成本；劳动者为社会劳动所创造的新价值部分在货币形态上转化为税金和利润。产品在流通过程中的部分生产性劳动耗费和非生产性劳动耗费是对产品价值的追加，这部分追加是必须，因为生产的产品不能销售出去，价值就无法实现，因此，这部分追加的价值在货币形态上表现为流通费用。所以，旅游产品的价格构成一般都由四部分构成，即生产成本、流通费用、税金、利润。其用公式表示为：

价格 = 生产成本 + 流通费用 + 税金 + 利润

1. 生产成本。生产成本是生产单位产品所需费用的总和。生产成本是价格的主要组成部分，是价格形成的主要依据。成本是制定价格的最低经济界限。旅游产品的生产成本包括：① 提供服务所凭借的各种建筑物、交通运输工具、各种服务设施设备，以及原材料、辅料、燃料等成本。② 企业从业人员的工资。工资是旅游企业员工提供劳务的价值补偿，是活劳动的耗费部分。③ 企业经营管理费用。即企业为生产经营活动所必须支付的一定的费用，这部分费用也包括在生产成本之中。

旅游产品价格中的生产成本，是指生产同类旅游产品的社会平均成本，而不是指某个企业的个别生产成本。在旅游市场上，生产同种旅游产品可能有众多的企业，由于各企业的生产条件和经营管理等方面存在着差别，产品的个别劳动耗费是不一样的，从而决定了产品价值有高低之分。但在市场中，社会对同一种旅游产品只能承认一个社会价值，因此，价格中的生产成本只能是社会的平均成本。

2. 流通费用。流通费用是旅游产品在流通领域中所耗费的一切物化劳动和活劳动的货币表现。流通费用，按其经济性质的不同，从理论上可以分为两种：一种是生产性流通费用，另一种是纯粹流通费用。生产性流通费用是由旅游产品的使用价值运动引起的，是生产过程在流通领域继续进行所花费的费用，如某些产品的运输费、保管费、包装费等。纯粹流通费用是由产品的价值形态变化引起的，是与产品买卖活动相关的各种费用，如用在旅游产品推销上的广告费，各种通讯联系费用等等。当然，由于旅游产品的多样性，各种旅游产品所需的流通费用差异性很大，但作为一项价格构成来说，流通费用是不可缺少的一部分。

3. 税金和企业利润。税金和利润是旅游产品价格构成中的另外两个要素。税金是纳税人依法向国家纳税的金额。旅游企业是从事旅游产品生产和经营的单位，向国家纳税是应尽的义务。利润是企业通过自己的生产经营活动所获得的收入扣除生产成本、流通费用以及税金后的余额。因此，在其他条件不变的情况下，价格与利润二者之间是成正方向关系变化的。旅游企业利润的多少，取决于价格水平，价格越高，企业获得的利润就越多。

以上是就单项旅游产品的价格构成而言的。通常我们讲旅游价格，是指综合性旅游产品价格，即旅行社出售的整体旅游产品的价格。旅行社将其购买的单项旅游产品加以组合，实行旅行社项目定价，即根据该项目实施中所应包括的食、行、住、游（门票）等各项费用，即购进成本（也称代办费），再加上旅行社自身的费用，以及税金、利润等，构成对外报价，即是该项目的旅游价格。目前，在我国一般是在购进成本的基础上加价 15% 左右。当然，旅行社代办的交通费、餐饮费、住宿费以及门票等费用，不是由旅行社企业自身所决定的，但是，它可以采取批量代办形式，价格与这些企业自身销售的价格相比要低一些，旅行社可以从中得到回扣或打折的好处。

二、旅游价格的特征

旅游价格是旅游产品价值的货币表现，因此旅游价格应该反映产品的持性。由于旅游产品具有不同于一般产品的特殊性，因而决定了旅游价格也会有其自身的特点。这些特点概括起来有以下三点：

（一）综合性

旅游价格的综合性是由旅游产品的综合性决定的。前面已经说过，旅游产品是个综合性的概念。这种综合性体现在两个方面：一方面，它是由多种资源（自然资源、历史资源、人文地理资源）、设施和服务构成的组合型产品；另一方面，旅游产品供给方是由众多部门和行业组成的综合体。产品的综合性必然使价格也带有综合性的特点。

（二）季节性

旅游产品与一般商品不同，它不存在独立的“生产过程”，也不产出具体的物品，因而无法运输，也无法储存，如许多自然旅游资源只有在特定的时期才具有独特的价值，在不同的季节旅游价值也不同。旅游产品的这种特殊性，决定了旅游价格不可避免地带有季节性的特点。在旅游淡季，游客的数量减少，为使不能贮存的旅游产品销售出去，必须实行季节差价，即淡季降低价格销售，甚至以低于成本的价格销售，旺季则适当提价以控制需求。因而旅游价格具有明显的季节性。

（三）垄断性

旅游产品中的文物、古迹、名胜、民族风情等独特的旅游资源是在很独特的历史条件和自然环境中形成的，其具有的社会价值和历史价值是很难用社会平均劳动成本的大小来衡量的，它们不同于一般商品，不仅不会因为磨损而丧公共价值。相反，随着时间的流逝其价值也会越来越高，是不可估量的。所以旅游产品由于独特的历史的、社会的、自然的因素而使其价值和价格具有垄断性的特点。

任务分析

九寨沟旅游价格的上涨显然违背了市场经济规律，大大增加了旅行社组团的难度。九寨沟旅游饭店协会的做法太“武断”。一些旅行社认为各宾馆饭店应根据自身的规模、硬件、软件等因素，报物价部门审核最低成本经营价格，而不应由九寨沟旅游饭店协会说了算。他们决定抵制九寨沟的“涨价”，并与成都的几十家旅行社磋商，希望联合起来抵制。

“涨价”受益者——九寨、黄龙等地的宾馆反应出人意料。一家宾馆老总认为，“涨价”虽然使价格上去了，看似宾馆受益，其实这样一来游客却少了，不少旅行社都不愿再操作这条线了，吃亏的还是宾馆。他说，从7月1日实施调价后，他的宾馆已经退掉了30多个团队，损失了三四万元的利润。

一位旅游专家指出，九寨沟整顿旅游市场的出发点是好的，但这一做法显得操之过急，不符合旅游行规，令市场接受不了。这位专家认为，最低成本经营价应由物价、工商等法定部门来核定，并非一个行业协会可随意制定。九寨沟旅游饭店协会此前“公约”各饭店严格执行最低成本经营价，否则将被“停业”、“罚款”等，是不符合相关规定的。

任务二　旅游价格的分类与影响因素

任务描述

五一长假“缩水”北京城旅行社报价直逼淡季

由于五一长假“缩水”，其间的旅游市场报价未起波澜。记者昨天从京城部分旅行社了解到，无论是出境游还是国内游，今年五一期间的报价无明显变化，大部分与之前淡季持平。

总体而言，今年五一假期出境游的价格比平时上涨4%左右，与出境短线游相比，长线产品表现平平，报名情况并不乐观。

中青旅出境部总经理孙常伟告诉记者，由于假期缩短，预计今年五一期间的出境游报名情况不会太理想，游客大都对出境游长线旅游产品持谨慎态度。

他说，今年五一假期，出境游的价格不太可能会出现调整，相比之下，出境短线游产品的销售略好。比如4～6天、价格在5 000～6 000元之间的港澳、新加坡、菲律宾等“一地自由行”的报名情况，远远好于欧洲、澳洲等长线游市场。仅五一当天报价，出境短线游会比平时上涨200～300元，长线游会上涨800元左右。其他日期的报价与平时持平。

国内游方面，今年五一假期比去年五一黄金周价格下调10%～20%，与平时相比浮动不大。国旅总社国内游总部副总经理张陵捷说，热销线路中，今年海南双飞五日游产品在五一假期只卖3 000多元，而在去年要卖4 000多元。

张陵捷称，今年五一期间旅游产品的价格比去年同期有大幅下降，主要是由于今年的机票价格、旅游地住宿价格及当地地接价格均有所下调。他说，今年五一假期，国内游产品价格最多比平时涨4%左右，而华东、西北、东北等地的旅游产品价格与平时相比没有变化。

此外，根据携程旅行网预计，由于今年国内大多数旅游资源并未出现游客暴涨现象，景区的人流量也不会像往年一样爆棚。所以游客可以享受到高性价比的旅行。

北京城旅行社采取的是什么方式报价的呢？旅游市场上还有哪些不同的报价方式，这些方式有什么特点，它们之间又有何区别呢？

任务实施

一、旅游价格的种类

由于旅游产品的综合性，决定了旅游产品价格的构成错综复杂。根据不同的划分标准，旅游价格可以分为以下几种类型：

（一）按满足旅游者不同需求程度的角度来划分，可分为基本旅游价格与非基本旅游价格

基本旅游价格是指满足旅游者在旅游活动中基本要求的各种单项旅游产品价格。主要包括住宿、交通、餐饮、游览、娱乐等产品的价格。这些旅游产品是旅游者在旅游活动中必须消费的内容，缺一不可，否则会直接影响整个旅游活动的正常进行。

非基本旅游价格是指旅游者在旅游活动中不一定消费的那些旅游产品的价格，如旅游纪念品、日用品、医疗、美容、邮电等项服务价格。这些旅游产品，可能是旅游者随机的需要，也可能是旅游者的特殊所需，但没有这些旅游产品，旅游活动也可以实现。

（二）按旅游者购买旅游产品的方式来划分，可以分为随团统包价格、小包价格和单项旅游价格

随团统包价格是指旅游者参加旅行社组织的旅游，按旅行社推出的某条旅游线路的价格一次性支付的价格。

小包旅游价格是指旅游者通过旅行社购买旅游线路，但不一定随团旅游，旅行社只负责提供机票，预订客房等部分旅游服务项目，其他全部由旅游者自己负责安排，旅游价格中只包括部分旅游项目的价格。

单项旅游价格是指旅游者不通过任何中介机构，自己外出旅游时所购买的各种旅游产品的价格。

随团统包价格和小包旅游价格合称为旅行社价格。旅行社价格实际上是它所组合的旅游产品项目中，各单项旅游产品价格的总和，再加上旅行社的各项费用、税金和利润。在国际上，采用随团包价旅游的较多。旅行社在组织旅游者到某一旅游地旅游时，都要采取报价形式，以便旅游者对其旅游项目进行选择。

（三）按旅游的范围来划分，可分为国内旅游价格与国际旅游价格

国内旅游价格是指旅游者在本国国内旅游的价格。

国际旅游价格包括出境旅游价格和入境旅游价格。不论是出境旅游价格还是入境旅游价格，其价格都要包括三部分内容：① 国际交通费；② 旅游目的地国或地区的旅游产品价格；③ 客源国的旅行社服务费和盈利。

（四）按旅游价格的具体形式来划分，可分为旅游差价和旅游优惠价

1. 旅游差价

旅游差价是指同种旅游产品，由于时间、地点、质量以及经营环节等差异所引起的价格差额。旅游差价主要有以下几种类型：

① 批零差价

由于旅游产品是通过若干个环节销售出去的，而其中每一个环节都要消耗一定的劳动量，从而导致旅游产品的批零差价。批零差价是指同种旅游产品，在同一市场上、同一时间内零售价格与批发价格之间的差额。旅行社向各旅游企业购买各单项旅游产品时，由于一次性购买批量较大，它可以得到批发价格，经过组合后形成一个整体的旅游产品，再出售给旅游者，从而获得批零差价的好处。

② 季节差价

由于旅游需求存在明显的季节性，季节的变化必然引起旅游需求的变化，这就导致某些旅游产品形成季节差价。季节差价是指同种旅游产品在同一市场上由于季节不同而形成的价格差额。由于旅游活动的季节性很强，为了调整旅游在淡旺季上的矛盾，利用季节差价可以调节旅游需求，有利于旅游企业经营活动的正常进行。

③ 地区差价

由于旅游资源在地区分布上的不平衡，同种类型的旅游资源在不同地区也存在一定的差异这就导致某一类型的旅游产品形成了地区差价。地区差价是指同种旅游产品在不同地区的差额。由于旅游活动的空间性限制，在旅游旺季里，一些“热点”地区可能出现游客过于拥挤，给旅游地带来极大压力，而另一些“冷点”地区可能人流稀疏，

为了调节各旅游地间的游客流量和流向，实行地区差价是很有必要的。

④ 质量差价

同一种类型的旅游产品，为了满足不同层次游客的需求，其开发时所消耗的劳动量也会产生差异，这就形成了旅游产品的质量差价。质量差价是指各种旅游产品在同一市场上由于质量的不同而形成的价格差额。质量差价是按质论价，优质优价原则的具体体现。比如同是住宿产品，但设备设施质量和服务质量上的差异是很大的，不同星级的饭店，其质量差异是客观存在的，因而必然制订不同的价格。

2. 旅游优惠价

旅游优惠价是指旅游产品供给者在明码标价的基础上，给予购买者一定折扣的价格。旅游优惠价主要有以下几种：

① 批量优惠，即根据购买者一次购买的数量或是积累购买的数量大小，给予一定的折扣价格。

② 同业优惠，是指对同业的旅游消费者给予一定的价格折扣。如旅游消费者尽管不是本公司职员但同是航空公司的职员，在购买机票时可以给予优惠价。一般说来，凡是旅游行业之间或与旅游系统、单位之间交往，一般都给予一定的折价优惠。优惠额的大小，一般视双方单位交往的深度，由自定或协议形成。

③ 老客户优惠。企业为了扩大销售，稳定客源，一般对老客户都给予一定的价格折扣，吸引他们经常光顾，而不转向别的经营企业。

④ 现金优惠，是指旅游企业为鼓励旅游者和中间商以现金支付或提前付款而给予的一定折扣的优惠。现金优惠既有利于旅游企业加速资金周转，也有利于旅游企业减少资金占用成本和呆账损失。

（五）按价格和价值的关系来划分，可分为一般旅游价格和特种旅游价格

一般旅游价格，是指围绕着价值量，随着旅游市场需求的变化而上下波动的价格。如旅游餐饮价格、旅游住宿价格、旅游交通价格等都属于这类价格。特种旅游价格，是指其价格和价值量背离很大，价格的高低主要取决于供求关系及垄断性。特种旅游工艺品价格、文物复制品价格、名人字画价格等就属于这类价格。

当前，旅行社在旅游项目报价前都要冠以“经济型”、“标准型”、“豪华型”名称进行等级区分，实际上是表示食、住、行、游等费用上的差异。

经济型：住宿一般为4～5人，享受公共卫生间，景点用车为非空调车，伙食大多不包括在内（或有明确标定），长途火车是硬座。

标准型：住宿一般为2～3人，室内有卫生间、彩电，景点用车多为空调车，伙食每人每天45元左右，长途火车为卧铺。

豪华型：住宿为二～三星级宾馆标准，食全包，一船在下榻宾馆就餐，景点车为空调车，长途火车为软卧或软座。

另外，旅行社的任何报价都应当含有旅游景点的第一门票（这里应当注意，当前很多旅游景点的门票都有票中票，即连续收取），而其他票都为经济型。在国内，机场建设费、保险费一般均不包含在报价内（当然可以事先约定）。

我们在外出旅游前，对旅行社的各项报价，一定要了解清楚具体包括哪些内容，以

免在旅途中才发现意想不到的费用，感觉上当吃亏，带来不愉快。

二、旅游价格的影响因素

从本质上说，旅游价格是由旅游产品的价值所决定的，即由生产旅游产品的社会必要劳动时间决定的。因为价格是价值的货币表现，价值是价格的基础，所以，旅游产品价值是旅游价格制定的基本影响因素。

但在市场经济条件下，影响制定旅游价格的因素除了价值这一基本因素之外，还有多种多样的因素影响旅游价格形成：有宏观方面的因素，有微观方面的因素；有经济方面的因素，有政治方面的因素；有历史方面的因素，有现实方面的因素；有物质方面的因素，有精神方面的因素。根据企业对这些因素的控制程度，大体可分为可控因素和不可控因素两类。

（一）可控因素

1. 旅游产品的成本

成本是制定价格的基础，是影响旅游价格的重要因素之一。

从类别看，成本包括各种旅游设施设备的折旧费与维修费、旅游企业建筑折旧费、生产经营中的各种原材料费、燃料费、辅助材料费、各种管理费、员工工资与奖金等。

从与销售量的关系看，成本包括固定成本与变动成本。固定成本是指在一定条件下，成本总额保持不变，即不因销售量的变化而变化，但固定成本在单位产品上的分摊额会随着销售量的变化而变化，销售量越多，单位产品分摊的固定成本额就越少；变动成本是成本总额随着销售量的变化而成比例变化的成本，但单位产品的变动成本不变。

由于旅游价格的构成为成本与盈利，所以，当盈利一定时，成本越高，价格也越高，反之，成本越低，旅游价格也越低。

2. 旅游产品的属性

旅游产品的属性是指旅游产品的生命周期、质量、特色、市场形象和声望等。一般而言，新产品通常也比老产品的定价的自由度高。特色旅游产品，与竞争者的差异越大，越不易被替代，定价的自由度也越大。另外，旅游产品在旅游者心目中的声望一般以质量为指示器，质量越好，声望越高，定价也越高。

3. 旅游产品的定价目标

由于旅游企业的销售收入中包含了各类成本、税金和利润。在其他因素保持不变的情况下，旅游价格与成本成正方向变化，与利润成正方向变化，而与销售量成反方向变化。税率在一定时间内则较为稳定，对定价的影响暂不考虑，但竞争是市场的重要特征，定价时必须考虑。综上所述，旅游定价目标包括以下几种。

（1）利润目标

利润是企业生存和发展的前提条件，各个旅游企业为了实现最佳利润，往往在旅游价格的制定上做出适当的变动。在各项成本、销售量、税金不变的情况下，旅游企业要想获得较高利润，其定价应较高。利润目标虽然是旅游企业比较容易接受的定价目标，但由于旅游价格与销售量之间的反方向变化的关系，即随着旅游价格的提高往往导致旅游产品需求的减少，从而销售量和收入下降，目标利润也就很难实现。

(2) 销售目标

由于按照利润目标所定的高价会导致旅游企业失去相当大的一部分市场，企业预期利润无法实现，所以，有的旅游企业就把扩大销售量、提高市场占有率作为本企业的定价目标，这样能满足更多的社会需求，利于旅游品牌形象的树立。因此，企业采取销售目标来定价的，通常旅游价格不会制定太高，也不会频繁或大幅度调整。

(3) 竞争目标

竞争目标是为了应付或避免市场竞争为目标。这类旅游企业在定价时，主要以旅游市场上有决定性影响的竞争对手的价格为参考来制定本企业产品的价格，其具体价格略高于或略低于竞争对手的价格，并且会跟随竞争对手价格的改变而改变。

(4) 生存目标

这种定价目标一般是旅游企业在旅游淡季或恶性削价竞争中被迫选择的过渡性定价目标，是企业处于不利环境中的一种权宜之计。在旅游淡季时，旅游企业为避免从业人员减少，旅游设施闲置，往往采取大幅度降价的措施，以保本甚至亏本价格出售旅游产品，克服困难，维持企业生存。

(二) 不可控因素

不可控因素主要是指旅游企业经营的外部环境因素，主要包括：

1. 旅游市场的供求状况

旅游价格是在旅游市场上形成的，必然受供求的制约，旅游供求状况是旅游价格形成的现实条件。在旅游市场上，旅游旺季或旅游热点地区的市场，往往出现供不应求的局面，必然引起旅游者争夺旅游产品的竞争，以致旅游价格上涨；而当旅游淡季到来或在旅游冷点地区，则往往出现供大于求的状况，便出现旅游经营者争夺旅游者的情况。旅游价格下降。

2. 旅游市场的竞争程度

旅游市场竞争程度对旅游价格的制定有非常大的影响，而旅游市场的竞争程度与旅游市场类型有密切关系。在不同的旅游市场类型中，由于旅游产品所占市场份额、买者与卖者的数目、与其他旅游产品的差别程度组合不同，旅游价格的制定也随之不同。

(1) 完全竞争旅游市场

在完全竞争市场中，由于买者与卖者的数目众多，单个旅游企业所占的市场份额不大，因此，旅游产品价格完全由整个旅游市场的供求状况所决定，旅游企业对旅游价格没有控制能力，只能是被动接受旅游价格。

(2) 完全垄断旅游市场

在完全垄断市场中，买者众多，而卖者是唯一的，旅游市场上没有其他替代性旅游产品。所以，旅游企业对旅游产品的价格具有完全的控制权，自由定价，并实行差别价格，由此可获得更多的超额利润。

(3) 垄断竞争旅游市场

在垄断竞争市场中，旅游市场上的旅游产品既相似，又有所差别。由于旅游产品之间能够互相代替，因此存在竞争，替代性越强，竞争程度也越高。同时，又因为旅游产品有所差别，不是完全替代品，才形成垄断，差别性越强，垄断程度就越高。每个旅游企业既是竞争者，又是垄断者，所以，都可以对旅游价格施加影响，但每个旅游企业施加的影响有限，不能互相勾结，控制市场价格。

（4）寡头垄断旅游市场

在寡头垄断市场中，旅游企业数量非常少，为数不多的旅游企业控制了行业绝大部分旅游供给，他们对价格和产量都有很大的影响。任何一家的产量或者价格的变动都会影响整个旅游产品的价格和其他旅游经营者的销售量。因此，他们之间是相互依存，每个旅游企业在定价时又必须将竞争者的反应考虑在内。

3. 汇率变动

汇率是指两国货币之间的比价，即用一国货币单位来表示另一国货币单位的价格。当人民币贬值或外币升值时，如果用人民币表示的旅游报价不变，旅游客源国的旅游费用就会下降，旅游产品的实际价格会随之下降；而如果旅游企业生产旅游产品时使用了一部分国外的物质与劳务，旅游企业的成本会上升，且汇率跌幅越大，旅游企业增加的成本也越大。当人民币升值或外币贬值时，如果用人民币表示的旅游报价不变，旅游客源国的出国旅游费用就会增加，实际旅游价格会上升；如果旅游企业生产旅游产品时使用了一部分国外的物质与劳务，则旅游企业的成本就会下降，旅游外汇收入会相应增加。

4. 通货膨胀

通货膨胀是指由于流通中的货币供应量超过流通中的货币需求量而产生的物价普遍持续上涨的现象。

通货膨胀发生后，旅游企业的购买力会下降，旅游企业的各项成本增加，费用上升，旅游企业实际收入下降。若旅游产品价格不变，旅游产品的利润会减少，甚至亏本，此时，为增加或保持旅游企业利润，提高旅游产品价格在所难免。

另外，由于旅游产品提价，市场需求量会相应下降，因此，旅游企业在提价之前，必须认真分析并科学预测提价对旅游市场需求的影响，确定提价幅度，同时还要通过各种方法对旅游者说明提价的原因，并尽可能提高旅游产品与服务的质量，让旅游者接受新的旅游产品的价格。

5. 国家政策

旅游价格的高低及其变化直接受国家政策的影响。国家政策对旅游价格的影响主要有两种形式：一是最高限价，为了保护旅游者的利益，维护旅游企业的市场形象，政府往往规定旅游价格上涨的幅度，防止旅游经营者在旅游旺季时哄抬物价，牟取暴利。二是最低限价，为了保证旅游产品的质量以及旅游企业和国家的利益，政府往往规定旅游价格的最低限度，防止在旅游淡季或市场竞争激烈时，旅游企业纷纷大幅度降价，避免恶性削价竞争的后果。

任务分析

相对说来，旅游需求和旅游动机随季节的变化影响较大。在冬季，我国大部分地区尤其是北方地区比较寒冷，旅游需求减少，大部分的旅游活动不易进行，形成典型的旅游淡季，而春暖花开，气候转暖，旅游需求增加，形成旅游旺季。

为了调节淡旺季的旅游者数量，克服旅游供求的季节矛盾，案例中的北京城旅行社采取了旅游季节差价不仅是必要的，同时也是可行的。通过实行旅游淡旺季季节差价，可以促进旅游产品价值和使用价值的全面实现，从而有效地调节旅游供求关系。

相关知识

旅游差价与旅游优惠价的区别

当然，旅游差价和旅游优惠价从形式上看，都表现为一种价格上的差额，但实际上二者是存在着区别的。

首先，旅游差价是公开旅游价格；而旅游优惠价一般不公布于众，是旅游产品的生产者或经营者自行决定的，是企业的一种价格策略。

其次，旅游差价一般指旅游产品经营者的转卖价格。由于转卖，上一个环节不得不让利于下一个环节、或者某一地区经营上费用差别所致，而优惠价一般不是为了让其转卖，它直接给予消费者。

最后，旅游差价是以价值为基础，明确不同环节、地区、时间以及质量上的差异性而形成的价格差，而优惠价是在明码标价的基础上，针对不同的对象实行优惠，即不同消费对象便会有不同的优惠价格。

课外阅读

案例一　迪士尼产品

迪士尼（Disney）乐园是美国好莱坞著名动画片大师和制作家沃尔特·迪士尼设计创立的，并以它的名字命名。迪士尼乐园是一座主题乐园，主要由美国大街、冒险乐园、新奥尔良广场、熊的世界、幻想奇境、边境地界和明日世界等七大游区组成，其项目之丰富，科学技术之奇巧，规模之宏伟，设计之独特，无不令人眼花缭乱。美国本土的迪士尼、日本的迪士尼和欧洲的迪士尼（Euro Disney）现已成为全球最具魅力的主题乐园。但是，迪士尼的经营者在取得骄人业绩的背后也有失败的教训，其中之一就是欧洲迪士尼（法国）乐园价格策略的失败。

欧洲迪士尼的经营者在经营初期认为，其欧洲的竞争对手无法和迪士尼的声望和规模相比拟，所以把门票价格定的比竞争对手高了两倍左右，并且很少进行价格优惠和季节性的调整。他们还假设游客在欧洲迪士尼的二次消费水平会和美国迪士尼相当。但是和大多数美国人开车到乐园游玩的情况不同，欧洲旅游市场上长途客车和旅游经营商担任着重要的角色，欧洲迪士尼没有认识到这一点，因而很少在定价、订票系统上做出让步。

事实上，法郎对其他欧洲货币汇率的变化以及全欧洲范围内的经济衰退，使得欧洲迪士尼的门票价格显得异常昂贵。人们发现，去欧洲迪士尼并不比到佛罗里达(Florida)游览迪士尼的包价旅游便宜多少，而欧洲迪士尼还无法和佛罗里达迷人的气候相比拟。另外，昂贵的门票使得游客往往不太乐意再花太多的钱在食物、纪念品和其他商品上，人们宁愿步行很长一段距离到停车场野餐，也不愿意在公园里的餐厅就餐，人们害怕餐厅的食物会像门票一样的贵。这样，游客二次消费比他们估计的低了25%，加之游客数量较少，导致了欧洲迪士尼乐园经营初期严重的困难。

案例思考题：

欧洲迪士尼乐园初期经营失败的原因是什么？

任务结论

旅游价格是社会经济循环中的一个先行指标，旅游价格的高低会直接影响旅游者的购买行为，影响市场需求的变化。因此，作为旅游企业应该掌握旅游价格的构成和分类，并能顺应市场变化的规律，迎合旅游消费者的心理，灵活运用旅游差价、旅游优惠价等价格形式，让企业获得更加丰厚的利润。

项目二 旅游产品定价方法与策略探讨

任务一 制定旅游产品的定价目标

任务描述

优质低价——永不落伍的竞争法宝

广东某旅行社推出了广州—深圳—珠海“特惠团”，并提出了“感谢老朋友，照顾新朋友”的口号。这是在常规旅游路线的接待基础上，为感谢新老顾客推出的薄利多销并承诺保证质量的一种新的尝试。具体安排：第1天接团住广州；第2天乘车去珠海，游览市容、澳门外环岛、九州城、拱北免税店，晚上住珠海；第3天乘船去深圳，参观“锦绣中华”、民俗文化村、市容、国贸大厦；第4天在深圳中英街购物，下午走高速公路返回广州；第5天广州市内游，参观越秀公园、中山纪念堂、“尖沙咀”购物；第6天送站。全程包价888元/人。

旅游企业在制定旅游产品价格时，首先要考虑影响价格制定的诸因素，然后要采取适当的方法给本企业的产品定价。在基本价格的基础上，还要根据市场的供求状况适当地进行价格调整。

任务实施

一、旅游产品的定价方法

为了实现企业的定价目标，就要相应地采取适当的定价方法，给本企业的产品制定一个基本的价格，并在此基础上进行适当的调整。企业定价主要考虑产品成本、市场需求和竞争状况三个主要因素。

（一）成本导向定价法

成本导向定价法是指旅游企业在定价时，主要以成本作为定价依据的一种定价方法。由于旅游产品的种类繁多，各种不同的产品的生产成本计算上也有差异。因此，成本导向定价法可分为以下几种：

1. 成本加成定价法

成本加成定价法是在旅游产品的单位成本基础上加上一定比例的毛利而制订的销售价格。售价与单位成本间的差额即为毛利，俗称“加成”。毛利包括产品的营销费用、应纳的税金和预期的利润等。成本加成率是预期利润占产品总成本的百分比。成本加成定价法是成本导向定价法的基本形式，其基本公式为：

单位产品价格 = 单位产品成本 ×（1 + 成本加成率）

成本加成定价法的优点是简单、易行、应用历史悠久，在旅游企业市场营销中，主要用于制订旅行社产品、饭店餐饮食品的价格等。采用此种定价方法，必须事前能准确核算产品成本，并以社会平均成本为标准进行适当调整。否则按此种方法制定的产品价格会与市上同行业的同类产品价格相差悬殊。但是这种定价方法是典型的生产导向观念，只是从保证生产者一方的利益出发定价，忽视了市场需求、竞争、旅游消费者的心理等因素，难以使旅游企业获得最佳的经济效益。

2. 盈亏平衡定价法

这种方法又称保本定价法。是指旅游企业以盈亏分界点的总成本为依据来确定产品的价格。盈亏分界点是指企业在收支平衡、利润为零时的销售水平。其计算公式是：

$$p = v + f/q$$

式中：P 为产品保本价格；v 为单位产品的变动成本；q 为保本点销售量；f 为总固定成本。

例：某饭店有标准客房 120 间，饭店每天应摊销的固定成本为 10 800 元，预计客房出租率为 60%，每间客房的平均变动成本为 60 元，不考虑纳税，试计算该饭店盈亏平衡点的价格水平应是多少？

解：根据计算公式

$$p = 60 + 10\,800/(120 \times 60\%) = 210 \text{ 元}$$

该企业客房每标准间按 120 元的价格出售，企业不会亏损，也没有盈利，收支平衡。这里保本出租率是 60%，如果企业出租率提高，企业便会有盈利，反之，若达不到 60% 的出租率，企业便会发生亏损。

保本定价法的意义在于，以一定价格水平与相应产量相结合给出企业产品产量的盈亏点，使企业明确在一定价格下，应达到多少销量以上企业才能盈利，这里期望达到的销量是最关键的因素。

3. 边际贡献定价法

此种方法又称变动成本定价法，即企业在定价时只计算变动成本，不计算固定成本，只要价格高于单位产品的变动成本，就可以继续生产和销售，否则就应该停止销售，单位产品的预期收入高于变动成本的部分即为边际贡献。其计算公式为：

单位产品的价格 = 单位产品的变动成本 + 边际贡献 =（总预期成本 + 预期目标贡献）/销售量

边际贡献定价法是旅游企业在特殊时期尽量减少亏损，而不是以盈利为目的的一种定价方法。由于边际贡献会小于、等于或大于固定成本，所以企业会出现亏损、保本或赢利三种情况。

如果饭店的每标准间的总成本为 120 元/日，其中变动成本为 50 元/日，固定成本为 70 元/日，如按原来的定价无法销售，而价格降到 90 元/日，便有旅客接受，如果按此价格销售每间实亏 30 元，但不销售每天则亏 70 元，因此，还是出售为好。这样，出售收益 90 元/日，不仅补偿了变动成本 50 元/日，还有边际贡献 40 元/日，即可以补偿固定成本 40 元/日，当然，如果售价低于 50 元/日，还是不卖为好。

以成本导向定价的三种具体方法，实际上是介绍了企业在盈利点、保本点和亏损点上的三种定价法。三种方法在市场条件不断变化中，可以根据情况适时选择。另外，在这些方法中，我们没有充分考虑企业的纳税因素。在实际工作中，旅游企业还要缴纳一定的税金，因此，在每种方法的实际应用中，还应包括纳税因素。

（二）需求导向定价法

需求导向定价法，是以市场对旅游产品需求的强度和旅游消费者对产品价值的理解程度来确定产品价格的一种方法。其定价的主要依据不再是产品的成本因素，而是市场的需求强度和消费者对产品价值的理解程度。同样的产品，市场需求量大，消费者偏好程度高，价格就可以定得高些；反之，就应降低价格。需求导向定价的具体方法很多，主要有习惯定价法、反向定价法和差别定价法。

1. 习惯定价法

某些旅游产品，由于旅游者长期的购买使用，产品的特性和原有价格已经被消费者认可和接受。因此，企业在开发出新的旅游产品向市场提供时，不管新产品的生产成本变化如何，只要此种产品的基本功能没有发生很大变化，就不要轻易地改变其价格，因为涨价可能引起旅游者对新产品购买的抵制，影响销售量，而降低价格又会引起消费者对产品质量的怀疑。比如一些新旅游景点的门票价格，旅游者经常购买的某些旅游纪念品的价格等等，往往都是依消费者习惯而确定的。

2. 反向定价法

反向定价法，又称可销价格倒推法，是指企业根据产品的市场需求状况，通过价格预测和试销、评估，先确定消费者可以接受和理解的零售价格，然后倒推批发价格和出厂价格的定价方法。这种定价方法的依据不是产品的成本，而是市场的需求定价，力求使价格为消费者所接受。价格的具体测定方法如下：

（1）主观评估法。由企业内部有关人员参考市场上的同类产品，比质比价，结合考虑市场供求趋势，对产品的市场销售价格进行评估确定。

（2）客观评估法。由企业外部的有关部门和消费者代表，对产品的性能、效用、寿命等方面进行评议、鉴定和估价。

（3）实销评估法。以一种或几种不同价格在不同消费对象或区域进行实地销售，并采用上门征询、问卷调查、举行座谈会等形式，全面征求消费者的意见，然后判明试销价格的可行性。

分销渠道中的批发商和零售商多采取这种定价方法。采用这一定价法时，需要对产品的市场容量和商品的价格弹性有一个大体的估计，并且企业的目标利润是确定的。这才能确保反向定价在实践上可以完成。

3. 差别定价法

差别定价法又称需求差异定价法，是指根据销售的对象、时间、地点的不同而产生的需求差异，对相同的产品采用不同价格的定价方法。事实上，这种价格差异的基础是：顾客需求、顾客的购买心理、产品样式、地区差别以及时间差别等，采用这种方法定价，一般是以该产品的历史定价为基础，根据市场需求变化的具体情况，在一定幅度内变动价格。这种方法的具体实施通常有四种方式：

（1）基于顾客差异的差别定价

这是根据不同消费者消费性质、消费水平和消费习惯等差异，制定不同的价格。如会员制下的会员与非会员的价格差别；学生、教师、军人与其他顾客的价格差别；新老顾客的价格差别；国外消费者与国内消费者的价格差别等可以根据不同的消费者群的购买能力、购买目的、购买用途的不同，制定不同的价格。

（2）基于不同地理位置的差别定价

由于地区间的差异，同一产品在不同地区销售时，可以制定不同的价格。例如班机与轮船上由于舱位对消费者的效用不同而价格不一样；电影院、戏剧院或赛场由于观看的效果不同而价格不一样。

（3）基于产品差异的差别定价

质量和规格相同的同种产品，虽然成本不同，但企业在定价时，并不根据成本不同按比例定价，而是按外观和式样不同来定价。这里定价所考虑的真正因素是不同外观和式样对消费者的吸引程度。比如说，营养保健品中的礼品装、普通装及特惠装三种不同的包装，虽然产品内涵和质量一样，但价格往往相差很大。

（4）基于时间差异的差别定价

在实践中我们往往可以看到，同一产品在不同时间段里的效用是完全不同的，顾客的需求强度也是不同的。在需求旺季时，商品需求价格弹性较小，可以提高价格，需求淡季时，价格需求弹性较高，可以采取降低价格的方法吸引更多顾客。

实施差别定价法是有条件的。一般而言，必须是市场细分之后，细分市场在不同的条件下表现出的需求强度有明显的差别。同时，实行差别定价，尤其是针对不同的旅游消费者实行的差别定价，往往会引起消费者的不满。因此，实行差别定价必须以不引起消费者反感为条件。

需求导向定价法能考虑消费者的因素，体现企业以市场为中心的营销观念，如果应用妥当，能使产品价格符合市场实际情况，但是这种方法的应用较为复杂，需要进行深入的市场调研，而要准确地确定消费者对产品价格的认同情况，是一件相当困难的工作。

（三）市场竞争导向定价法

竞争导向定价法是企业通过研究竞争对手的生产条件、服务状况和价格水平等因素，依据自身的竞争实力，参考成本和供求状况来确定商品价格。以市场上竞争者的类似产品的价格作为本企业产品定价的参照系的一种定价方法。竞争导向定价主要包括：

1. 随行就市定价法。在垄断竞争和完全竞争的市场结构条件下，任何一家企业都无法凭借自己的实力而在市场上取得绝对的优势，为了避免竞争特别是价格竞争带来的损失，大多数企业都采用随行就市定价法，即将本企业某产品价格保持在市场平均价格水平上，利用这样的价格来获得平均报酬。此外，采用随行就市定价法，企业就不必去全面了解消费者对不同价差的反应，也不会引起价格波动。

2. 产品差别定价法。产品差别定价法是指企业通过不同营销努力，使同种同质的产品在消费者心目中树立起不同的产品形象，进而根据自身特点，选取低于或高于竞争者的价格作为本企业产品价格。因此，产品差别定价法是一种进攻性的定价方法。

3. 密封投标定价法。在国内外，许多大宗商品、原材料、成套设备和建筑工程项目的买卖和承包以及出售小型企业等，往往采用发包人招标、承包人投标的方式来选择承包者，确定最终承包价格。一般来说，招标方只有一个，处于相对垄断地位，而投标方有多个，处于相互竞争地位。标的物的价格由参与投标的各个企业在相互独立的条件下来确定。在买方招标的所有投标者中，报价最低的投标者通常中标，它的报价就是承包价格。这样一种竞争性的定价方法就称密封投标定价法。

市场竞争导向定价法的优点在于考虑到了产品价格在市场上的竞争力。缺点是过分关注在价格上的竞争，容易忽略其他营销组合，可能造成产品差异化的竞争优势；容易引起竞争者报复，导致恶性地降价竞争，使公司毫无利润可言；实际上竞争者的价格变化并不能被精确的估算。

任务分析

案例中的“感谢老朋友，照顾新朋友”，是一个温情脉脉的口号。“朋友”一词，拉近了经营者与消费者的距离。大家是朋友，旅行社为游客的旅游活动提供服务，为与游客共同度过这一段难忘的旅游生活而努力。大家是朋友，即使旅游者感到亲切，又符合旅游业经营的基本文化底蕴，无疑是开拓新客源和争取回头客的有力措施。

但仅有口号远远不够，只靠口号是少有客户来买账的。本例的成功之处在于优质的线路和高质量、低价格的方案。游客实实在在地感受到了优惠，感受到了物有所值。如果没有这些措施，空造声势，变换花样，只是“堤内损失堤外补”，或者只是通过降低服务质量来追求相对低廉的价格，游客只会有上当受骗的感受，只会有“买家不如卖家精”的感叹，结果当然是弄巧成拙。价格竞争永远是市场竞争的一种有效手段。本例的优质低价和薄利多销，是在常规旅游线路基础上推出的一个优惠方案，是一种促销方案。这种有促销意义的特殊方案，通常还会有一定的执行时间，通过特定线路的综合让利提高市场占有份额，在实战中收效很好。

任务二　掌握旅游产品的定价策略

任务描述

怎样定价好

天丰国际旅行社在对市场进行调查后，决定推出新加坡—马来西亚—泰国“难忘良宵——蜜月旅游”线路。在制定价格时，该社的市场部出现了两种截然相反的意见。一种意见认为，应该采用渗透定价策略和尾数定价法，将每对新婚夫妇的旅游包价定为8 999元人民币，这样可以吸引更多的旅游者报名参加；另一种意见则主张采用撇脂定价策略和整数定价法，将价格定为每对夫妇10 000元人民币，认为这样可以使旅游者认为旅行社安排的旅游服务一定是货真价实，可以放心地报名参加。经过反复讨论，最终决定采用后一种定价策略。该产品推向市场后，报名参加的人数并不多，但是旅行社却收益颇丰。

任务实施

一、旅游产品的定价策略

旅游产品的定价策略是指旅游企业为了达到企业的经营目标，在制定价格时采取的计策和谋略。旅游企业必须根据旅游市场的具体情况，从定价目标出发，采用灵活多变的定价策略，才能适应不断变化的市场需要，实现企业的经营目标。常用的定价策略主要有如下几种：

（一）新产品的定价策略

一种新产品投入市场应当如何定价，这是任何企业都将遇到的问题。新的产品投入市场后能否受到旅游消费者的欢迎，除了产品自身的因素外，其定价策略也起着十分重要的作用。

1. 撇脂定价策略

撇脂定价策略又称高价策略即将产品的价格定得较高，尽可能在产品生命初期，在竞争者研制出相似的产品以前，尽快地收回投资，并且取得相当的利润。然后随着时间的推移，在逐步降低价格使新产品进入弹性大的市场。一般而言，对于全新产品、受专利保护的产品、需求的价格弹性小的产品、流行产品、未来市场形势难以测定的产品等，可以采用撇脂定价策略。

应用这种定价策略应具备的条件是：此种旅游产品比以往的同类产品有明显的优势、或者是独具特色的并为消费者乐意接受的新产品。新产品的短期需求价格弹性较小，由于收入较高的早期购买者对价格不太敏感，愿意支付较高价格，所以短期内竞争对手不可能出现，不可能推出与其性能相似的产品。

撇脂定价策略的优点是：除迅速收回投资和短期内实现利润最大化之外，由于高价，给以后降低价格留有很大的空间余地；通过高价，可以调节市场上的需求数量，避免新产品断货脱销，供不应求；高价格还可以提高产品身价，树立企业形象。这种定价策略的缺点是：高价可能引起消费者反感甚至抵制，从而影响销路，不利于市场开拓；高价、高利会迅速招致众多的竞争者出现。因此，采用这种价格策略，一般不宜长期使用，而只能是一种短期的价格策略。

2. 渗透定价策略

渗透定价策略又称为低价策略、薄利多销策略，是指企业在产品上市初期，利用消费者求廉的消费心理，有意将价格定得很低，使新产品以物美价廉的形象，吸引顾客，占领市场，以谋取远期的稳定利润。

渗透定价策略的优点是：通过低价策略，可以迅速地打开市场销路，增加销售量，扩大市场占有率，并能有效地阻止竞争者进入市场。其缺点主要是：由于产品定价很低，在短期内无法获得足够的利润来弥补产品的投资，因而，生命周期短的产品不宜采用这一策略。另外，产品价格定得太低，易使消费者怀疑产品的质量欠佳，往往使企业的社会形象难以树立。

3. 满意定价策略

满意定价策略是介于撇脂定价策略与渗透定价策略之间的中位定价策略。一般是按行业平均利润和价格水平来制定价格。这种定价策略，兼顾了供给者与需求者双方的利益：一方面会使企业有稳定的收入；另一方面又使消费者满意，有稳定的购买者，因而各方面都会满意。此种策略易于被广泛采用，但是采用此种策略也有不足之处：由于产品的定价是被动地适应市场，而不是积极主动地参与市场竞争，因此，可能使企业难以灵活地适应瞬息万变的市场状况。

（二）心理定价策略

心理定价策略是指企业在定价时利用消费者心理因素，有意识地将产品价格定得高些或低些，以满足消费者生理的和心理的、物质的和精神的多方面需求，通过消费者对企业产品的偏爱或忠诚，扩大市场销售，获得最大效益。

1. 尾数定价策略

尾数定价，也称零头定价或缺额定价，即给产品定一个零头数结尾的非整数价格。大多数消费者在购买产品时，尤其是购买一般的日用消费品时，乐于接受尾数价格。如0.99元、9.98元等。消费者会认为这种价格经过精确计算，购买不会吃亏，从而产生信任感。同时，价格虽离整数仅相差几分或几角钱，但给人一种低一位数的感觉，符合消费者求廉的心理愿望。这种策略通常适用于基本生活用品。

2. 整数定价策略

整数定价与尾数定价正好相反，企业有意将产品价格定为整数，以显示产品具有一定质量。整数定价多用于价格较贵的耐用品或礼品以及消费者不太了解的产品，对于价格较贵的高档产品，顾客对质量较为重视，往往把价格高低作为衡量产品质量的标准之一，容易产生“一分价钱一分货”的感觉，从而有利于销售。

3. 声望定价策略

声望定价即针对消费者“便宜无好货、价高质必优”的心理，对在消费者心目中享有一定声望，具有较高信誉的产品制定高价。不少高级名牌产品和稀缺产品，如豪华轿车、高档手表、名牌时装、名人字画、珠宝古董等，在消费者心目中享有极高的声望价值。购买这些产品的人，往往不在意产品价格，而最关心的是产品能否显示其身份和地位，价格越高，心理满足的程度也就越大。

4. 招徕定价策略

这是适应消费者“求廉”的心理，旅游企业在某一很短的时期内，将少数几种产品价格定得低于一般市价，个别的甚至低于成本，以吸引顾客、扩大销售的一种定价策略。采用这种策略，虽然几种低价产品不赚钱，甚至亏本，但从总的经济效益看，由于低价产品带动了其他产品的销售，企业还是有利可图的。

5. 习惯定价策略

有些产品在长期的市场交换过程中已经形成了为消费者所适应的价格，成为习惯价格。企业对这类产品定价时要充分考虑消费者的习惯倾向，采用“习惯成自然”的定价策略。对消费者已经习惯了的价格，不宜轻易变动。降低价格会使消费者怀疑产品质量是否有问题。提高价格会使消费者产生不满情绪，导致购买的转移。在不得不需要提价时，应采取改换包装或品牌等措施，减少抵触心理，并引导消费者逐步形成新的习惯价格。

（三）折扣定价策略

折扣定价策略是指企业对基本价格作出一定的让步，直接或间接降低价格，以争取顾客，维持和扩大市场销售额的一种策略。具体的形式有以下几种：

1. 数量折扣策略

数量折扣指按购买数量的多少，分别给予不同的折扣，购买数量愈多，折扣愈大。其目的是鼓励大量购买，或集中向本企业购买。数量折扣包括累计数量折扣和一次性数量折扣两种形式。累计数量折扣规定顾客在一定时间内，购买商品若达到一定数量或金额，则按其总量给予一定折扣，其目的是鼓励顾客经常向本企业购买，成为可信赖的长期客户。一次性数量折扣规定一次购买某种产品达到一定数量或购买多种产品达到一定金额，则给予折扣优惠，其目的是鼓励顾客大批量购买，促进产品多销、快销。

2. 现金折扣策略

现金折扣是对在规定的时间内提前付款或用现金付款者所给予的一种价格折扣，其目的是鼓励顾客尽早付款，加速资金周转，降低销售费用，减少财务风险。采用现金折扣一般要考虑三个因素：折扣比例、给予折扣的时间限制和付清全部货款的期限。

3. 功能折扣策略

中间商在产品分销过程中所处的环节不同，其所承担的功能、责任和风险也不同，企业据此给予不同的折扣称为功能折扣。对生产性用户的价格折扣也属于一种功能折扣。功能折扣的比例，主要考虑中间商在分销渠道中的地位、对生产企业产品销售的重要性、购买批量、完成的促销功能、承担的风险、服务水平、履行的商业责任以及产品在分销中所经历的层次和在市场上的最终售价等等。功能折扣的结果是形成购销差价和批零差价。

4. 季节折扣策略

有些商品的生产是连续的，而其消费却具有明显的季节性。为了调节供需矛盾，这些商品的生产企业便采用季节折扣的方式。季节折扣是指旅游企业在经营过程中，在产品销售淡季时给予旅游者一定的价格折扣。旅游产品经营的季节性很强，采用季节性折扣策略可以使旅游企业的设施和服务在淡季时能被充分利用，有利于旅游企业的常规经营。在西方国家中，很多饭店不仅在旅游淡季时采用打折的降价策略，而且在周末、周初和当空房数增多时也采用折扣的降价策略，以吸引家庭度假旅游者。

5. 回扣和津贴

回扣是间接折扣的一种形式，它是指购买者在按价格目录将货款全部付给销售者以后，销售者再按一定比例将货款的一部分返还给购买者。津贴是企业为非凡目的，对非凡顾客以特定形式所给予的价格补贴或其他补贴。比如，当中间商为企业产品提供了包括刊登地方性广告和设置样品陈列窗等在内的各种促销活动时，生产企业给予中间商一定数额的资助或补贴。又如，对于进入成熟期的消费者，开展以旧换新业务，将旧货折算成一定的价格，在新产品的价格中扣除，顾客只支付余额，以刺激消费需求，促进产品的更新换代，扩大新一代产品的销售。这也是一种津贴的形式。

任务分析

天丰旅行社采用撇脂策略进行定价是正确的。在现实社会里，绝大多数人将结婚看作一生中的重大事件，具有重要的纪念意义。参加这种旅游活动的是一个人数不多但是讲究享受的消费群体，他们往往更看重旅行社的品牌、服务的质量等，而不是价格。另外，对于旅行社来说，尽管参加这种旅游活动的人不是很多，但是他们付出的价格较高，所以旅行社的实际利润并不低。

相关知识

价格管理是国民经济管理的重要组成部分。国家管理经济的一个重要职能是对市场实施价格治理，旅游市场的价格监督检查是国家实施价格管理的具体措施。

一、旅游价格管理的作用

（一）促进旅游市场机制的正常运转

市场机制是资源有效配置的基本机制之一。价格是市场机制的核心，但是必须看到，完全自由的价格调节并不能保证价格体系的合理化，价格异常波动极易导致价格体系的崩溃，导致资源配置的失衡。因此，国家必须采取有效的管理措施，对市场价格的运行实施一定程度的干预，以保证市场体制的正常运转，维护市场竞争的正常进行。

（二）防止旅游市场价格大起大落

旅游业是十分敏感的行业，由于某种原因而导致市场供求关系发生急剧变化的现象会经常发生，从而造成旅游价格的大起大落，这对于社会经济正常运行和旅游业的稳定发展都是极其不利的。

前几年我国做出了兴建长江三峡电站的决策后，由于舆论上的误导，全国三峡游热浪使长江的游轮价格急剧上涨，很多企业都相继建造了豪华游轮投入长江旅游热线中。结果，当热浪过后，旅游客源急剧下降，几折的船票也无人问津，很多企业因此蒙受了巨大损失。从社会总体上看，这不仅仅是个别旅游企业的损失，而是给旅游业的稳定发展带来了不利的影响。因此，政府对旅游市场价格进行有效的管理，给予正确的引导，是完全必要的。

（三）保护广大消费者的利益

在激烈的市场竞争中，一些企业往往不是采用正常手段去获取利益，而是采取一些不正常的手段牟取暴利。如价格欺骗是某些旅行社在经营中经常采用的手段。由于旅游活动的异地性，旅游者一旦参加了某一旅游团，他对产品购买的选择权就已结束，在旅游活动中旅行社是否能真正实现原有的承诺，旅游者在购买时是无法得到证实的。因此，为了防止旅游活动中的宰客现象发生，维护旅游者的利益，政府有关部门必须旅游价格进行有效的管理和监督。

二、旅游价格管理的形式

（一）市场调节价

市场调节价是指由经营者自主制定，通过市场竞争形成的价格。这种独立主体就是市场经济条件下自负盈亏、自主经营的经营者，他们依据生产经营成本和市场供求状况等决定自己经营商品的价格。

（二）政府指导价

政府指导价是指由政府价格主管部门或者其他有关部门，按照定价权限和范围规定基准价及其浮动幅度，指导经营者制定具体价格。

（三）政府定价

政府定价是由政府价格主管部门或者其他有关部门，按照定价权限和范围制定的价格。

三、旅游价格监督检查

旅游价格的监督检查是指县以上各级人民政府价格主管部门及受其委托的组织对管理相对人执行价格法律、法规、规章和政策情况进行的监督检查活动。

价格监督检查的主要内容包括：

（一）监督检查价格法律、政策的执行情况，及时纠正和处理价格违法行为，大力宣传，加强各方面自觉守法的意识，维护其严肃性。

（二）监督中央和地方各项价格调控措施的贯彻落实，确保价格改革和管理任务的实施。通过查处各种价格越权行为和价格违法行为，推动和保障价格调控措施贯彻落实，从而保证各项任务的顺利实现。

（三）建立完善的价格监督检查网络，有效地规范价格行为。

课外阅读

案例　旅游价格普遍大降，错开高峰期是明智的选择

每年的8月历来是旅游的旺季，各大旅行社常常忙作一团，且各条旅游线路的价格也会水涨船高。但是今年有点例外，各家旅行社的旅游价格都在大降，出现了旅游淡季。而业内人士表示，其实现在是个出游的好时机，一方面可以只用较少的钱去旅游；另一方还能因旅游人数不多而享受更优质的服务。

据了解，奥运会期间，昆明大理丽江常规6日游由原来的3 800元降到了3 000元左右；而张家界5日游比上一周便宜了150元左右；三亚游也迎来降价潮，仅机票就将下调200多元。

昨日，记者致电绍兴招商国际旅行社，接电话的负责人说，现在价格降了，比如昆明大理丽江双飞6日游线已经降到2 850元。记者发现，这比绍兴招商国际旅行社网站上7月份3 390元/人的报价整整降了540元。

"旅游价格大降是多种因素造成的，现在正是奥运比赛如火如荼进行的时候，许多人都守在家里看奥运比赛，因此出行的人少了，造成普遍的客源不足。"绍兴中铁旅游有限公司总经理徐铭蔚分析原因时说。加上奥运期间，好多单位都规定不外出旅游，造成出游的人大幅减少，旅游价格有所回落。这个现象不单绍兴有，各地情况也差不多。

业内人士表示，其实如今是个出游的好时机。旺季不旺，使得各大旅行社价格回落，市民可以用较少的钱去旅游，而且旅游的人数不多，旅行社的服务质量也会相对提高。现在已经是8月份了，接下去的9月份台风比较多，不太适合旅游，所以抓住这个机会，错开高峰去旅游，是最明智的选择。

案例思考题：

1. 旅游价格下降的主要原因是什么？
2. 旅行社应该如何利用旅游价格获得较好的经济效益？

任务结论

通过对旅游价格构成的学习，结合旅游企业的定价目标，熟练运用旅游产品的定价方法，掌握旅游产品的定价策略。

课堂训练与测评

1. 联系实际谈谈你对定价策略的看法。
2. 举例说明旅游价格对旅游景区经济发展的影响。

参考文献

1. 周振东. 旅游经济学［M］. 大连：东北财经大学出版社，1999.
2. 陶汉军. 旅游经济学简明教程［M］. 上海：上海财经大学出版社，2005.
3. 田里，牟红. 旅游经济学［M］. 北京：清华大学出版社，2007.
4. 崔晓文. 旅游经济学［M］. 北京：清华大学出版社，2009.

模块八

旅游产业结构与产业政策

学习目标

熟悉旅游产业结构的概念和分类；掌握旅游产业结构优化的策略；了解旅游产业政策的特征和内容。

实训目标： 分析某一城市的旅游产业结构特征，找出不足并提出优化产业结构的策略。

项目一　认识旅游产业结构

任务一　旅游产业结构的概念和分类

任务描述

旅游热使西藏产业结构更加优化

近年来，随着交通条件的改善，神奇的西藏吸引了大批国内外游客，旅游业迅猛发展。2010 年，西藏接待国内外游客 685 万人次，是 2005 年的 3.8 倍，实现旅游总收入 71.4 亿元，是 2005 年的 3.7 倍，相当于全区生产总值的 14%。

在西藏，曾长期流传着“进藏难，进阿里尤为不易”的说法。然而，记者最近走访时发现，拉萨通往阿里的一千多公里公路已经升级改造成柏油马路。阿里昆莎机场建成后，从拉萨到阿里每周有两个往返航班，使得日益升温的西藏风情游向阿里等西藏腹地延伸。

距离拉萨 1 600 多公里的阿里地区札达县成为不少国内外游客的旅游目的地。这里连绵起伏的奇特土林地貌、神奇的西藏象雄文化、别具一格的古格王朝遗址和古格王朝宫廷舞蹈玄舞等令人神往。

“阿里旅游的春天来了！”阿里地区札达县旅游局局长晋美旺久感慨，前几年，阿里地区的道路条件较差，到扎达县旅游的人多为探险者和考察地质的专家，人数非常有限。去年以来，越来越多的普通游客来到这里。2010年，全县旅游收入增至400万元，旅游业带动产生的GDP已占全县GDP的30%以上。借助交通条件的改善，阿里、日喀则等地区的一些县开始大力发展旅游业及其服务业。阿里地区日土县原来虽有美丽的班公湖、神奇的岩画等独特的景致，但受交通条件限制，旅游业并不兴旺，全县2010年旅游业收入仅80万元。今年上半年，日土县的旅游业收入已有较大起色。目前城郊正在修建富有民族特色的度假村。作为从拉萨到阿里的必经之地，日喀则地区仲巴县、萨嘎县也抓住旅游热机遇，延伸餐饮、住宿等服务产业链。在219国道旁的仲巴县帕羊镇看到，从拉萨、日喀则赶往阿里的游客大都在这里停车进餐，十几家餐馆生意兴隆，已成为神奇阿里游的一大中途服务基地。当地一些农牧民还在路边新建房屋。

西藏自治区近年来转变经济发展方式，提出了"第一产业上水平、第二产业抓重点、第三产业大发展"的发展思路，产业结构更趋合理，特别是旅游业发展迅猛。阿里地区行署专员达瓦扎西说："由于旅游热的推动，阿里地区的三大产业比重已由1978年的69:8:22调整为2010年的20:25:55，呈现出生产、消费两轮驱动和三大产业协调发展的新局面。"

从上面的案例我们可以看出旅游业的发展对西藏产业结构的调整起到重要作用，那么什么是产业结构？什么是旅游产业结构？

任务实施

一、产业结构与旅游产业结构

（一）产业结构

产业结构，是按照产业部门分类形成的社会生产结构。从国民经济系统看，不同的分类方法可以将国民经济体系划分为不同的产业结构，而主要的

分类方法有以下几种：

1. 按再生产理论分类

按照再生产理论，可将社会生产划分为生产资料生产和生活资料生产两大部类，每一部类生产的价值都可分为不变资本、可变资本和剩余价值三部分，即c+v+m。通过分析两大部类之间错综复杂的关系，揭示了实现简单再生产和扩大再生产的条件，从而为科学地划分产业部门和建立合理的产业结构提供了基本的理论和方法。

2. 按社会分工分类

按照社会分工方法，可将社会生产划分为第一产业、第二产业和第三产业。第一产业是大农业（包括采掘业）；第二产业是加工业和建筑业；第三产业是第一、二产业以外的，以服务业为主的其他产业。三次产业分类方法突出了以服务业为主的第三产业在社会经济中的重要地位和作用，揭示了产业结构演进的规律性和经济发展的内在联系，为产业结构的合理化提供了科学的理论指导。

3. 按产业发展顺序分类

按照产业发展顺序，可将社会生产划分为基础产业、先导产业和支柱产业。基础产

业，是指为社会生产提供必需条件的基础设施和服务的生产部门，如交通、能源、邮电、通讯和教育部门等；先导产业，是指能够带动和引导整个国民经济发展的关键部门；支柱产业，是指在国民经济中具有重要地位，并对经济发展产生重大推动和支撑作用的部门。

4. 按生产要素分类

按照生产要素投入，可将社会生产分为劳动密集型产业、资本密集型产业和技术（知识）密集型产业。这种产业结构分类可视不同时期经济发展水平、条件和目标而有所侧重，但一般规律是逐渐从劳动密集型向资本密集型和技术密集型发展。

5. 按产业发展阶段分类

按照产业发展阶段，可将社会生产分为传统产业和新兴产业。新兴产业适应经济发展的要求，代表了产业发展的方向，因而应大力发展；传统产业逐渐不适应经济发展的要求，因而要逐步改造或淘汰。

（二）旅游产业结构

旅游产业结构是指旅游产业各部门、各地区以及各种经济活动的各环节的构成及其相互比例关系，是旅游经济的构成要素在社会供求关系及旅游经济运行中形成的相互联系。

旅游产业结构是一个动态的概念，旅游产业的不断发展使得旅游产业结构不断变化，旅游产业结构的不断合理化、高级化又会推动旅游产业的进一步发展。

对旅游产业结构可以从以下几方面深入理解：

第一，旅游产业结构反映的是旅游经济各个产业之间的生产、技术、经济联系。从旅游产业生产联系来说，在旅游经济内部，每一个产业的经济活动都是以其他产业的经济活动为基础的，经济规模的变化也都是与其他相关产业经济的变化相联系的。

第二，旅游产业结构也是一种产业间的数量比例关系。从旅游投入来说，旅游产业结构反映了各类经济资源和要素在旅游经济的各个产业之间的配置状态，如资金、劳动力在各个产业的分布。从旅游产出来说，旅游产业结构反映的是旅游经济总产出在各个产业之间的分布，如某个特定时期内旅游总收入、旅游总利润在各个产业中的分布情况。

第三，旅游产业结构是旅游产业实际运行的结果，是旅游产业运动的静态反映。通过对旅游产业结构的研究，可以进一步分析和研究旅游产业运行过程中的问题，建立合理的旅游产业结构体系，为运动过程中的旅游产业提供科学的发展方向。

第四，旅游产业结构也是我国国情在旅游产业运动中的具体表现。旅游产业结构是一个国家政治、经济、自然、社会等条件共同影响的结果，什么样的国情创造什么样的旅游产业结构。从这个意义上讲，对特定阶段的旅游产业结构进行研究，就是对我国具体国情对旅游产业运动制约与动力问题的研究，通过对这一问题的研究，可以寻求一条符合我国国情的具有中国特色的旅游产业发展道路。

二、旅游产业结构分类

旅游产业的多层次性和多样性使得旅游产业结构呈现多样化的特点。旅游产业结构主要有旅游产业部门（行业）结构、地区结构、组织结构、产品结构和所有制结构等。各种旅游产业结构纵横交错和前后延伸构成了旅游产业结构网络体系。旅游产业结构是一个动态的概念，旅游产业的不断发展使得旅游产业结构不断变化，旅游产业结构的不断合理化、高级化又会推动旅游产业的进一步发展。

旅游产业结构分类

1. 旅游产业的部门结构

旅游产业的部门结构是指在旅游产业经济运行中所形成的各个行业、部门之间的比例关系及其相互作用关系。它是旅游产业结构中最基本的结构，包括旅游交通、旅游游览、旅游住宿、旅游餐饮、旅游购物、旅行社、娱乐等部门，这些部门按递进关系横向构造旅游产品形成旅游产业链、满足旅游者在旅游活动中的行、游、食、住、购、娱等各种基本旅游需求。

2. 旅游产业的地域结构

旅游产业的地域结构是指各地区的旅游产业在当地经济和全国旅游产业中的地位，它们之间的相互关系以及相应的资源配置。合理的地域结构是科学的旅游产业结构体系的重要内容，它显示在旅游规划区内旅游资源的合理配置与协调，我国地大物博，不同地区存在自然、社会、经济、历史、政治、文化等多方面的差异，特别是旅游资源条件和经济发展水平的不平衡，导致旅游产业发展水平存在较大的差异，旅游资源条件与旅游产业发展水平并不一致。

3. 旅游产业的组织结构

旅游产业的组织结构是指构成旅游产业结构的各行业、部门机构和旅游企业机构的设置以及旅游企业的规模等。它一般包括旅游行业组织机构、旅游企业规模结构以及旅游企业内部的组织结构等。我国旅游产业发展起步晚，旅游企业规模偏小，旅游企业现代企业制度建设滞后等旅游产业结构方面存在的问题比较多，影响了旅游产业经济效益的提高和旅游企业市场竞争力的提升。要加快旅游企业现代企业制度建设的进程，理顺产权关系，明确责权利；旅游产业经营上实现大型旅游企业集团化、中型旅游企业专业化、小型旅游企业网络化经营的经营战略，走规模化经营、质量型经营、效益型经营的发展道路。

4. 旅游产业的产品结构

旅游产业的产品结构是指旅游产业经济运行过程中，满足旅游者的各种旅游产品的构成及各种旅游产品之间的相互关系。随着旅游产业进一步发展，旅游市场需求的不断变化，旅游者对旅游产品的需求呈现出多样化和个性化趋势。

5. 旅游产业所有制结构

旅游产业所有制结构主要是指旅游产业经济运行过程的各种所有制成分在旅游产业经济中的地位、作用及相互关系。

旅游产业结构是一个动态的概念，旅游产业不断发展旅游产业结构也不断变化，不同类型的旅游产业对应着不同类型的旅游产业结构。按照旅游产业的发展阶段可以将旅游产业结构划分为起步型、成长型、成熟型和衰退型旅游产业结构；按照旅游产业的区位特征可以将旅游产业结构分为景区型和都市型；鉴于旅游需求对旅游产业结构存在的最直接最根本的影响，根据旅游客源市场的特征将旅游产业结构划分为国内和国际两种。

三、旅游产业结构分级

旅游产业结构依其形态依次分为五级。

一级形态：分离产业形态——观光、游乐为核心，各自独立；

二级形态：多元产业形态——满足多种需求各类产品出现，形成观光、游乐、美食、修学、康体、娱乐、其他休闲等多元结构形态；

三级形态：一体化产业形态（或目的地形态）——以旅游目的地为核心打造的一个旅游多要素、多层面混合的进行区域开发的形态；

四级形态：度假产业形态——以较长时间的工作与度假分离节奏安排为基础，私人度假资产的普及为依托，形成的产业形态；

五级形态：生命体验形态——当旅游开发达到一个非常高的境界的时候，不再是作一个简单的产品，而是在作一种人类生存方式和生命体验形成的旅游开发模式，这也是我们作旅游策划人追求的一个目标——能够开发一种生活方式。比较典型的例子就是丽江古城模式，去丽江古城不仅仅是看它的阿西古乐，瞧它的古建筑，你不仅对它的民俗感兴趣、对它的旅游商品感兴趣和你对它的商业感兴趣，还有就是你对它的酒吧文化感兴趣，而丽江的酒吧文化是种非常奇特的东西，一种城市休憩方式中出现的方式，包括有外国人参与的方式与民俗文化风格相结合而形成的文化内容，所以很多人到丽江会呆下来，待一个星期，甚至留在丽江开酒吧，他们在追求一种文化，一种体验另外生命的生活方式，包括夏威夷、拉斯维加斯这些著名的地方，都是一种生命新的体验的方式，特别是拉斯维加斯这个地方，以博彩业为中心形成了一个极尽奢华的完全新型的生活方式。

从规模上、从一体化的形式上、到一种境界的提升上逐渐地构成了这么多旅游产业的结构形态，这是一个逐步进步的进化结构，这是旅游产业纵向发展的进化论。

任务二 探索旅游产业结构优化的策略

任务描述

洛阳：丰富旅游内容 优化产业结构

发展旅游，合理的产业结构非常关键。那么，旅游资源得天独厚的洛阳，应重点拓展哪些旅游产品？如何优化旅游产业结构？市旅游、文物等部门有关人士，纷纷围绕这一话题发表看法。

1. 可深度消费的复合型旅游产品偏少

“我市的旅游产品结构有待提升得更为合理。”市旅游局局长魏立峰坦言，目前，我市旅游仍以龙门、白马寺、小浪底、重渡沟等单一的观光型旅游产品为主，缺乏高端的休闲度假型和复合型旅游产品。同时，整个旅游业仍停留在依赖景点门票收入阶段，可供游客深度消费的旅游项目和产品偏少，游客互动型、可参与类、反复消费类旅游产品欠缺。

魏立峰说，与杭州、青岛等国内旅游发达城市相比，我市旅游产业的发展思路也相对滞后，仍停留在打造旅游城市的初级阶段，旅游综合消费水平低，旅游产品结构亟须调整。目前，我市星级饭店仅有87家，而西安有315家，郑州有215家。我市没有一家全国百强旅行社，没有国际知名酒店管理品牌进驻。

2. 开发新特产品丰富旅游内容

那么，如何优化调整旅游产业结构呢？“调整旅游产业结构，需大力推动洛阳旅游由观光型向休闲复合型转变，着力发展休闲旅游业。”市旅游局副局长林基建说，通过发展休闲旅游产业，延长游客在洛停留时间，拉长旅游产业链条，提高旅游业整体效益。

“为拉长产业链条，需要开发一批新特旅游产品。”魏立峰说，一是可以以“百村万户”旅游福民工程为载体，大力开发生态休闲度假旅游产品，重点打造重渡沟村、平乐村等特色农业观光休闲度假旅游产品和线路；二是可依托龙门山、九龙山、新安土古洞等丰富的温泉资源，着力开发温泉旅游产品；三是可积极策划推出山地吸氧、高山滑雪、漂流、探险、疗养等旅游产品，丰富我市的旅游内容。

“加快完善旅游基础设施也是关键。”林基建建议，突出抓好龙门石窟、白马寺、关林等景区及其周边的整体保护与开发，加快实施老城历史文化街区、汉魏洛阳故城国家遗址公园等重大旅游项目建设；加快推进市旅游服务中心建设进度，为游客提供食、住、行、游、购、娱服务。同时，大力完善标志系统，规划建设一批旅游停车场，服务自驾游游客。

3. 融合多个要素推进产业结构优化

为推动旅游产业优化升级，还需加快旅游业与其他产业的融合。“以产业融合促进服务业发展，也是我市旅游未来发展的应有选择。”魏立峰说，可加快旅游与文化融合，开发旅游演艺产品；加快旅游与文物融合，开发建设历史文化街区、设计大遗址旅游线路；加快旅游与体育融合，开发健身游和体育赛事游；加快旅游与商业融合，开发会展与商务游等。

市文物管理局局长刘德胜则认为，补齐我市目前旅游产业“短板”的关键，在于让旅游真正成为一个产业。他说，旅游是由多个要素构成的，吃、住、行、游、购、娱缺一不可。因此，我们在推动旅游产业结构优化升级时，就必须千方百计谋划出一条完整的产业链，从各个方面、各个环节满足不同游客的需求。“城市的提升必须建立在满足游客的需求上，而在整个产业运作上，最需要引入经营城市的理念。”

我们可以通过上述案例可以看出旅游产业结构对于旅游业的发展起到重要作用，从不同的角度我们可以提出多种优化旅游产业结构的方法，那么从哪些方面可以改善旅游产业结构？

一、旅游产业结构优化

旅游业是一个综合性经济产业，其产业结构不仅直接影响到旅游业的总量增长，而且对旅游业的发展水平和经济效益具有决定性的影响作用。旅游业的可持续发展，单有旅游产业规模扩张是不足以实现高速度、高效益的，还必须同时实现旅游产业结构的不断优化。从现代旅游业发展的实践看，旅游产业结构的优化越来越影响到整个旅游产业的发展速度、发展质量、发展规模和发展前景。面对新的国际竞争环境，研究新产业、大旅游的经济现象和知识经济条件下产业结构的优化、升级问题，将直接关系到一个国家或地区旅游产业能否得到健康、持续的发展。因此，如何优化旅游产业结构是旅游产业经济发展研究的重要内容。

1. 旅游产业结构合理化分析。旅游产业结构合理化，是指在现有技术基础上，旅游产业与其他产业之间、旅游产业内各行业之间保持符合产业发展规律和内在联系的比例关系，即旅游产业各行业之间有较强的协调性、互补性及和谐的配合，从而实现整个旅游产业的持续稳定协调发展，同时促进旅游产业在国民经济中的比重不断加大，保证旅游产业与其他产业协调发展。具体而言，它应包括以下几个方面的内容：

（1）旅游产业内部构成的合理化。从静态的角度分析旅游产业各行业之间的构成比例关系，也就是各行业之间是否形成有序的排列组合和相应的层次结构；是否能够相互配合、相互服务和相互促进；是否生产要素在各行业之间的投入比例相互合理和相互协调；是否整个旅游产业的综合生产能力得到相应提高。

（2）旅游产业发展规模和速度的合理化。从动态的角度分析旅游产业结构的内部协调性和外部适应性，在这里内部协调性分析在现有旅游产业结构基本合理的基础上，产业内各行业的增长速度是否相互协调和平衡，以避免过大差距而造成再生产过程中的结构失衡；外部适应性分析旅游产业的总体发展水平是否与国民经济发展的要求相适应，产业内各行业的发展速度和规模是否与旅游市场的需求和消费结构相适应。

（3）旅游产业结构演变的合理化。我们都知道，旅游产业结构的平衡是相对的，而变动是绝对的，因而旅游产业结构总是处于动态的变化之中。所以就要求分析旅游产业结构的动态变化是否协调，产业内各行业之间在动态化中是否相互适应和相互促进，尤其是从长期看旅游产业结构是否协调发展并不断向高度化演变。

为了科学地分析和评价旅游产业结构的合理化，可以利用旅游产业协调发展程度指标和旅游产业结构经济效益指标。旅游产业协调程度发展指标反映了旅游产业总体发展与国民经济发展的协调性及旅游产业内各行业适应社会需求的程度；旅游产业结构经济效益指标反映不同产业结构的经济效益对比，以评价旅游产业结构的合理性。

2. 旅游产业结构高度化分析。旅游产业结构高度化是指在旅游产业结构合理化基础上，充分利用科技进步和社会分工的优势，使旅游产业结构不断向资源深度开发、产出高附加值化的方向发展，从而不断提高旅游产业的技术构成，不断提高旅游生产要素的综合利用率，不断提高旅游产业的经济效益。因此，旅游产业结构高度化是以技术进步为标志，是一个不断创新发展的动态过程。具体讲，旅游产业结构高度化主要包括以下几个方面：

（1）旅游产出结构高度化。主要指在旅游业总产出中，高需求收入弹性、高附加值的行业产出比重明显提高，发展速度明显加快，并带动整个旅游业总产出迅速增加。

（2）旅游技术结构高度化。主要指科技进步在旅游经济中的作用明显提高，各种新兴技术、高技术在旅游业中的应用不断扩大；旅游产业内各行业之间的经济技术联系更加密切；旅游产业分工进一步深化，各行业之间的关联度进一步提高；技术进步对旅游经济的推动作用越来越强。

（3）旅游资产结构高度化。主要指资产结构适应旅游经济发展和需求结构变动而相应变动并合理化，旅游产业扩展与收缩具有越来越强的连锁效应；旅游产业规模经济进一步提高、企业组织创新加快，并呈现出大型化和综合化发展势头；旅游企业集团化经营和竞争日益加剧，并促使旅游产业结构变动的周期性日益减弱。

（4）旅游就业结构高度化。主要指适应旅游经济的快速发展要求，旅游业就业人数规模迅速增加；技术工人和脑力劳动者的比重不断提高；旅游就业结构的带动力不断增强，从而使旅游业的就业综合效应有较大幅度的提高。

（5）旅游经济运行高度化。主要指旅游产业结构对旅游市场需求的适应性显著增强；旅游也在满足各方面，各个层次需求的条件下，从整体上保持均衡、协调地发展，旅游产业成为推动国民经济增长的动力，其在国民经济中的地位不断提高。

3. 旅游产业结构合理化与高度化的关系。旅游产业结构的合理化与高度化既相互联系，又有区别，两者之间的联系和区别主要表现在以下几方面：

（1）旅游产业结构合理化是高度化的前提和基础。旅游产业结构高度化必须以旅游产业结构合理化为基础，没有旅游产业结构的合理化则其高度化就失去了依存的条件，不但不能促进旅游产业结构的协调发展，而且会引起旅游产业结构的失衡从而制约旅游业的发展。只有当旅游产业结构实现了合理化，并且其结构效益积累到一定水平之后，才有可能推进旅游产业结构向高度化发展。

（2）旅游产业结构高度化是合理化发展的方向和目标。旅游产业结构合理化的目标，就是要不断推进旅游产业结构向高度化发展，以适应社会经济发展的要求。如果旅游产业结构合理化不以高度化为目标，那么就无法随着旅游业的发展而达到高一层次上的合理化。因此，旅游产业结构合理化也是一个动态的发展过程，其以旅游产业结构高度化为目标，不断调整旅游产业内部结构，提高旅游产业的外部适应性，推进旅游产业结构的高度化。

（3）旅游产业结构合理化和高度化是相互渗透、相互作用的。通常，在旅游经济发展的不同时期或不同阶段，旅游产业结构合理化和高度化的目的是不一样的。在某一发展时期，旅游产业结构不合理，结构性矛盾突出的情况下，就需要对旅游产业结构进行合理化调整，以缓解结构性矛盾，保证旅游经济稳定、协调地发展。而在旅游产业结构基本协调，但旅游需求结构变动大的情况下，就需要推进旅游产业结构的高度化，以提高旅游产业结构的转换能力，充分发挥结构的联动功能，促进旅游产业结构的外部适应性不断提高。因此，旅游产业结构合理化和高度化的区别是相对的，在旅游业发展过程中两者实际是相互渗透、相互联系而发挥作用的。

旅游产业结构优化的内容和目标就是旅游产业结构的合理化和高度化，所以，旅游产业结构要达到优化，只有通过调整产业结构，使其能够合理化，进而上升到高度化。那么，如何进行产业结构调整，我们需要分析目前旅游产业结构的现状，通过对现状的分析，找出旅游产业结构的缺陷，才能对产业结构进行调整。

旅游产业结构的宏观调控应当从旅游产业结构变动规律的要求出发，遵循科学的调控基本原则，使旅游产业结构推进速度同旅游业发展水平相适应，以需求为导向，同世界旅游业发展态势相适应，充分发挥具有优势的产业部门，形成地方特色。

二、旅游产业结构类型的优化策略

1. 旅游产业的部门（行业）结构优化策略

旅游产业是综合性的经济产业，这些部门与行业之间彼此相互关联、相互作用，形成一个大的产业系统。旅游产业的部门结构优化就是要实现旅游产业与其相关产业协调发展、实现旅游产业内部各要素的合理配置与协调发展。我们通常重点考察的是行、游、食、住、购、娱等几大要素结构的优化。

（1）树立“大旅游”观念。由于历史原因，旅游产业的综合性与部门分割的矛盾还十分突出。特别是旅游产业内部各子系统之间的认识障碍，割裂了旅游经济的内在联系，难以实现一体化经营与管理，制约了旅游产业系统的健康发展。旅游产业综合性强、覆盖面广，需要与商业、交通、文化、城建等各个部门加强沟通和协调。为此，必须树立“大旅游”的观念，深化中国旅游体制的改革，加强宏观调控力度，鼓励旅游产业内部部门间的联合，成立行业协作组织，促进旅游产业各部门的协调发展。这既是由旅游产业的特点所决定的，同时又是现代经济社会化、专业化和国际化发展的必然要求。

（2）各旅游要素在横向上要综合平衡。旅游产业各要素相互之间合理的比例关系，是保证旅游业健康有序、稳定持久发展的基本条件。例如，旅行社组织的旅游者的数量，要同饭店所提供的床位数量相适应。任何一方的脱节，都会影响旅游活动正常进行。旅游产业内部各要素的发展只有不断通过综合平衡，保持合理的比例关系，才能使整个旅游产业协调发展。总之，优化旅游部门结构，必须对旅游产业行、游、食、住、购、娱六大基本要素进行横向综合平衡，达到部门结构的合理配置。

（3）调整要由数量型向数量、质量、效益结合型方向转变。我国旅游产业发展尚处于初级阶段，在一定时期内追求适当的数量规模是必要的，即采取追求旅游产业规模的扩张为主要的发展模式。在当前，我们既要保持一定的发展速度与规模，又要提高旅游产业发展的经济效益，提高旅游产业的竞争力，必须要实现由传统的数量型向数量、质量、效益结合型发展模式的转变。如在旅游资源的开发利用上，传统发展模式采取的是掠夺式经营方式，而在数量、质量、效益结合型的发展模式下，则要求旅游产业发展根据旅游市场需求的变化，合理安排旅游资源的开发利用，既注意旅游产业规模的适度扩张，又注意旅游类型的多样化，以满足日益多样化的旅游需求，保证旅游资源的持续利用。

2. 旅游产品结构优化

我国旅游产业经过不断地发展，传统的旅游产品已不能满足日益变化的旅游市场需求。现代旅游者尤其是重复旅游者的增长，表明人们已不能满足大众化的旅游消费需求。旅游产品结构的优化的实现，可以从以下几个方面进行。

（1）重视旅游产品开发。旅游产品的结构是由各单项旅游产品组合而成的，任何单项旅游产品的短缺或过剩都会对旅游产品整体结构的优化产生不利影响。必须对各种旅游产品的开发都给以足够的重视，不能因收益回报较少而忽视对某些旅游产品的开发，也不能因某种旅游产品的收益较大而一哄而上。有些旅游产品，特别是旅游景区、景点，一旦经过开发引导，就成为旅游产品结构中不可缺少的重要的一环，若开发不足，势必降低旅游产品的吸引力。因此，必须加快旅游产品的开发，完善旅游产品结构，形成完整的旅游产品体系。

（2）满足旅游者需求。旅游经济结构的动态性决定了旅游产品结构也在不断地发生着运动和变化。随着旅游者需求水平的提高和需求结构的变化，旅游者会对产品类型和产品层次提出新的要求。例如，旅游者由传统的观光旅游需求变为度假旅游需求；由对普通交通工具的需求变为对高级交通工具的需求等；由对普通旅馆的需求发展为对高档宾馆的需求。这就要求旅游企业时刻跟踪旅游者旅游需求的变化，及时对旅游需求结构做出准确的预测，以适时调整旅游产品结构，以便能够满足旅游者的旅游需求。

（3）培育名牌旅游产品。旅游企业在旅游的生产中，必须十分重视名牌旅游产品的开发、培育和生产。名牌旅游产品是旅游产品的核心，也是旅游产品对旅游者具有吸引力的基础，在旅游产品结构中占有举足轻重的地位。因此，旅游企业在旅游产品开发中，既要重视对具有特色及吸引力强的旅游资源的开发建设，又要注意丰富旅游产品的类型和数量，努力开发和培育名牌旅游产品。通过培育名牌旅游产品，优化旅游产品结构，促进整个旅游产品结构的优化，从而进一步增强对旅游者的吸引力，实现既增加旅游经济效益，又促进旅游生态环境的保护。

3. 旅游产业组织结构的优化

（1）主导行业与关联行业相适应。在旅游产业结构中，旅行社在各行业中处于中心地位，起主导作用，它是联系各行业的纽带。因此，要充分发挥它的“龙头”带动作用，并与其他行业形成合理的比例关系。并时刻分析和研究不同行业的变化趋势，及时了解相关行业的运行状态，保持整个旅游产业结构的合理性，以适应旅游业发展所提出的要求。

（2）旅游企业集团化发展。发达国家旅游经济发展的经验表明，组建专业化水平高的企业集团是增强旅游企业竞争力的重要手段。旅游企业集团化发展能够发挥规模经济的优势，降低市场风险和经营成本，提高旅游经济效益，是旅游产业结构合理化和高度化的重要目标，也是旅游产业结构合理化和高度化的重要措施之一。

旅游企业集团化发展的方式主要有：第一，组建大型旅游企业集团，形成开发、经营、管理一体化的旅游业航空母舰；第二，促进旅游产业所有制结构调整，实现旅游产业所有制结构的合理化，增强旅游企业竞争能力，提高旅游企业的经济效益；第三，加强旅游企业集团的科学管理和现代化管理，向管理要效益，促进旅游企业经营管理的国际化。

4. 旅游区域结构的优化

针对我国旅游经济区域发展的不平衡性以及不同地区旅游资源和社会经济发展的差异性，旅游区域结构优化的实现，可以从以下几个方面进行。

（1）加强重点旅游产业发展、重点旅游产品供给和重点旅游区域建设。我国旅游业和旅游经济经过十多年的高速发展，已初步形成了一些旅游经济的“增长点”，旅游区域布局应按照旅游经济发展理论，加强对重点旅游区、旅游城市及旅游路线的建设和发展。首先对目前在国际上已具有一定知名度的旅游区的配套建设及旅游度假区进行重点开发。建设一批融观光、度假及文化娱乐为一体的旅游区，尽快形成具有相当产业规模的综合接待能力，增强对国内外旅游者的吸引力。其次加快重点旅游城市的配套建设。特别是对改革开放以来形成的旅游中心城市，要进一步深度开发，提高综合接待能力，充分发挥旅游中心城市的作用，增强对邻近地区和全国的辐射功能，成为全国旅游创汇的基地。第三，重点扶持和建设一批具有发展潜力，经济效益好的旅游线路，开展多种专项旅游，开发新颖旅游产品，丰富旅游活动的内容，增强旅游产业发展的后劲。

（2）加强旅游区域之间的合理分工，实现优势互补。在我国旅游经济发展中，各旅游区域之间在发展阶段、发展规模及发展水平等方面都存在着差距。因此，旅游区域合理布局、旅游区域结构的合理化的实现，必须遵循合理分工、优势互补的原则，根据各区域旅游经济的发展水平及区位状况，进行合理的分工和布局。一方面，各地区应从自身的旅游资源优势和区位条件以及旅游市场需求状况出发，开发和提供与旅游经济发展相适应的旅游产品，在不同旅游区域之间形成合理的分工和布局。另一方面，在注意突出各自优势和特色的同时，强调互补互济，形成各地区之间资源互补、产品互补和市场互补，促进旅游生产要素在不同区域之间的合理有序流动和充分有效利用，提高旅游经济的整体效益。

（3）积极发展国内外区域间的旅游经济合作。旅游业是一个极具开放性的经济产业。旅游产业和旅游经济的发展必须打破封锁，积极对外开放，加强国内外旅游区域间的经济合作。积极发展国际旅游区域合作，参与国际旅游市场竞争。顺应当前国际经济区域一体化和全球化的趋势，寻求全球范围内的旅游区域合作，进一步开拓国际旅游市场，增强我国旅游业在国际旅游市场上的竞争能力和旅游业的发展后劲。

相关知识

关于旅游业构成的“局限论”和“宽泛论”

（一）“局限论”中旅游业的构成

1.《国家统计调查制度》中的旅游业

在国家统计局发布的《国家统计调查制度》（1998）一书中，采用了层次编码方法，将社会经济活动划分为门类、大类、中类和小类四级，从 A ~ P 共 16 个门类，门类下设有大类，大类下设中类，依次类推。旅游业被列入社会服务业这一大的门类当中（编号为 K），大类编号为 80。在关于旅游业的说明中指出：“旅游业包括经营旅游业务的各类旅行社和旅游公司等的活动。不包括卡拉 OK 歌舞厅、电子游戏厅（室）、游乐园（场）、夜总会等活动，”很显然，这一划分办法中的旅游业仅指旅行社业，它把住宿业、景区景点等行业均未列入旅游业的统计范围之内。

2. 国家旅游局旅游统计中的旅游业

在国家旅游局组织实施的全国旅游统计中，旅游业包括了旅游管理机构、旅行社、旅游涉外饭店、旅游车船公司、旅游商贸服务公司和其他旅游企业。这个统计范围也存在明显的范围过小的缺点。例如在旅游住宿设施中，仅统计了旅游涉外饭店而没有将社会旅馆包含进来，而目前参加国内旅游的许多游客都是在社会旅馆中住宿。再如，这个范围也没有包括旅游景区在内。

（二）“宽泛论”中的旅游业构成

与之相对的则是关于旅游业构成的“宽泛论”。这种观点认为，只要和旅游相关的产业都应划入旅游业的范围中来，其中最具典型意义的就是世界旅游理事会的观点。(1) 进一步提出了范围更广的“旅游经济”（广义的旅游业）的概念，“旅游经济”的范围包括间接受到旅游业影响的行业。(2) 新加坡旅游统计部门对旅游产业构成的认识。在旅游业发展过程中，新加坡旅游统计部门对于旅游产业的分类也在不断变革，在其最近提出的旅游产业构成中，旅游产业包含了批发零售业、餐饮业、饭店业、地面交通客运业、水上交通客运业、航空客运业、其他交通客运业、金融服务业、政府服务、媒体/娱乐服务业、其他消遣性服务业、个人/家政服务业等13个子行业。

课外阅读

长三角区域旅游一体化的成功做法

一、长三角区域旅游一体化现状

（一）长三角区域旅游一体化正向成熟阶段迈进

近年来，长三角在无障碍旅游区构建、旅游联合促销、旅游节庆联合举办、旅游人才和区域旅游发展战略研究、区域旅游品质保障、区域旅游标准一体化等方面取得了明显成效，长三角区域旅游合作走在了中国区域经济合作的前列。长三角区域旅游一体化建设推进了旅游公共平台建设，催生了区域旅游新格局，产业结构开始趋向高级化。目前，长三角区域旅游一体化正由政府主导推动向官、商、民、学多元推动转变，从局部的、零星的和松散型合作向高层次的、全方位的和紧密型合作转变。

（二）长三角旅游业是长三角举足轻重的产业

长三角旅游业近年发展迅速，产业规模日益壮大。2009年，江苏省共接待国内旅游者2.9亿人次，实现国内旅游收入3 380亿元；接待入境旅游者550万人次，实现旅游外汇收入40亿美元；实现旅游增加值1 655亿元。2009年，浙江接待入境游客570.6万人次；旅游外汇收入32.2亿美元；接待国内游客2.44亿人次；国内旅游收入2 424亿元；实现旅游总收入2 644亿元。2009年上海全年接待国际旅游入境人数628.92万人次；全年接待国内旅游者12 360.74万人次。全年国际旅游外汇收入47.96亿美元；国内旅游收入1 913.8亿元。

二、长三角区域旅游一体化的主要做法

（一）政府积极推动长三角区域旅游一体化进程

1. 加强政府间合作，实现协调发展。近年来，苏浙沪政府高层领导三次聚会，共同研究包括旅游在内的区域合作重大问题。一是创立制度化的长三角区域旅游合作专题小组，负责协调长三角区域旅游一体化的重大问题。二是明确长三角区域旅游一体化的总体思路：按照“优势互补、密切合作、互利互惠、共同发展”的原则，充分发挥长三角区域旅游的比较优势，立足于日益增长的旅游市场需求，增强区域旅游发展的整体竞争力。三是提出共建目标，在长三角区域建成中国乃至世界上最安全、最便捷、最迷人、最舒适的综合旅游区之一。四是确定长三角区域旅游一体化的重点任务。包括营造良好的区域旅游交通环境，放开对外地旅游车辆入城的限制；重点旅游城市按照国际惯例，完善市内及城市至景区的交通指示牌，为外地旅游车辆入城提供方便；各中心城市进一步加快旅游集散中心的建设，并与上海旅游集散中心搞好对接，形成长三角一体化的旅游集散中心客运网络；整合旅游资源，共同编制环太湖旅游规划；加快旅游网站联网等。

2. 加强人才互动，实现资源共享。一是长三角地区旅游人才正走向互通、互认、互流，为区域旅游共同繁荣提供智力保障。2004 年 5 月，苏浙沪旅游部门联合签署了《关于进一步推进长江三角洲区域旅游教育培训合作工作的实施意见》，做到“一地培训，三地覆盖”。二是及时完善旅游人才信息网络，实现长三角区域信息网络的互联互动，切实解决旅游企业和人才间的供求矛盾。三是充分利用长三角地区旅游院校众多，师资力量雄厚的优势，与国外著名旅游教育培训机构联合举办境外培训，按照国际化标准培养高素质人才，全面提升长三角地区的旅游教育水平和科研能力。四是苏浙沪旅游管理部门签订旅游教育培训合作协议，提出将在建立区域旅游师资信息库、加强旅游人才信息交流、协同开展各级各类业务培训、联合举办高层旅游论坛等方面携手。

3. 加强诚信共建，实现平等有序。苏浙沪在区域旅游发展过程中，努力探索建立长三角地区旅游信用体系，创造一个平等、开放、有序、诚信的区域旅游环境。2003 年，长三角地区 15 个城市共同签署了《共建信用长三角宣言》。此后，苏浙沪旅游部门又普遍开展了“诚信经营、诚信服务”活动，取得了较好成效。

（二）通过市场运作推动长三角区域旅游一体化进程

1. 建立以旅游产品与线路整合为主题的发展模式。长三角区域各旅游城市拥有相同的区域文化和自然地理背景，在旅游产品的设计过程中，将各自风格独特的旅游资源依托发达交通进行串联，以深厚的文化底蕴，形成长三角区域旅游精品路线，以实现旅游产品在区域内的流通，如长三角水乡旅游等。将长三角各旅游城市的旅游景点进行总体上的合理配置，打破行政区划的局限，形成一条条系列化、特色化的精品线路。

2. 建立以旅游形象整合为主题的发展模式。明确地树立长三角区域旅游的整体形象，通过各种渠道向外传播，建立良好的美誉度和口碑，吸引越来越多的旅游者，这是长三角区域旅游整合发展中的重要目标。

3. 建立以旅游联合营销为核心的发展模式。一是加强国内旅游联合营销。长三角各相关利益群体充分利用各旅游城市的新闻媒体优势，并利用各大旅游城市报刊电视的

旅游专版，互相配合宣传，实行版面互换、频道互换等，或者相互邀请对方城市的新闻媒体实行互访，全面发布相关旅游信息，从而加强长三角区域旅游的宣传促销。二是加强国外旅游联合营销。2003 年 1 月，苏浙沪联合在欧洲市场组织大型宣传促销活动，利用伦敦国际旅游展的平台，大力宣传中国东部长三角区域旅游产品，重塑长三角区域旅游新形象。

4. 以旅游信息联合为主题的发展模式。2003 年 7 月，《长江三角洲旅游城市“15 + 1”合作（杭州）宣言》发表，在“宣言”中明确指出：实现旅游信息的交流、沟通与共享，建设长三角一体化的旅游信息服务体系；长三角旅游业的发展需各城市间建设一个统一的旅游信息平台；长三角各旅游城市加强旅游信息交换，各城市应为其他城市的旅游信息资料进入该市创造条件，并在旅游信息咨询服务点上免费提供其他城市的信息咨询服务和信息资料，以方便游客在长三角地区进行的自助旅游。

三、长三角区域旅游一体化促进地区经济结构转型

长三角旅游业与农业、工业、房地产业、文化产业、会展业等互动渗透，形成农业旅游、工业旅游、文化旅游、会展旅游等新型旅游产业形态，联合构成旅游产业供应链，提升旅游对其他产业的集聚、辐射和带动作用。

（一）发展农业旅游，促进长三角区域农业产业结构调整

上海规划到 2010 年将建成 10 个现代农业旅游服务基地，培育 50 处现代农业园区、休闲度假地、“农家乐”等农业旅游点，年接待游客总量将达 800 万人次。其中生态崇明将以建设农业旅游集聚区为突破口和核心，形成崇明农业旅游的亮点，以农家乐和农业主题公园旅游为主体，以高科技农业园区旅游、涉农旅游和乡村文化旅游为补充，构筑崇明农业旅游发展框架。形成 2 ~ 3 个上海地区乃至长三角地区知名农业旅游景点，为配套世博服务作出积极贡献。

（二）发展工业旅游，培育最终消费和拉长产业链

一是与时尚旅游结合，提高产业竞争力。上海采取 F1 赛事 + 汽车工业旅游 + 自驾游的组合，培育汽车消费市场，获得消费信息，提高产业竞争力。而钢铁旅游等其他工业旅游是结合科普教育 + 钢铁专业市场，以产业融合拉长产业链，带动和提高公司声誉和社会融资能力。二是扩展横向关联的产业，实现产值链中的服务性高增加值。浙江依托各地的特色产业，通过跨行业、跨部门、跨地区的“横向蔓延”，发展形成了以台州的摩托与缝纫机旅游；宁波的港口、汽车与服装业旅游；温州的皮鞋、服装与打火机旅游，发挥旅游资源“边缘效应”，实现产值链中的服务性高增加值。

（三）现代服务业与旅游业的渗透与互动

长三角旅游业不仅在现代服务业中扮演关键角色，而且不断渗透融合于现代服务业。一是旅游带动高端地产发展。上海新天地通过创新地注入了诸多旅游、时尚的商业元素，变成了一个集餐饮、购物、娱乐等功能于一身的、具有国际时尚文化与“海派”文化相交融的国际化休闲、文化、娱乐中心，成为都市旅游景点改造的经典案例。二是服务业围绕旅游布局。杭州为了刺激旅游消费，扩大名胜景观西湖对杭州服务业的辐射功能，取消西湖门票，并在西湖周边配套休闲吧廊、特色餐饮街、生态湿地园等服务设施，开创了旅游业与服务业的双赢局面。

讨论区域旅游发展的重要性体现在哪些方面？如何发展区域旅游一体化？

任务结论

旅游产业是满足旅游者在旅游活动过程中各种需要所提供的产品与劳务的集合，具有行业聚集性、效应外部性和部门专业性的特点。旅游产业结构是指在社会供求关系及旅游经济运行中形成的旅游内部各大行业间的经济技术比例关系，是旅游产业的资源配置结构、生产能力结构和产出结构的总和。各类旅游产业结构纵横交错和前后延伸构成了旅游产业结构网络体系。旅游产业结构优化，即通过各个生产要素的优化组合实现旅游产业结构的合理化和高度化。

项目二　旅游产业政策

任务：了解旅游产业政策及制定产业政策的原则

任务描述：荆州市出台加快文化旅游产业发展政策意见

为进一步加快我市文化旅游产业发展，促进人文资源大市向文化旅游强市转变，努力把荆州打造成为鄂西生态文化旅游圈的重要支点和文化中心，现根据国务院《关于加快发展旅游业的意见》（国发［2009］41号）和省委、省政府《关于建设鄂西生态文化旅游圈的决定》（鄂发［2008］16号）精神，结合我市实际，特制定如下政策意见：

一、财税扶持政策

1. 设立文化旅游产业发展专项资金。从2010年开始，由市级财政列支500万元设立旅游发展专项资金，并在“十二五”期间保持年均10%的增幅，主要用于旅游宣传促销、旅游企业奖励、重点旅游项目贷款贴息、旅游规划编制修订和大型文艺创作表演补助。

2. 减免新办旅游企业所得税。凡市内新办旅游企业招聘下岗失业人员并与其签定3年以上（含3年）期限劳动合同的，经市人力资源和社会保障部门认定及税务部门审核，3年内按照人均4 000元标准减征企业所得税。

3. 返还新建旅游景点等门票营业税。投资规模在3 000万元以上的新建旅游景点，其门票收入营业税市留成部分由市财政按比例返还，返还比例为，第一年至第三年实行全额返还，第四年至第五年实行减半返还。

4. 降低旅游企业营业成本。旅游企业组织旅游团体在市内旅游的，以收取的全部旅游费减去替旅游者支付给其他单位的房费、餐费、交通、门票以及支付给其他旅游企业的旅游费后余额，计缴营业税。对旅游企业上缴的行政事业性收费，允许企业在所得税前扣除。旅游企业广告促销费用税前列支比例按规定的上限执行。旅游商品生产企业为开发新技术、新产品、新工艺发生的研发费用，可计入成本。组织开展文化旅游剧

（节目）表演和文化展示活动，可以享受此项优惠政策。

二、费收支持政策

5. 减免城建配套费等费收。对投资 3 000 万元以上的旅游项目实行直通车服务制度，在注册登记、项目报建过程中涉及的行政许可事项办理一律只收取工本费。2A 级以上（含 2A 级）旅游景区景点、三星级以上（含三星级）旅游饭店建设所涉及的城市基础设施配套费，按规定标准的 50% 收取。旅游项目建成后，在市政府权限内的所有行政事业性收费，按规定标准下限的 50% 收取。旅游企业污水达标排放，并进入城市污水处理管网的，在缴纳污水处理费后，免征排污费。

6. 实行水电价格优惠。对星级饭店经营用水按非居民类水价执行。动力用电（电梯、中央空调以及以电为原动力的供热、供气、供水用电）按普通工业电价执行；已按省定高耗能优惠电价执行的大型宾馆动力用电，按省定优惠电价执行。支持三星级以上（含三星级）旅游饭店申请接收境外卫星电视节目，有线电视收费按实际安装终端数的 50% 收取。

三、旅游招商政策

7. 加大对引进重大旅游项目的政策支持力度。对投资过亿元的文化旅游项目，实行一事一议，特事特办，提供最优质的服务。

8. 建立文化旅游投融资平台。成立荆州市文化旅游投资有限公司，实施旅游综合改革，高效率配置资源，积极开展对外融资，形成旅游资源市场化整合、产业化发展、一体化管理的新格局。

9. 放活景区景点经营权。加快文化旅游系统体制改革和机制创新，支持景区景点和文化、旅游企业的产权制度和经营机制改革，实行所有权、管理权、经营权分离，推进文化旅游资源整合和资本运营。允许景区景点、旅游企业在统一规划和严格保护的基础上，以合资、合作、独资、承包、租赁、股份制等形式招商引资，联合开发和经营。

10. 支持旅游企业小额贷款。对从事旅游商品开发、导游管理服务业务的企业，凡符合贷款条件的，纳入市中小企业贷款担保中心担保业务范围，与工业企业同等对待。在银行小额贷款方面予以扶持，适当降低贷款利息。

11. 实行文化旅游招商奖励。对引进重点文化旅游项目的单位和个人，按招商引资政策给予奖励。

(资料来源：荆州市旅游局)

以上案例是荆州市政府发展当地旅游业制定的相关政策，那么什么是旅游产业政策，在制定产业政策时要遵循哪些原则？

一、旅游产业政策的含义

1. 产业政策

产业政策是政府为了实现一定的经济和社会目标而对产业的形成和发展进行干预的各种政策的总和。产业政策的功能主要是弥补市场缺陷，有效配置资源；保护幼小民族产业的成长；熨平经济震荡；发挥后发优势，增强适应能力。

旅游业是国民经济的重要产业，涉及面广、关联度高，与众多的行业相互影响、相互制约。单凭市场调节、难以见效，只有把市场机制与国家宏观调控有机结合起来，才能确保其顺利发展。

2. 旅游产业政策

是政府为了实现一定时期内特定经济目标和社会目标而制定的针对旅游产业的各种政策的总和。不同的历史时期，政府对旅游产业的经济发展目标不同，决定了产业政策不同。我国旅游业发展初期的主要目标是为国家多创收外汇，体现在产业政策上就是国际入境旅游优先，在旅游业的布局上倾向于七个重点旅游区。由于当初旅游住宿设施极度紧张，所以在旅游产业组织方面积极鼓励各方力量的进入，形成了至今为止最为重要的一项旅游产业政策——“内资外资并用”、“五个一起上”（国家、地方、部门、集体和个人）政策。在旅游产业发展的现阶段，旅游业的主要目标是刺激消费、促进国民经济增长和提高旅游产业的国际竞争力，体现在产业政策上就是大力发展国内旅游，在旅游产业布局上讲究多点齐动、全面发展。由于全球旅游产业竞争十分激烈，旅游设施结构矛盾较为严重，所以在旅游产业组织政策方面就要在一定程度上进行限制，强调进行旅游企业的集团化、网络化发展，最大限度地增强国内旅游企业的国际竞争力。

二、旅游产业政策的内容

这里所提及的旅游产业政策的主要内容是广义的，包括：旅游产业结构政策、旅游产业布局政策、旅游产业组织政策、旅游产业市场政策、旅游产业技术政策和旅游产业保障政策六大内容。

（1）旅游产业结构政策

产业结构政策，从根本意义上说，可以定义为那些通过有意识地影响或改变现有产业结构格局，旨在提高经济资源的配置效率的经济政策。“结构”是事物的一种属性。不仅各种不同事物有其不同的结构，而且同类事物的不同个体也各有其不同的结构特点。这种结构上的特点对于事物的意义是重大的。它影响着事物运动变化的方式和方向，甚至决定着事物的性质。可以推断，产业结构作为一种事实的存在，它对于一国的经济运行和发展具有重要意义。旅游产业的结构问题基本包括三个层次：第一，产业定位问题，即旅游产业在国民经济体系中的位置。近年来，各地发展旅游产业的积极性都很高。对旅游产业一般都有明确的产业定位，如国民经济的支柱产业、第三产业的支柱产业、龙头产业等。第二，产业宏观问题，即国际旅游与国内旅游以及出境旅游的相互关系和政策协调。现在我国旅游产业已基本上形成了国际旅游、国内旅游和出境游三种层次、互补互促的发展格局，而且这种格局必将得到进一步的发展。第三，产业配套问题。即旅游产业内各单项结构的合理化。因为旅游是综合性产业，其持续、健康、快速的发展，离不开各环节的配套，离不开各部门的配合与支持，要制定相关政策，防止各要素之间结构错位、重复建设，比如旅游饭店、旅行社的供求结构严重错位将会导致削价竞争。旅游景点、旅游设施的开发建设不足又可能导致游程单调。以上三个层次之间又存在各种纵向的相互关系，从而形成一个较为完整复杂的旅游产业结构；三个层次的政策的综合，形成一个完整的旅游产业结构政策体系。

（2）旅游产业布局政策

旅游产业由于受资源分布、区位、交通条件、旅游行程等因素的影响。表现在旅游产业的布局上就与农业、工业等其他产业有所区别，既有产业分布的区域性问题。也有产业分布的点线结合、点面结合的问题。由于我国旅游发展道路和发展战略的特殊性，客观上形成了旅游地区格局的“重东部，轻中西”的局面。这固然有旅游市场距离、旅游者圈层辐射性扩散等正常因素的影响和作用。但是各类地区又随着形势发展而变化，这就要求在新的形势面前作出相应的调整。就大范围的调整而言，在承认旅游产业发展的地区性差异的前提下，为了配合国家开发西部战略的实施，保证我国旅游产业的持续发展有新的增长点，在继续发展好东部沿海地区的旅游业的同时，应该加强中西部地区的旅游业的发展，并在政策给予适当的倾斜。近几年，由于国家在各方面的政策都向中西部倾斜，支持力度越来越大，再加上西南、西北地区在地质地貌、历史文化、民族风情等方面具有很大的优势，所以我们有足够的理由相信，西南、西北地区是我国最具发展潜力和前景的旅游区。各地的资源禀赋并不完全一致，因此客观上就存在不同的比较优势，并不是每个地区都需要将旅游产业的发展作为地区发展的唯一法宝，也并不是说每一个地区旅游业的发展都要面面俱到。在旅游产业政策中，应根据旅游资源分布的特殊性，强调形成旅游区域的专业化分工，比如海南的海滨度假、黑龙江的冰雪旅游、云南的民俗风情旅游等等。此外，还要根据各地的区位优势，如沿海、沿边、沿路、沿江等，形成各自有相对优势的旅游产品分布。根据资源的互补性、产品的相关性和交通的便利状况等条件，加强旅游产品的点线、点面之间的联系，形成独具优势和具有较强竞争力的产品系列。在政策上要照顾旅游发展历史上自然形成的温点和冷点，确定“热点带动温点、刺激冷点”的思想，以带动旅游产业的全面发展。

（3）旅游产业组织政策

产业组织政策是政府在一定时期为调节产业组织而制定的各种政策的总和。这方面的政策是对旅游企业实际运行的深层次的分析，其政策出发点是通过协调竞争与规模经济的关系，既缓解垄断对市场经济运行造成的弊病，又维护一定的规模经济水平。政策涉及旅游企业的市场进入、经济规模经营等一系列问题。包括旅游市场结构控制政策、旅游市场行为调整政策和一些直接改善旅游产业内不合理的资源配置的政策。国家应鼓励大中型旅游企业建立现代企业制度，小型旅游企业实行适应市场经济需要的灵活体制：应鼓励发展跨地区、跨行业、跨所有制的旅游企业集团，打破地区封锁和行业垄断，形成由大型企业主导和规范市场的格局；鼓励企业通过合并、兼并、相互持股等方式，进行自主联合改组和资产运营；鼓励旅游企业的网络化发展。推动建立区域性、全国性甚至国际性的营销网络。

（4）旅游产业市场政策

明确和强调市场导向的观念是市场经济对产业政策的基本要求之一。旅游产业的市场政策应该明确体现出在现实的状况下，应该支持哪些方面，又应该限制哪些方面。比如对旅游景点景区的开发，要考虑客源市场近距离的雷同和重复建设，尤其是在全国出现人造景观热、旅游支柱产业热时，要有相应的政策措施加以引导、规范和限制。在旅游接待设施建设方面，要考虑市场饱和度、区域分布、档次高低。在旅游产品开发方面，要以市场需求为导向，开发有市场前景、生命力持久和竞争力强的产品。尽管在我国旅游产业的收入构成中，国内旅游占据着绝对的地位，但是旅游产业的创汇功能依然是发展旅游业的主要功能。因此，旅游产业的外向性依然是旅游产业的重要特征。另一方面，由于旅游产业对国民经济的特殊作用，世界各国尤其是各发展中国家不断加大对旅游业发展的支持力度，致力于旅游客源的争夺，旅游客源市场的开拓也就不断由表层性开发向深层性开发转变，开发的难度也不断加大。旅游产业的外向性、国际竞争激烈性和市场开发艰巨性使得旅游产业市场开发政策理所当然地成了旅游产业政策的组成部分。在旅游产业政策中必须由相关的政策措施来刺激各旅游企业的市场开拓积极性，因为毕竟旅游企业才是旅游产业的真正主体。

(5) 旅游产业技术政策

在现代经济的发展中，科学技术的含量越来越高，高技术与高生产力、强竞争力之间存在着直接的线性关系。因此，在旅游产业中，电脑预订、电子信函、卫星通讯、先进交通工具、新型建材等的运用就成了提高产业素质的重要条件。政府应该制定相应的用以引导和干预旅游产业技术进步的政策。包括旅游产业技术进步的指导性政策、旅游产业技术进步的组织政策、旅游产业技术进步的激励性政策等。为了尽快增加旅游产业发展中的科学技术含量，适应经济和社会发展的大趋势，促使旅游产业更快地发展，在制定旅游产业技术政策时应考虑：加快推进标准化工作进程，提倡采用国际标准和国外先进标准；支持引进和消化国外的先进技术，提高我国旅游设施的技术能力，提高产业技术水平：鼓励产学研的结合，鼓励和支持对引进先进技术的消化吸收和创新，促进应用技术的开发，加速科技成果的推广；以法规的形式定期公布淘汰落后的运载设备和科技含量低的人造景点。

(6) 旅游产业保障政策

旅游产业政策的实施必须有一套手段和政策相配套的体系。产业政策的研究是实证性研究，产业政策制定的是针对性的政策，产业政策的实施就必然要有相应的政策和手段来保障，这些保障政策是综合性的、成体系的。总之，旅游产业政策的有效实施，在很大程度上取决于保障手段。推行产业政策的手段不同，甚至可能改变产业政策的属性。因此，在旅游产业保障政策中要考虑：要求相关职能部门把旅游产业政策作为今后旅游产业发展的纲领性文件，作为今后部署、检查、评比旅游工作的重要标准，以督促旅游主管部门对产业政策的落实；要求旅游产业的相关部门发挥各自的职责，支持旅游部门贯彻实施旅游产业政策；要求以法律、法规等形式保证旅游产业政策的实施。

三、我国制定旅游产业政策应遵循的原则

制定旅游产业政策是加强宏观调控，有效调整产业结构，提高产业素质，促进旅游经济持续、快速、健康发展的重要手段。因此，旅游产业政策的制定要符合一定的原则。

(1) 应符合旅游产业发展的客观规律。由于不同产业有着不同的发展规律，所以在制定旅游产业政策时，要符合旅游产业发展的实际需要，遵循旅游产业发展的客观规

律。这是已为国内外旅游业发展所反复证明的。我们顺应旅游经济发展的规律，就是要吸取和借鉴国内外旅游业发展的经验，主要包括国际通行的做法和惯例（如简化入境签证、海外旅游者购物退税等），各国发展旅游业的经验和地方促进旅游业发展的有效措施。

（2）应具有适当的前瞻性。由于产业政策的实施一般均具有较长的周期，这就要求在制定政策时应具有适当的超前性和预见性，否则，政策对未来产业发展的引导作用就会大大削弱。我们应当立足当前的旅游业发展现状，更要考虑旅游业的发展走势和潮流。要努力使所制定的旅游产业政策，不仅对于旅游业当前的发展具有指导意义，而且对于未来的发展应有一定的趋势性导向。

（3）应符合我国旅游业的发展现状。我国是一个发展中国家，旅游业发展所依赖的基础条件、配套设施、综合环境等，与市场经济比较发达的国家相比还有相当大的差距。在此条件下，要处理好政府主导作用与市场对资源配置的基础性作用的关系问题。

（4）应当以市场为导向。在市场经济条件下，旅游产业政策必须以市场机制为基础，通过市场机制来发挥其政策效应。一方面，在旅游产业结构调整上，产业结构的合理化和高度化不是一项可供直接操作的具体政策，最终要通过市场机制的作用来实现；另一方面，在旅游产业组织调整上，旅游产业规模经济效益的形成和企业规模结构的调整也要同市场发育的程度、规模和供求态势相适应，而不能片面追求旅游产业规模效益和提升企业经济规模，这要求在旅游产业政策的制定过程中应贯彻由市场力量进行自律的原则。

四、旅游产业政策的实施手段

贯彻、实施旅游产业政策是一项复杂的系统工程，只有原则规定和一般号召是不够的，还要有一系列具体的保障政策和组织措施，才能使旅游产业政策真正有效地实施。主要的实施手段有：

（1）法律手段。包括旅游产业政策在内，我国目前尚未有以法律形式出现的产业政策，只有国务院正式颁布实施的各类产业政策。今后随着市场经济体制的确立，以法律手段来推行产业政策，具有广阔的发展空间。因为法律手段具有相对的稳定性、强制性，并具有极高的权威性。

（2）行政手段。今后，实施旅游产业政策的行政手段将会逐步弱化。所谓弱化是指政府不再像过去那样对各个产业进行分门别类的具体的行政干预，而是在整体上以宏观行政手段进行干预和引导。在经济急剧变化的时期，行政手段具有简单易行的优点，但往往会违背经济规律和市场规律。今后在压缩行政手段运用空间的同时，对一些重要产业的政策问题，仍将保留行政手段。

（3）财政税收手段。财政税收手段对旅游产业政策的实施具有一定的导向作用。通过实施财政税收政策，即通过财政税收的杠杆调节作用，扶持某些领域，限制某些领域，引导整个旅游产业的协调、均衡发展。

（4）金融手段。金融手段以多样化、灵活性大而可以运用于不同的产业政策层面。不同的金融机构在不同的产业政策中处于不同的地位。国家的宏观金融政策，对整个国家的产业政策（包括旅游产业政策）的实施起着重要作用，国家对具体领域的信贷政策可能影响到具体产业的发展。

（5）信息手段。随着我国经济的日益市场化，信息手段将起到越来越大的作用。目前，信息手段在我国旅游产业政策中已经得到应用。信息手段的优点是覆盖面广，适应市场经济的运行特点，使用成本低。另外，我国旅游产业政策的制定与执行需要有一个专门的旅游产业管理机构来负责，组建高层次的、具有权威性的产业委员会应是较好的选择。这个产业委员会的主要工作应该包括：做好旅游产业与其他产业的协调，实现旅游经济与其他经济的深度结合，使旅游产业的带动功能得以充分发挥；协调好旅游产业与民航、铁路、边防、海关等单位之间的关系，形成一个各方和谐、左右顺畅、内外衔接的旅游发展新格局，按照发展“大旅游”的要求，在食、住、行、游、娱、购等各方面主动做好引导、沟通工作，联合相关部门，统筹组织好各个要素的开发和经营。

相关知识

产业政策的由来

现代意义的产业政策与现代工业的发展相联系，它起源于现代大工业发展初期的西欧。如，17 世纪英国的重商主义者就力主国家对经济的全面干预，提倡用国家政权的强制力实行各种保护主义的经济措施。

产业政策在 19 世纪的美国和德国得到了充分的发展。

1791 年，美国的开国元勋、曾任第一任财政部长汉密尔顿在向美国国会提交的《关于制造业的报告》中指出，政府在国家制造业的发展中具有不可推卸的责任。

1841 年，李斯特在他的名著《政治经济学的国民体系》中提出了利用产业政策改变德国落后状态的必要性。

产业政策在日本经济发展中得到了很大的发展，“战后日本奇迹”将其推向了高潮。

明治维新期间，日本就提出“置产兴业，富国强兵”的口号，随后，在明治政府颁布的《兴业意见书》中，首次系统提出了扶植各产业发展的政策措施。

二战后，1946 ~ 1960 年是日本经济复兴时期，通产省是日本政府机构中最大的产业主管部门，其中聚集了一大批专业人才，专门研究如何制定加快产业发展的政策，解决产业发展中不断遇到的问题。1970 年，日本通产省的代表在 OECD 大会上，正式提出了“产业政策”一词，使得有关产业政策的理论和实践研究进入了一个新的阶段。

我国是在 20 世纪 80 年代正式提出实施产业政策的。实现经济体制改革后，国务院先后颁布了《90 年代国家产业政策纲要》和《汽车工业产业政策》等文件，提出产业政策是国民经济管理和调节的不可或缺的重要手段。

课外阅读

《国务院关于加快发展旅游业的意见》政策解读

《国务院关于加快发展旅游业的意见》（国发［2009］41号）12月1日正式发布。《意见》按照科学发展观的要求，对旅游业提出了全新的定位，提出把旅游业培育成国民经济的战略性支柱产业和人民群众更加满意的现代服务业的宏伟目标，并就新时期旅游业发展进行了全面部署，明确了具体的发展目标。《意见》立足当前，着眼长远，从"大旅游"的战略角度对未来旅游业发展的主要任务进行了阐述，提出了一系列促进旅游业又好又快发展的具体政策措施。这些政策措施既具原则性和引导性，又具有极强的操作性。

为便于全国旅游行业更好地理解《意见》中有关政策出台的背景和政策立意，对《意见》中的6条政策进行现状分析、政策解析。

一、放宽旅游市场准入，打破行业、地区壁垒，简化审批手续，鼓励社会资本公平参与旅游业发展，鼓励各种所有制企业依法投资旅游产业。

现状分析：放宽市场准入，鼓励各种资本进入市场是市场经济发展的大势所趋。就旅游行业而言，目前，从国家法律、法规和政策层面，并无明显的行业壁垒存在，但在操作层面，由于对法律、法规和政策的理解不同，加之保护本地区利益的需要，有些地方确实存在一些事实上的行业和地区壁垒。如有些地方规定非本行政区的旅游车辆不能进入本地区景区景点，或要求其交纳一定的额外费用方许进入；异地旅游企业进入本地区经营时，有些地方规定或在操作中执行一些高于本地企业的进入标准，实质性限制旅游企业的跨区域经营；在一些地区导游的异地带团还存在一定的障碍。这些问题多年来一直阻碍旅游业的发展，虽然在全行业的努力下有所改观，但问题仍不同程度地存在，须在今后工作中加大力度加以解决。

政策解析：此条政策的立意，在于通过改革在国内形成统一的旅游大市场，从大局出发，调动社会各方面力量广泛参与到旅游业发展建设中。各地旅游部门须以改革的精神和勇气，重新梳理和审视本地区在消除行业、地区壁垒方面存在的问题，旅游部门能够解决的，要抓紧时间尽快解决；仅靠旅游部门不能解决的，要争取当地党委、政府的支持，积极协调有关部门予以解决。

二、推进国有旅游企业改组改制，支持民营和中小旅游企业发展，支持各类企业跨行业、跨地区、跨所有制兼并重组，培育一批具有竞争力的大型旅游企业集团。

现状分析：旅游企业是旅游市场发展和完善的基本载体和要素。虽然经过全行业的共同努力，旅游企业小、散、弱、差的局面近些年有了较大改观，但在旅游市场更趋市场化、国际化的今天，依然存在大型企业集团缺乏、国际竞争力不足的问题。中小旅游企业由于缺乏有力支持，面对激烈的市场竞争显得经营乏力，有些企业在恶性竞争的市场环境中难以立足。部分地方国有旅游企业的改组改制仍不彻底，不能具备完全走向市场独立生存的能力。这些问题随着旅游业的发展更加突出，给中国旅游业整体实力的加强，以及旅游市场的发展环境造成了负面影响，须在改革中予以着力推动。

政策解析：此条政策的立意，在于全面推动各类旅游企业的做大做强，从而提高旅游企业的总体市场竞争力，进而提高旅游产业整体素质。政策充分考虑到旅游业产业链长、涉及面宽的特点，专门提出各类企业跨行业、跨地区、跨所有制兼并重组，有利于推动形成一批有市场竞争力的大型旅游企业集团。各地须按照本条政策的要求，进一步推动国有旅游企业的改革改制，通过必要的扶持和引导，尽快把国有旅游企业推向市场；应加大对中小企业的扶持力度，加强监督和管理，对资质优良、经营业绩突出、市场潜力大的中小企业，要探索更多手段予以扶持。

三、支持各地开展旅游综合改革和专项改革试点，鼓励有条件的地方探索旅游资源一体化管理。

现状分析：近年来，一些地方在保护和开发兼顾的前提下统筹各类资源，理顺管理体制机制，消除发展障碍，推动旅游资源一体化管理，为理顺旅游管理关系提供了宝贵的经验。但从全国范围看，这种实践范围仍然有限，在操作过程中仍遇到这样那样的问题，须进一步推动。近年来，按照中央关于加大改革力度的要求，部分地方开始进行旅游综合改革和专项改革试验，有些地方在社会经济综合改革过程中对旅游改革给予了较高的重视。国家旅游局十分关注这些改革和实践，并在职权范围内对一些改革进行了实质性的支持（如与商务部一起，为支持广东先行先试改革，把外资旅行社审批权下放至广东省旅游局）。总体来看，这些改革还处于探索中，需要进一步的实践检验和发展完善。

政策解析：本条政策的立意，在于鼓励地方以更广阔的视野开展旅游业改革试验，从中总结经验，推进旅游产业整体改革步伐。进行旅游综合改革和专项改革的地区，应进一步大胆探索和实践，以更实际的举措推进改革实践；进行经济社会改革综合试点的地区，旅游部门应加强与党委、政府和相关部门的协调，将旅游改革的内容更多地纳入到综合改革中；有条件的地区应积极协调党委、政府和相关部门，推动旅游资源一体化管理，及时发现和解决工作推动中存在的问题。各地须加强与国家旅游局在改革方面的信息互通，及时提出在改革中遇到的问题和需要国家旅游局协调解决的问题，以利国家旅游局从更宏观的层面总体谋划，推动整个产业的改革和发展。

四、旅游行政管理及相关部门要加快职能转变，把应当由企业、行业协会和中介组织承担的职能和机构转移出去。五年内，各级各类旅游行业协会的人员和财务关系要与旅游行政管理等部门脱钩。

现状分析：转变政府职能，更好地发挥政府在宏观调控方面的作用，把应当由企业、行业协会和中介组织承担的职能和机构转移出去，是建设务实、高效政府的要求。目前，各行各业都面临着政府与协会脱钩的工作任务。旅游行业协会的改革已进行多年，但目前，协会的人员、财务关系与政府还有千丝万缕的联系，致使协会的相对独立性、自律功能和作为政府与市场间桥梁的作用得不到充分发挥。

政策解析：此条政策的立意，在于通过把协会改革改制进行得更深入、更彻底，从而加快政府职能转变，实现建设务实、高效政府的要求。《意见》中对此提出量化的时间要求，是对旅游改革寄予的厚望，各地须按照这一要求，抓紧做出协会改革改制的具体方案和时间安排，按时完成任务。

五、景区门票价格调整要提前半年向社会公布，所有旅游收费均应按规定向社会公示。

现状分析：景区门票价格是影响游客做出出行选择的敏感因素之一，是游客作为消费者享有知情权的重要组成部分。旅游活动需要较长计划周期，以及游客与旅行社签订合同和合同执行不同步、间隔时间较长的特点，决定了景区门票价格必须相对稳定。目前，国家层面对于门票价格调整的公布及其公布时限，以及旅游收费向社会的公示均无十分明确的规定，各地做法不一。有些景区在旺季来临前突然提价，致使旅行社迫于经营压力，要求游客修改已经订立旅游合同的价格条款，由此引发的纠纷给旅行社业务的正常操作带来很大困扰，不同程度地影响了旅行社的声誉，更给游客的实际利益带来了损害。

政策解析：本条政策的立意，在于通过对景区门票价格调整向社会公布设定具体时限，以及向社会公示旅游收费项目做出原则规定，以便更好地保护游客的知情权和旅游企业的切身利益。各地旅游部门须协同发展改革、价格部门，根据本条政策对于时限等方面的要求，及时制定具体措施和办法予以落实，并加强对公布和公示本身及其执行情况的监督。

六、全面落实旅游景区对老年人和学生等特殊人群门票优惠政策。

现状分析：国家发改委、国家旅游局等八部（委）《关于整顿和规范游览参观点门票价格的通知》（发改价格［2008］905号）明确规定，“游览参观点要明确对儿童、学生、未成年人、老年人、现役军人、残疾人、宗教人士等的门票价格减免范围和标准”。但在具体操作过程中，各地对于特殊人群门票减免范围和标准的规定各不相同，有些游览参观点至今没有对特殊人群实行门票价格优惠。

政策解析：本条政策的立意，在于通过对特殊人群实行门票价格优惠，更好地体现社会对特殊人群的特殊保护，更好地体现以人为本的宗旨。政策的内涵，一方面在于再一次明确对于特殊人群应该实行门票优惠，另一方面在于固化这些优惠政策执行的范围和标准，以提高其执行力和执行效果。各地需按照本条政策和《关于整顿和规范游览参观点门票价格的通知》的要求，迅速制定有关对特殊人群进行游览参观点门票优惠的措施和办法，向社会进行公示，并加强对执行工作的监督检查。（资料来源：中国网）

任务结论

随着我国旅游业的迅猛发展，旅游业的产业规模日益壮大，作为国民经济的一个重要支柱产业，旅游业与其他产业之间的关系及其在国民经济体系中所占的比重是否合理，都将对国民经济的健康运转产生举足轻重的影响。研究、制定和实施旅游产业政策，指导、规划和控制旅游业的发展，是十分必要的。

课堂训练与测评

1. 试分析旅游产业结构的内容和分类。

2. 试分析旅游产业结构优化的策略。
3. 试分析旅游产业政策的特征和内容。
4. 根据你所在城市的旅游产业结构特征，找出不足，提出优化产业结构的策略。

参考文献

1. 叶全良．旅游经济学．旅游教育出版社，2002.
2. 田孝蓉、李峰．旅游经济学．郑州大学出版社，2002.
3. 田里．旅游经济学．科学出版社，2004.
4. 王大悟、魏小安．新编旅游经济学．上海人民出版社，2000.
5. 李辉作．旅游经济学．电子工业出版社，2009.

模块九

旅游经济效益与评价

学习目标

理论目标：通过这章学习掌握旅游经济效益的概念、特点和影响旅游经济效益的各种因素，了解评价旅游企业经济效益和旅游宏观经济效益和微观经济效益的方法，并能结合实际掌握不断改善和提高旅游经济效益的途径，以促进旅游经济效益的持续发展。

实训目标：提高旅游宏观经济效益和旅游微观经济效益的思路和途径

项目一　旅游经济效益

任务一　旅游经济效益的概念和特点

任务描述

2011年山西旅游业经济效益与社会效益显著提高

2011年，山西省旅游业经济效益和社会效益显著提高，产业贡献率居第三产业首位。据省统计局测算，去年山西省旅游业增加值为719.23亿元，占山西省GDP比重为6.48%，占第三产业比重为18.53%。我省入境旅游外汇收入相当于山西省出口贸易总值的10.44%。旅游产业带动经济社会发展作用愈发显现。去年，山西省旅游业新增直接就业人员2万人，间接新增就业人员10万人；为山西省增加财政收入250.9亿元，占山西省财政总收入的11.1%；为山西省城乡居民增加收入344.1亿元，占山西省城乡居民总收入的8.2%。

我省要素市场短板有了明显提升，“门票经济”现象得到改观。去年，门票收入占吃住行游购娱六要素总收入比重，由2010年的24%下降到14.7%，排名下降到了第4位。而餐饮收入为16.8%，同比增长3.4%；娱乐收入占7.3%，同比增长1.7%；购物收入占13.8%，同比增长6.9%。

观光游览不再一枝独秀，多样化的选择为人们提供了更为丰富的游览方式。2011年国内旅游抽样调查显示，来我省旅游的国内旅游者中以观光游览为目的的占比38.2%，同比下降6.7%。我省的商务会展游涨幅最高，同比增长5.1%，占国内旅游人数的16.6%。健康、疗养旅游占5.7%，同比增长2.5%；选择乡村旅游的游客明显增多，达1 500余万人次，占观光休闲游客的22.78%；选择森林旅游的游客达到700余万人次，占观光休闲游客的10.83%。

从上述材料中我们可以知道旅游经济的提高对带动经济社会发展作用愈发显现。那么什么是旅游经济效益？影响它的因素是什么？

任务实施

一、旅游经济效益的概念

旅游经济效益，是指旅游经济活动的有效成果与劳动占用和消耗之间的比较，即从事旅游经济活动的投入与产出的比值之间的比较。所谓劳动占用和消耗，是指旅游企业和部门在规划组织旅游活动，向旅游者提供旅游产品和服务过程中所占用和耗费的物化劳动和活劳动，即旅游成本和费用等。

由于旅游经济活动是一种包含了经济、技术、社会、文化和政治等多种因素相结合的活动，因而其有效成果也是多方面的。既包括向旅游者提供旅游产品和服务，以满足他们多样化的旅游消费需求；又包括通过旅游经济活动获取应有的利润，从而为企业发展社会主义建设积累资金；还包括促进人们生活质量水平的提高和环境的改善。在一定的劳动占用和耗费情况下，旅游者在旅游活动中的满足程度越高，旅游经营部门或企业的旅游收入越高，对社会、生态环境的改善越好，则表明旅游经济效益越好。

二、旅游经济效益的特点

旅游业作为一个综合性的经济产业，有其自身的特点和运行规律。因此，旅游经济效益既有和一切经济活动相同的特点，又有区别于其他经济活动的不同特点，具体有以下几方面：

（一）旅游经济效益是微观经济效益与宏观经济效益的统一

旅游经济不仅体现旅游企业的经济效益，使旅游经济活动的主体及其组织得以生存和发展，而且还要体现整个旅游产业的宏观经济效益，并通过旅游经济活动及其较强的产业带动效应，把旅游经济活动所产生的经济效益辐射、渗透到其他产业和部门，带动整个社会经济的发展。

（二）旅游经济效益的衡量标准是多方面的

在社会主义市场经济条件下，旅游经济活动必须面向市场，以旅游者为中心。这就要求旅游经营部门和企业在组织旅游活动时，必须树立为旅游者服务的经营思想和观念，从旅游者的消费需求考虑，尽可能提供适销对路、物美价廉的旅游产品和服务，这是获取经济效益的前提。在充分满足人们旅游消费需求的基础上，取得合理的经济收入和利润，不断提高旅游业的宏、微观经济效益。因此，从以上两方面来衡量旅游经济效益，可采用以下指标体系进行综合分析和评价，即接待游客人数、游客逗留天数、旅游收入、旅游外汇收入、旅游利润和税收、客房率、游客人均消费、游客投诉率、资金利润率、成本利润率以及服务质量等多项指标。

（三）旅游经济效益具有质和量的规定性

同其他经济活动一样，旅游经济效益不仅有质的规定性，而且也有量的规定性。旅游经济效益的质的规定性，主要表现为取得旅游经济效益的途径和方法必须在国家有关法律、法规和政策的范围内和指导下，通过加强管理、技术进步和改善服务质量来实现。旅游经济效益的量的规定性，是指旅游经济效益不仅能用量化的指标来反映，而且还能通过对指标体系的比较、分析，发现旅游经济活动中的问题，从而寻求提高旅游经济效益的途径和方法。

旅游经济效益质和量的规定性是有机统一的整体，离开了质的规定而片面追求量的目标，就会偏离社会主义旅游经济发展的宗旨和方向，甚至成为不良社会行为生长的土壤；反之，若只考虑旅游经济效益的质的规定性，而没有量的追求，就没有积极开拓的进取精神和科学的经营管理方法，难以实现旅游经济效益。因此，只有把旅游经济效益的质和量有机统一起来，才能保证旅游经济活动健康、正常的开展，促进旅游经济效益的不断提高。

三、影响旅游经济效益的因素

影响旅游经济效益的因素是多方面的，既有主观因素，又有客观因素；既有宏观因素，又有微观因素；既有经济、技术因素，又有政策、法律因素；既有国内因素，又有国际因素等。因此，为了有效地提高旅游经济效益，就必须对影响旅游经济效益的主要因素进行科学的分析和研究。

（一）旅游者数量及构成

在旅游经济活动中，旅游者是旅游活动的主体和旅游服务的对象，也是旅游活动产生的前提。旅游者数量的多少与旅游活动中所占用和耗费的劳动量之间存在着一定的比例关系。若以较少的劳动占用和耗费，而为更多的旅游者及时提供了优质的旅游产品和服务，则旅游经济效益就好；反之，若为一定的旅游者服务而劳动占用和耗费不断增加，则旅游经济效益就差。因此，旅游者数量的多少对旅游经济效益具有直接的影响。这种影响具体表现在两方面：一方面，旅游经济活动中旅游者数量的增加，必然相应增加旅游收入，从而提高旅游产品和旅游服务的利用效率，增加旅游经济效益。另一方面，旅游经济活动中的劳动占用和耗费，特别是表现为固定费用部分（如基本工资、折旧、管理费用等），在一定范围内会随旅游者数量的增加而相对减少，于是在其他条件不变的情况下，旅游者数量越多，则对于每一个旅游者所花费的成本费用就相对减少，从而相应使旅游经济效益增加。另外，由于旅游者来自于不同的国家或地区，来自于不同的经济阶层，来自于不同的社会文化圈，因而具有不同的爱好、习俗、消费习惯及旅游支付能力，使他们在旅游活动中的旅游消费和支出具有不同的构成和特点，从而对旅游经济效益也产生着重要的影响。例如，在旅游者数量既定的情况下，旅游者逗留时间越长，所需旅游服务项目越多，则每个旅游者的平均消费支出就越大，于是旅游目的地的经济效益就越高。因此，不仅旅游者的数量规模大小对旅游经济效益具有直接的影响作用；而且旅游者的结构状况也对旅游经济效益产生直接的影响作用。

（二）旅游物质技术基础及其利用率

旅游物质技术基础是指对各种旅游景观、旅游接待设施、旅游交通和通讯、旅游辅助设施的总称。在旅游经济活动中，各种旅游物质技术基础与旅游经济效益具有直接的关系。通常，旅游物质技术基础条件好，则吸引的旅游者多，旅游收入多，劳动占用和耗费少，从而提高了旅游经济效益。因此，旅游业应适度超前地发展各种旅游设施，尽可能配备现代化程度较高的物质技术设备和手段，以提高劳动效率，减少劳动耗费，增加经济效益。

配备现代化的旅游设施，为提高旅游经济效益奠定了基础。但是，要真正提高旅游经济效益还必须不断提高旅游物质技术设施的利用率。而提高旅游物质技术设施利用率，意味着花费在单位游客上的劳动占用和耗费减少，从而降低了旅游成本，提高了经济效益。

（三）旅游活动的组织和安排

旅游活动全过程涉及到旅游者的食、住、行、游、购、娱等多方面的需求，这些需求是相互联系、衔接配套的。因此，在旅游活动中能否有效地提供旅游产品和服务，能否高质量地组织和安排好旅游者的旅游活动，就直接影响着旅游经济效益。例如，在其他条件既定情况下，若旅游时间超过了计划安排，则势必增加旅游成本而减少旅游利润；若旅游活动组织的单一、重复和枯燥，则可能产生负面影响，导致客源减少，效益下降；若旅游服务质量不高，不能较好地满足旅游者的身心需求，就不能刺激旅游者增加旅游消费，从而也就无法增加更多的经济效益。综上所述，在旅游活动的组织和安排中，一定要针对不同旅游者的类型、需求特点、消费习惯等，有目的地规划和组织好旅游活动。尽可能在旅游时间安排上张弛结合，留有余地，保证旅游时间有效利用；在旅行线路上尽可能安排紧凑、内容丰富、生动有趣，提高旅游者的兴致，使其得到最大的身心需求满足；在旅游服务质量上，要礼貌谦和、服务周到，使旅游者真正能够高兴而来，满意而归。

（四）旅游业的科学管理

旅游经济效益的提高，最根本的是劳动生产率的提高，而劳动生产率的提高离不开现代科学管理。因此，旅游行业必须科学地组织劳动的分工与协作，把食、住、行、游、购、娱等方面衔接配套好，才能有效地提高劳动生产率。另外，劳动者是生产力诸要素中最活跃、最关键的因素，也是决定劳动生产率能否提高的关键，因而要积极培训和提高职工的业务技术水平，充分调动职工的劳动积极性和创造性，真正实现劳动生产率的提高。总之，对旅游经济活动的管理越科学、合理，职工的业务技术水平越高，职工对本职工作的责任心越强，则劳动时间的利用越充分，劳动效率就越高，创造的劳动成果就越多，于是旅游经济效益就越好。反之，若旅游劳动效率低，则旅游劳动的成果就少，相应旅游经济效益也就差。

任务二　旅游经济效益的评价内容与评价指标

任务描述

南充升钟湖景区：注重经济效益与生态效益平衡发展

四川升钟湖景区为国家AAAA级风景区，旅游发展带动了经济的发展，如何实现风景区的经济效益与生态效益平衡发展，切实保护升钟湖景区的生态环境成为景区的头等大事。在已取缔网箱养鱼的情况下，为了防止再出现网箱养鱼、肥水养鱼的情况，让大家持续用上干净水，加强对水面的监管，一旦发现就立即取缔。除了取缔网箱养鱼保护水质外，在升钟湖还建了一个污水处理厂和垃圾中转站，月处理污水300立方，确保了污水不再流入湖中。在风景区内的村社按照规划，统一改水、改厕、改灶，建立沼气池，让农民的生活污水经过处理产生沼气，一方面不让污水流入湖中，另一方面也解决了生活燃料等问题，而沼气池后的残渣可以做很好的肥料，这样就实现了废物的循环利用。

升钟湖旅游风景区著名乡村旅游示范村—升水镇临江坪村，这里被确定为四川省乡村旅游示范村，一座座川北民居的小院掩映在青山绿水之中，好一派江南水乡的画卷。临江坪村辖区面积12平方公里，全村有477人，这里的老百姓大多数都是修建升钟湖的移民搬迁户，由于当时他们的良田沃土被淹没，人均耕地不足二分，在取缔网箱养鱼后，这里的渔民又面临着新的选择，他们利用该村淳朴的民风民俗和优越的垂钓休闲环境，率先搞起了旅游开发，开办了渔家乐，接待垂钓体验游客。全村150户都进行了改水改厕，建起了沼气池，生活污水不再流入湖中，从而保护了升钟湖的环境。同时，现在全村有渔家乐接待户75户，其中星级渔家乐25户，平均每户可至少接待15人以上住宿，50人以上就餐。此时正是旅游旺季的时候，星期五到星期天的时候就有很多旅客来这里钓鱼，要到渔家乐来玩一般都需要提前预订才行。由于这里生态好了，环境好了，生意也就更好了。现在家里除了可以用沼气烧水之外，还可以用太阳能，自己投入的几千元当时是有些舍不得，但是现在安装上了，方便多了，自己也不用像以前那样一进厨房就灰头土脸的，而且晚上洗澡的时候很方便，打开就有热水用，节约了钱，又没有灰尘。

据了解，对于农村生活污水的处理，除了建立沼气池外，还专门设立生态沟，污水经过生态沟，经过一定的沉淀，然后通过环境能力的自净能力，流入到湖里面的水就干净了，这一方面保持了水质，另一方面也防止了水土流失。现在农民都是用的湖里面的自来水，水质非常好，达到国家二类水质，用水只需要经过水厂简单的净化处理即可使用。

从上述材料中我们可以知道对于旅游经济效益的评价是综合性的。那么我们应该从哪些方面对旅游经济效益进行评价？评价的指标是什么？

一、旅游经济效益的评价内容

（一）旅游企业内部的经济效益

任何旅游经营部门和企业，为了向旅游者提供旅游产品，必然要耗费一定的社会劳动，占用一定的资金，从而形成旅游经济活动的成本和费用。如果旅游经济活动只讲满足社会需求，而不计成本高低，则是违背经济规律的。因此，要讲求经济效益，就必须把旅游经济活动的有效成果（特别是利润和税金）同要素占用和消耗进行比较，以评价旅游经济活动的合理性和旅游经济效益的好坏。这是旅游经济效益评估的主要内容。

（二）旅游社会效益

旅游经济活动带来的社会效益，主要是指给社会带来的不可用货币测量的物质文明与精神文明。表现为促进各相关经济与非经济部门的发展，扩大就业，提高人们收入水平；创造舒适、美观、和睦、安全的环境，改善人们生活质量；组织游览自然景观和人文景观，提高人们的文化素质；促进不同国家和地区之间的文化交流，提高开放水平等。

（三）旅游环境效益

旅游经济活动的环境效益是指旅游活动对自然环境与生态平衡的贡献与影响。旅游经济活动必须以旅游资源为基础，以市场为导向，充分有效地利用各种资源。在利用旅游资源的同时，还要考虑对旅游资源的保护，合理开发、有效利用资源，减少对环境的污染。旅游资源是一种特殊的资源，不论是自然景观还是人文风情，对其进行保护就是保持旅游产品的质量，保护旅游业发展的前提条件。

（四）长远效益和近期效益

任何经济活动都会面临长远效益和近期效益的权衡问题，旅游经济活动也不例外。不仅要追求近期效益，更要有战略眼光，注重长远效益，要把长期效益和短期效益结合起来，这样才能符合旅游业可持续发展的内在要求。但在旅游经济实践中，有些部门和企业往往只注意追求眼前利益，盲目开发，掠夺经营，忽视长远的、持续稳定的发展。

二、对旅游经济效益的直接评价指标

1. 衡量旅游经济效益的总体指标：

旅游业年度总经济效益额 = 旅游总收入 - 总支出

总经济效益 = （旅游总收入 - 总支出）/总支出 ×100%

2. 衡量旅游经济效益的具体指标：

（1）反映旅游投资效益的指标

投资回收期 = 投资总额/年平均现金净流量

投资报酬率 = 年平均现金净流量/投资总额

（2）反映固定资产效益的指标：

固定资产利润率＝利润额/固定资产总额×100%

固定资产利用率＝实际旅游人数/固定资产客容人数×100%

（3）反映流动资金效益的指标：

职工工资平均创汇率＝创汇总额/职工工资总额×100%

职工工资平均收益率＝收入总额/职工工资总额×100%

流动资金周转速度（次数）＝年度日历时间/流动资金周转一次所需时间

相关知识

旅游收入乘数效应

（一）旅游收入乘数效应的涵义

旅游收入乘数效应是用来衡量旅游收入在国民经济领域中，通过初次分配和再分配的循环周转，给旅游目的地国家或地区的社会经济发展带来的增值效益和连带促进作用的程度。自本世纪60年代以来，旅游业在全世界各地发展迅速，并成为许多国家重要的经济部门之一，对其他经济部门和整个社会经济产生了较大的促进和带动作用。因此，旅游经济学家把乘数效应概念引入到旅游经济活动的分析之中，从而产生了旅游收入乘数效应的概念。

旅游业是“无烟工业”，但它必须靠“有烟工业”——物质生产部门的支持，才能得以存在和发展。旅游者的交通，要依靠飞机和机车制造业，而这些制造业又要依赖黑色金属和有色金属钢铁、铝、铜等工业的发展；旅游者的住宿要依靠建筑业来建造饭店；旅游者的膳食要农业部门提供丰富多样的农副产品；旅游者的购物也要轻工业和手工业提供各种旅游商品。由此可见，旅游业的发展必然会促进一系列同旅游相关的间接部门的生产，从而带动整个国民经济的发展。正是由于旅游业的发展，对旅游业间接有关的部门发生了影响，增加了有关部门的收入，因而可在经济整体上用旅游收入乘数来衡量旅游业的地位和作用。

通常，旅游者的一笔消费支出进入旅游经济运行系统中后，经过多个环节，使原来的货币基数发挥若干倍的作用，在国民经济各部门中引起连锁反应，从而增加其他部门的收入，最终使国民总收入成倍增加。例如，旅游者在饭店里食宿，饭店职工从旅游者花费中获得工资，工资的一部分用于饭店职工的生活支出，其生活支出又注入本地经济；而餐厅对食品饮料的进货，又会使农民的收入增加，农民收入的增加，又会促进社会消费品销售量的增加。这种通过旅游者的花费对某一地区的旅游业的货币注入而反映出来的国民收入的变化和经济影响，就是旅游收入乘数效应。

（二）旅游收入乘数的计算

旅游收入乘数效应，可通过计算旅游收入乘数来判定，通常用 K 表示旅游收入乘数，则根据一定的投入增量和收入增量，即可计算旅游收入乘数，计算公式如下。

$$K=\frac{\Delta Y}{\Delta I}$$

其中：K——旅游收入乘数；

ΔY——收入增量；

ΔI——投入增量。

旅游收入乘数表明了旅游目的地对旅游行业的投入所导致的本地区综合经济效益最终量的增加。但应该指出，乘数效应的形成必须以一定的边际消费倾向为前提。因为无论是海外游客还是国内游客在某旅游目的地的消费都是对旅游行业的投入，当这笔资金流入旅游目的地国家或地区的经济运行中，就会对生产资料和生活资料生产部门以及其他服务性企事业单位产生直接或间接影响，进而通过社会经济活动的连锁反应，导致社会经济效益的增加。如果把这笔资金的一部分储蓄起来或用于购买进口物资，使资金离开经济运行过程或流失到国外，就会减少对本地区经济发展的注入和作用，也就是说，边际储蓄倾向和边际进口物资倾向愈大，对本地区的经济发展的乘数效应就愈小。根据以上乘数原理，计算乘数的公式可进一步表述为：

$$K=\frac{1}{1-MPC}\text{或}\frac{1}{MPS}\text{或}\frac{1}{MPS+MPM}$$

其中：MPC——边际消费倾向；

MPS——边际储蓄倾向；

MPM——边际进口物资倾向。

上述公式表明：乘数与边际消费倾向成正比，与边际储蓄倾向成反比。边际消费倾向越大，乘数效应就越大；边际消费倾向越小，乘数效应就越小。边际储蓄倾向越大，乘数效应就越小；边际储蓄倾向越小，乘数效应就越大。

例如，某旅游目的地旅游边际消费倾向为70%，即表示在这个地区的旅游收入中，70%的资金在本地区的经济运行系统中运转，而余下30%的资金用于储蓄或购买进口物资，或是离开了本地区的经济运行。则：

$$K=\frac{1}{1-MPC}=\frac{1}{1-0.7}=3.3$$

或 $$K=\frac{1}{MPS}=\frac{1}{0.3}=3.3$$

即旅游收入经过初次分配和再分配获得了3.3倍于原始收入量的经济效果。如果把80%的资金投入经济运行中，仅有10%的资金用于储蓄，10%资金用于购买进口物资。则：

$$K=\frac{1}{1-MPC}=\frac{1}{1-0.8}=5$$

或 $$K=\frac{1}{MPS+MPM}=\frac{1}{0.1+0.1}=5$$

说明把该笔资金经过初次分配和再分配，可获得5倍于原始收入量的经济效果。

三、旅游收入乘数的种类

旅游收入的乘数效应，使一个国家或地区增加一笔旅游投入相应会引起该地区经济的增长，使国民收入总量增加，并反映出国民收入的变化和经济影响。这种影响作用，主要通过以下几种常用的乘数模式，从不同侧面对国民经济产生相应的经济影响。

（一）营业收入乘数

营业收入乘数，是指增加单位旅游营业收入额与由此导致其他产品营业总收入增加额之间的比率关系，该乘数表明一地区旅游业的发展对整个地区营业总收入的作用和影响。

（二）就业乘数

就业乘数，是指增加单位旅游收入所创造的直接与间接就业人数之间的比率关系。该乘数表明某一地区通过一定量的旅游收入，对本地区就业产生的连锁反应，并导致对最终就业岗位和就业机会所产生的作用和影响。

（三）居民收入乘数

居民收入乘数，是指增加单位旅游收入额与由此导致的该地区居民总收入增加额之间的比率关系。该乘数表明了这一地区旅游业的发展而给整个地区的居民收入增加带来的作用和影响。

（四）政府收入乘数

政府收入乘数，是指增加一单位旅游收入对旅游目的地国家或地区政府净收入所带来的影响。该乘数用来测定旅游目的地国家和地区政府通过税金从旅游经济活动中得到的效益，即旅游收入对政府税金增加所产生的作用和影响。

（五）消费乘数

消费乘数，是指每增加一单位旅游收入所带来的对生产资料和生活资料消费的影响。该乘数用来测定旅游目的地国家和地区旅游收入增加对社会再生产过程的促进作用，即对社会消费扩大的作用和影响。

（六）进口额乘数

进口额乘数，是指每增加一个单位旅游收入而最终导致旅游目的地国家总进口额增加的比率关系。该乘数表明旅游目的地国家随着旅游经济活动的发展，旅游部门和企业以及向这些部门、企业提供产品和服务的其他相关单位，向国外进口设施、设备、生活消费品的增加量与旅游收入增量的关系。

课外阅读

森林生态旅游效益评价标准与指标体系

目标	准则	标准		指标
资源、环境、经济、社会协调可持续发展	资源增加	森林资源	数量增加	森林覆盖率、森林蓄积量、资产总值
			质量提高	年生长量、单位面积蓄积量
			结构改善	分布均匀度、树种结构
		生物资源	种类增加	生物种类数、生物多样性指数
			质量提高	生物生存能力
		景观资源	数量不减少	景观多样性指数
			质量不降低	景观可览度
	环境改善	大气	质量不降低	大气污染物种类数、大气污染指数
		水	质量不降低	污染水面比例、污染物种类数、水污染指数
		土壤	质量不降低	受污染土壤面积比例、土壤污染等级、水土流失强度
	经济发展	经济收益	高于平均投资收益	经营总收入、净资产收益率、人均利润率
		税收	税收增加	年税收总额、人均税收收入
	社会进步	物质生活	条件改善水平提高	恩格尔系数、零岁平均预期寿命、农民人均年收入
		文化素质	明显提高	文化学历结构、平均文化程度
		产业结构	结构改善	新增社会就业人数、当地劳动力从业结构、“三产”结构
		意识形态	文明程度提高	大众对生态环境保护的认识度、社会文明程度、各类社会治安和刑事犯罪的发生率

任务结论：旅游经济效益是旅游经济活动的有效成果同社会需要的比较，是旅游经济活动的有效成果同劳动消耗和占用的比较，是旅游经济活动的有效成果同资源利用的比较，是旅游经济活动的宏观效益和微观效益的统一。

项目二　旅游微观经济效益和宏观经济效益

任务一　掌握旅游微观经济效益的概念、分析指标和提高的途径

任务描述

海南省的旅游资源丰富，极富特色，海岸带景观在海南岛长达 1 500 多公里的海岸线上，沙岸约占 50－60%，沙滩宽数百米 1 000 多米不等，向海面坡度一般为 5°，缓缓延伸；多数地方风平浪静，海水清澈，沙白如絮，清洁柔软；岸边绿树成荫，空气清新；海水温度一般为 18～30℃，阳光充足明媚，一年中多数时候可进行海浴、日光浴、沙浴和风浴。

2011 年，海南省旅游饭店企业接待游客、营业收入增长进一步向好。全省 540 家旅游饭店累计接待游客 2 200.41 万人次，同比增长 14.4%。从经营情况看，全省旅游饭店房价和客房出租率均有较大幅度上升，平均房价为 357 元，比去年同期增长 10.6%，实现营业收入总额 97 亿元，同比增长 34.6%，客房出租率达到 62.37%，同比提高 2 个百分点。

2011 年，我省传统重点旅游景区热度不减，旅游接待保持平稳较快增长。其中，南山文化旅游区、天涯海角风景区、呀诺达雨林文化旅游区分别接待游客 354.26 万人次、418.37 万人次、112.04 万人次，同比增长 13.3%、14.8%、21.5%。新兴景区快速升温，旅游接待成倍增长。得益于《非诚勿扰 2》强大的宣传效应，凭借其优美的自然景观，亚龙湾热带天堂森林公园入园游客持续高涨，2011 年共接待游客 216 万人次，涨幅近 3 倍，成为我省景区接待方面的最大亮点。

上述材料中那些属于旅游微观经济效益？

一、旅游微观经济效益的概念

旅游微观经济效益即旅游企业的经济效益，是指旅游企业在旅游经济活动中，为了向旅游者提供旅游产品和服务而花费的物化劳动和活劳动同取得的经营收益的比较，也就是旅游企业的经营收益同成本的比较。这些旅游企业主要包括旅行社、饭店、景区、旅游交通和娱乐场所等。旅游企业经济效益的好坏，不仅决定着其自身的生存和发展，而且直接影响整个旅游业的宏观经济效益。

二、旅游企业经济效益分析指标

旅游企业经济效益指标，是反映旅游企业经营活动有效成果和要素占用与消耗的量化标志。对旅游企业经济效益的评价一般是通过分析旅游企业的收入、成本、利润的实

现，以及通过它们之间的比较来体现的。

1. 旅游企业的营业收入。营业收入是指旅游企业在出售旅游产品或提供旅游服务中所实现的收入，其包括基本业务收入和其他业务收入。营业收入的高低，不仅反映了旅游企业经营规模的大小，而且反映了旅游企业经营水平的高低。例如，通过旅游营业收入同企业职工人数的比较，就可以反映旅游企业劳动生产率的水平，公式如下：

$$\overline{S} = \frac{TS}{P}$$

其中：$\overline{S}$——人均旅游营业收入；

TS——年旅游营业总收入

$\overline{P}$——年职工平均人数。

2. 旅游企业的经营成本

旅游企业的经营成本，就是旅游企业从事旅游经营活动所耗费的全部成本费用之和，包括营业成本、管理费用和财务费用。用公式表示如下：

$$Tc = Co + Cm + Ca$$

其中：Tc——旅游经营成本；

Co——营业成本；

Cm——管理费用；

Ca——财务费用；

从成本性质角度划分，旅游企业的经营成本也可以说是旅游企业的固定成本与变动成本之和。

用公式表示如下：

$$TC = Cf + Cv$$

其中：Cf——固定成本；

Cv——变动成本。

3. 旅游企业的经营利润

旅游企业的经营利润，是指旅游企业的全部收入减去全部成本，并缴纳税收后的余额，主要包括营业利润、投资净收益和营业外收支净额。经营利润指标，集中反映了旅游企业从事

旅游经营活动的全部直接成果，可以有效地衡量旅游企业的经营管理水平和市场竞争力。旅游企业经营利润的计算，通常是先计算其营业利润，然后加上营业外收支净额和投资净收益得出经营总利润。

$$P = TS - Cv - T - Cm - Ca$$

$$TP = P + Ip + (Ds - Dc)$$

其中：P——旅游营业利润；

T——营业税金及附加；

TP——旅游经营总利润；

Ip——投资净收益；

Ds——营业外收入；

Dc——营业外支出。

三、旅游企业经济效益评价

旅游企业经济效益评价是在经济效益分析的基础上，选择和设计一定指标，对企业经营的经济效益性进行的比较和测量。经济效益评价与企业经济效益分析不同，它主要是一些相对比率分析。这种分析的结果有利于旅游企业内部的不同部门、不同类型、同种类型不同档次、不同规模的旅游企业以及旅游企业与其他企业之间的横向比较，是对被分析单位与其他单位比较效益的量测。

一、旅游企业经济效益评价指标的选择

评价一个企业的经济效益，必须首先确定可行的评价标准，它是比较和评价工作的依据。在实际分析中，这种评价标准常选择和设计一些具体的可以量化的指标。这是评价活动的第一步：

（一）选择旅游企业效益评价指标的原则

旅游企业的经济效益要为企业的经营者和管理部门计划、组织、协调、控制及投资决策提供依据。旅游企业作为一个微观主体，其经济效益主要体现为利润，但由于旅游企业本身的关联性及其和社会经济乃至国际经济相适应性的特点，构成了其获取经济效益的复杂性，表现出效益现象数量化的多面性特征。这就要求在选择和设计旅游企业经济效益评价指标时要遵循以下原则：

1. 科学性原则：评价指标本身必须是经济效益的指标，符合经济效益质的规定性。

2. 全面性原则：指标能够全面反映投入要素数量和质量变动效益，能对旅游企业的经

营收益作出全面评价，各指标间通过相互联系、相互制约构成一个完整的评价体系。

3. 可比性原则：能够利用选择和设计的指标对雁荡山旅游经营收益进行比较，包括纵向可比和横向可比。可比性原则还体现在设置指标时注意将不可比因素转化为可比因素，以扩大企业经营效果的可比范围。

4. 可操作性原则：指标所用的计算资料真实可靠，易于取得，指标数据的计算简便可行。

5. 导向性原则：通过指标体系的建立和考评，有助于旅游企业经营者组织生产和经营，指导投资决策，提高经济效益。

（二）旅游企业主要经济效益评价指标

旅游企业经济效益评价指标体系是由基本评价指标、劳动成果评价指标和资产负债评价指标组成。具体评价指标及计算方法如下表：

指标			计算公式	计算值
基本指标	财务效益	净资产收益率	净利润 ÷ 平均净资产 ×100%	0%
		总资产报酬率	（利润总额 + 实际利息支出） ÷ 平均资产总额 ×100%	0%
	资产营运	总资产周转率	主营业务收入净额 ÷ 平均资产总额 ×100%	0%
		流动资产周转率	主营业务收入净额 ÷ 平均流动资产总额 ×100%	0%
	偿债能力	资产负债率	负债总额 ÷ 资产总额 ×100%	0%
		已获利息倍数	（利润总额 + 实际利息支出） ÷ 实际利息支出	0
	发展能力	销售增长率	本年主营业务收入增长额 ÷ 上年主营业务收入 ×100%	0%
		资本积累率	本年所有者权益增长额 ÷ 年初所有者权益 ×100%	0%
	社会效益	全员劳动生产率（元/人）	增加值 ÷ 年末从业人员人数	0
公用补充指标	财务效益	主营业务利润率	主营业务利润 ÷ 主营业务收入净额 ×100%	0%
		成本费用利润率	利润总额 ÷ 成本费用总额 ×100%	0%
	资产营运	存货周转率（次）	主营业务成本 ÷ 平均存货	0
		应收账款周转率（次）	主营业务收入净额 ÷ 平均应收账款余额 ×100%	0
		不良资产比率	（待处理资产净损失 + 三年以上应收款项、积压商品物资、不良期投资 + 经营亏损挂账） ÷ 年末资产总额 ×100%	0%
		资产损失比率	待处理资产损失净额 ÷ 年末资产总额 ×100%	0%
	偿债能力	流动比率	流动资产 ÷ 流动负债 ×100%	0%
		速动比率	（流动资产 - 存货） ÷ 流动负债 ×100%	0%
		现金流动负债比率	年经营现金净流入 ÷ 年末流动负债 ×100%	0%
		长期资产适合率	（所有者权益 + 长期负债） ÷ （固定资产 + 长期投资） ×100%	0%
		经营亏损挂账比率	经营亏损挂账 ÷ 年末所有者权益总额 ×100%	0%
	发展能力	总资产增长率	本年总资产增长额 ÷ 年初资产总额 ×100%	0%
		固定资产成新率	平均固定资产净值 ÷ 平均固定资产原值 ×100%	0%
	社会效益	全年平均工资（元/人）	全年实际发放职工工资总额 ÷ 全年平均职工人数	0
饭店补充指标	基本指标	平均客房出租率	饭店全年实际出租客房间天数 ÷ （饭店客房间数 × 365） ×100%	0%
		平均房价	饭店房费收入 ÷ 饭店全年实际出租客房间天数	0

续表

指　　标			计算公式	计算值
饭店补充指标	结构指标	房费收入比率	饭店房费收入÷主营业务收入净额×100%	0%
		餐饮收入比率	饭店餐饮收入÷主营业务收入净额×100%	0%
		商品收入比率	饭店商品收入÷主营业务收入净额×100%	0%
		娱乐收入比率	饭店娱乐收入÷主营业务收入净额×100%	0%
		餐饮毛利率	（饭店餐饮收入－饭店餐饮成本）÷饭店餐饮收入×100%	0%
		商品毛利率	（饭店商品收入－饭店商品成本）÷饭店商品收入×100%	0%
		娱乐毛利率	（饭店娱乐收入－饭店娱乐成本）÷饭店娱乐收入×100%	0%
旅行社补充指标	结构指标	旅行社自联入境旅游收入比率	旅行社自联入境旅游收入÷主营业务收入净额×100%	0%
		旅行社国内旅游收入比率	旅行社国内旅游收入÷主营业务收入净额×100%	0%
		旅行社出境旅游收入比率	旅行社出境旅游收入÷主营业务收入净额×100%	0%
		旅行社自联入境旅游毛利率	旅行社自联入境旅游毛利额÷旅行社自联入境旅游收入×100%	0%
		旅行社国内旅游毛利率	旅行社国内旅游毛利额÷旅行社国内旅游收入×100%	0%
		旅行社出境旅游毛利率	旅行社出境旅游毛利额÷旅行社出境旅游收入×100%	0%
旅游区点补充指标	结构指标	旅游区（点）门票收入比率	旅游区（点）门票收入÷旅游区（点）旅游总收入×100%	0%
		旅游区（点）餐饮收入比率	旅游区（点）餐饮收入÷旅游区（点）旅游总收入×100%	0%
		旅游区（点）商品收入比率	旅游区（点）商品收入÷旅游区（点）旅游总收入×100%	0%
		旅游区（点）娱乐收入比率	旅游区（点）娱乐收入÷旅游区（点）旅游总收入×100%	0%
		旅游区（点）餐饮毛利率	（旅游区（点）餐饮收入－旅游区（点）餐饮成本）÷旅游区（点）餐饮收入×100%	0%
		旅游区（点）商品毛利率	（旅游区（点）商品收入－旅游区（点）商品成本）÷旅游区（点）商品收入×100%	0%
		旅游区（点）娱乐毛利率	（旅游区（点）娱乐收入－旅游区（点）娱乐成本）÷旅游区（点）娱乐收入×100%	
	税赋率		税费÷主营业务收入×100%	

四、提高旅游企业经济效益的途径

1. 加强市场调研，扩大旅游客源。旅游客源是旅游业赖以生存发展的前提条件，也是增加旅游企业营业收入的重要途径。因此，必须随时掌握旅游客源市场的变化，对现有客源的流向、潜在客源的状况以及主要客源国的政治经济现状及发展趋势进行调查、研究和分析，一边有针对性地进行旅游宣传和促销，提供合适的旅游产品和服务，不断扩大客源市场，增加旅游企业的经济收入，提高经济效益。否则就会失去市场竞争力、失去客源，而没有客源就没有旅游经济活动，也就无法实现和提高旅游企业的经济效益。

2. 提高劳动生产率、降低旅游产品成本。提高旅游企业的劳动生产率、降低旅游产品成本是提高旅游企业经济效益的重要途径之一。提高劳动生产率，就是要提高旅游企业职工的素质，加强劳动的分工与协作，提高劳动组织的科学性，尽可能实现以较少的劳动投入完成特有的接待任务，或者以同样的投入完成更多的接待任务，达到节约资金占用、减少人财物的消耗，减低旅游产品成本的效果。同时，提高劳动生产率还有利于充分利用现有设施，扩大营业收入，达到提高利润、降低成本、增加旅游经济效益的目的。

3. 加强经济核算，提高经济效益。经济核算是经济管理不可缺少的重要工作之一。旅游企业借助货币形式，通过记账、算账、财务分析等方法，对旅游经济活动过程及劳动占用和耗费进行反映和监督核算，有利于发现旅游经济活动中的薄弱环节和问题，分析其产生的原因和影响因素，有针对性的采取有效的对策和措施，开源节流，挖掘潜力，减少消耗，提高经济效益。

4. 提高旅游职工素质，改善服务质量。改善和提高旅游服务质量，增加旅游效益的关键。旅游服务质量的好坏不仅表现在旅游景观是否具有吸引力、旅游活动的内容是否丰富多彩、旅游接待设施是否属实安全上，而且也体现在旅游服务人员的服务态度，文化素质和道德修养上。因为旅游服务是通过旅游企业职工热情周到、诚挚友好的服务态度，通过服务人员谦虚的礼貌、整洁的仪表、良好的文化素质和修养来使游客真正享受到“宾至如归”的感受，所以，改善和提高服务质量能够满足游客的需求，促使他们延长逗留时间增加消费。

任务二 掌握旅游宏观经济效益分析和评价

任务描述

山东省旅游业休闲消费拉动经济发展

放眼全球经济，在增速放缓的大趋势下，旅游业显现出其抗冲击，易恢复的独特产业韧性。金融危机后的国际旅游业在2010年强势反弹，2011年仍稳健发展，全球跨国游客增加4.4%，达到9.8亿人次。世界旅游组织预测，2012年全球跨国旅游将以

3% –4% 的速度继续增长，跨国游客超过 10 亿人次。

从国内看，随着中等收入人群规模扩大，旅游发展大众化趋势更为明显。中国目前已经成为全球第三大旅游目的地，2011 年接待入境过夜游客 5 730 万人次，比 2000 年增加 2 600 多万人次。

在山东，旅游发展氛围日益浓厚，连续四年数千亿元的旅游投资开始产生综合效益，旅游业拉动内需的作用进一步增强。2011 年，山东加快重点旅游项目建设满足消费需求，全省累计完成旅游投资 1 230 亿元，枣庄台儿庄古城、青岛方特欢乐世界、海泉湾、德州齐河泉城极地海洋世界、济南万达城市综合体、恒隆广场、烟台亚沙会配套项目建成开业。与此同时，“好客山东贺年会”、“好客山东休闲汇”的成功创办，成为旅游引导消费的品牌节事。2012 年的贺年会，每天拉动各类消费收益超 10 亿元，带动交通、文化、商贸、体育等消费快速增长。

2012 年，山东旅游预期目标为实现旅游总收入 4 250 亿元，接待国内游客 4.65 亿人次，其中过夜游客 2.78 亿人次，接待入境游客 460 万人次，其中过夜游客 440 万人次。特别值得注意的是，国内和入境“过夜游客”的增幅，分别比去年同期增长 11.5% 和 10%。游客选择哪里住下，住多久，此间的消费就会给这个地方经济带来真金白银的增量。

上述资料中山东省旅游经济的发展那些属于宏观经济效益？

一、旅游宏观经济效益的概念

旅游宏观经济效益，是指旅游产业在旅游经济活动中，以尽可能少的劳动和资源的占用和耗费，获得尽可能多的经济效益、社会效益和环境效益。旅游宏观经济效益体现了旅游产业自身的直接效益，由旅游产业的带动而引起国民经济中相关产业部门的间接效益以及社会经济发展和生态环境改善的间接效益等。因此，研究旅游宏观经济效益就不能孤立地研究旅游产业，还必须对相关的社会经济和生态环境进行分析和研究。

（一）旅游宏观成本

旅游宏观成本，是指为开展旅游经济活动而形成的整个社会的耗费和支出，即旅游的社会总成本。除了旅游企业所发生的旅游经营成本以外，其他旅游宏观成本可大致划分有形成本和无形成本两大部分。

1. 有形成本。有形成本是指为开展旅游经济活动而必须付出的直接成本，主要体现在经济上的支出。具体包括：对发展旅游业而必需的有关道路、机场、水电、排污、码头等基础设施的投资；国家、地方、集体、个人对旅游景点、接待设施等方面的投资和贷款；引进国外的旅游设备、设施及购买原材料的支出等；国家各级旅游组织及相关机构用于旅游方面的市场调研、宣传促销、考察交流、外联和科研等方面的支出等等。

2. 无形成本。无形成本是指为发展旅游业而导致社会、经济和生态环境等方面产生的消极影响，是开展旅游经济活动而支付的“间接成本”。随着旅游业的发展及大量旅游者的涌入，首先，会对旅游目的地的环境和生态造成消极影响，如疾病的流传、环境的污染、生态平衡的破坏，从而使良好的自然景观受到影响。其次，会造成对传统文化、艺术及各种文物古迹的破坏和影响。特别是大量海外游客涌入，对旅游目的地国家和地区的传统道德观念、社会安定等都会带来一定的消极影响。再次，会引导旅游目的地的消费超前增长，从而刺激通货膨胀、物价上涨，对社会经济增长和经济结构产生消极的作用。总之，旅游经济活动的消极影响往往为人们所忽略，而要解决这些问题是需要投入大量的成本费用，因此就形成了旅游宏观成本的重要组成部分。

（二）旅游宏观收益

旅游宏观收益是反映通过发展旅游业而为全社会带来的成果和收益。它不仅包括旅游业自身所获得的经济收益，也包括对相关产业、部门的带动，对社会文化的促进，以及对整个社会、经济所产生的积极作用等。它也分为有形收益和无形收益两大部分。

1. 无形收益。无形收益是指发展旅游业给社会带来的，难以测算的收益。这些收益虽然无法用量化的形式表现出来，但它对社会的促进作用是显而易见的。例如，通过旅游经济活动促进了国家之间、民族之间、人民之间的相互了解，增进了友谊；通过旅游经济活动给旅游目的地国家带来了广泛的经济、文化和科学技术信息，促进这些国家科学技术的进步和教育事业的发展；通过对旅游资源的开发利用，促进了自然环境的保护和对各种民族文化、历史遗产的保护和维修，弘扬了优秀的民族文化传统；此外，旅游经济活动对陶冶人们的情操，增强人们的爱国主义观念，促进精神文明建设以及带动边疆少数贫困地区的社会经济发展等都具有积极的影响作用。

2. 有形收益。有形收益是指发展旅游业而给社会带来的直接经济收益，具体包括各类旅游企业所实现的利润和上缴的经济税金，通过旅游经济活动而创造的外汇收入等。

二、旅游宏观经济效益分析和评价

（一）旅游宏观经济效益评价指标

旅游宏观经济效益涉及面很广，内容丰富，通常要求从多方面、用多种指标进行分析和评价。目前，考核旅游宏观经济效益的指标主要有以下几个：

1. 投资效果。指一定时期内旅游投资额与盈利额之比，它反映了单位投资的盈利水平，又称投资利润率或投资回收率。

$$投资效果\frac{该投资产生的利润额}{投资额}\times 100\%$$

2. 投资回收期。指旅游投资额全部收回的时间，即投资额与年利润额之比。

$$投资回收期=\frac{投资额}{该投资的年利润额}$$

3. 劳动生产率。指一定时期内旅游接待人数与旅游业员工人数之比，它反映了单位旅游产品的活劳动耗费。

$$劳动生产率=\frac{旅游接待人数}{旅游业员工人数}$$

4. 就业率。指一定时期内旅游从业人员数量与同一时期旅游经济总量之比，它反映了旅游经济的单位资本量所形成的就业能力。

$$就业率=\frac{一定时期旅游从业人员的数量}{同一时期旅游经济的总量}$$

5. 外汇收入能力。指一定时期内旅游投资获得外汇净收入的能力，也叫做旅游换汇成本。

$$外汇收入能力=\frac{一定时期的外汇收入-同一时期的外汇成本}{同一时期的投资成本（本币）}$$

6. 接待能力。指一定时期内旅游投资与同一时期旅游接待人数之比，它反映了单位旅游投资所形成的接待能力。

$$接待能力=\frac{一定时期的旅游接待人数}{同一时期的投资成本}$$

7. 边际收益率。指旅游投入的增加量与旅游产出的增加量之比，它反映了旅游业在发展过程中的效益状况。

$$边际收益率=\frac{产出增加量}{投入增加量}\times 100\%$$

（二）旅游宏观经济效益的评价

对旅游宏观经济效益的评价，主要是评价旅游产业的发展对整个国民经济发展的贡献。它可从以下三方面进行综合评价：

1. 对旅游产业自身经济效果的评价。

对旅游产业自身经济效果的评价，是旅游宏观经济效益评价的主要内容，即通过分析旅游业满足社会需要的程度及发展旅游业所消耗的社会总劳动量间的比较关系，来评价旅游业的宏观经济效益。旅游业满足社会需要的程度，主要指通过对旅游业及相关产业的投资，最大限度地满足旅游市场的需求，通常用接待旅游者数量、旅游收入、接待设施规模等指标来体现。发展旅游业所消耗的社会总劳动量，主要指用于提供食、住、行、游、购、娱等多种旅游产品要素。而在基础设施、接待设施、游乐设施及旅游服务等方面所花费的全部物化劳动和活劳动消耗，通常用旅游投资及经营成本来反映。因此，分析旅游产业投资经济效果，就可以对投入和产出进行比较，具体就是用单位接待能力投资额、劳动生产率、资金利税率、投资效果系数及投资回收期等主要指标来反映。

2. 对旅游产业社会经济效果的评价。

旅游业是一个综合性的经济产业，它对社会经济的促进作用主要表现在对社会的促进及相关产业的带动方面。

对社会经济的促进可以通过旅游创汇指标、提高就业机会以及人们收入水平增加等指标来反映。对国民经济相关产业的带动则可通过计算旅游产业同其他相关产业的关联性、带动系数等指标，来反映旅游业的重要作用。通过上述两方面的比较和评价，可以评价旅游业关联带动功能的强弱。对于旅游资源丰富，具备发展旅游业的条件及关联带动功能较强的地区，可通过大力发展旅游业，带动相关产业的发展，从而促进整个国民经济的发展。

3. 对旅游产业的社会非经济效果的评价。

旅游业对社会经济的影响效果不仅体现在经济效果方面，还体现在非经济效果方面，即无形的收益。但由于对社会文化影响、环境保护、生态平衡、污染治理等方面的测量，无法以准确的量化数据来反映，因此只能根据某些主观判断来评价。为了在评价中增强科学性，减少主观偏差，可采用专家意见法的评价程序进行评价，使评价结果尽可能接近实际状况。

三、提高旅游宏观经济效益的途径和方法

1. 改善宏观调控，完善旅游产业政策

旅游业与国民经济中许多行业和部门都是密切相关的，旅游经济活动的顺利开展必须得到其他相关部门行业的支持与配合；同时旅游产品和服务又是由多个旅游部门和企业共同完成的，客观上也需要这些部门和企业达到最优化的配合。因此，要提高宏观旅游经济效益，就要求国家不断改善和加强宏观调控，对整个旅游产业的发展作出统一的、科学合理的规划，制定和完善旅游产业政策，充分利用和发挥经济、行政、法律等调控手段，调动社会各方面的积极性，促进整个旅游产业的发展。

另外，由于我国现代旅游业起步较晚，基础薄弱，因此为了促使旅游业适度超前发展，不断提高经济效益，在完善旅游产业政策时，必须抓好以下几方面工作。

第一，要确立和完善旅游产业结构政策，明确旅游产业的发展重点及优先顺序，制定保证实现旅游产业发展重点的政策措施。

第二，制定旅游产业布局政策，运用区域经济理论推动旅游资源的区域开发，并从空间上对旅游业及其产业结构进行科学、合理的布局。

第三，健全旅游产业组织政策，建立反对垄断、促进竞争的政策和机制，推动旅游产业的规模化经营，实现优胜劣汰。逐步引导旅游企业的联合经营，走产业集团化经营之路。

第四，倡导旅游产业技术政策，强化现代科学技术进步对旅游业发展的促进意义，制定推动旅游业科技进步的政策和具体措施，促进旅游业科技含量的不断提高。

2. 改革旅游经济管理体制，建立现代企业制度

提高宏观旅游经济效益，还必须对传统经济管理体制进行改革，按照市场经济的要求，建立适应社会主义市场经济的现代企业制度和旅游经济管理体制。

第一，在宏观旅游经济管理中，要做到政企分离，明确划分旅游行政管理部门和企业的权利和责任，充分调动旅游企业的积极性，提高旅游企业的经济效益。第二，要改善旅游行业管理，促进行业管理的规范化和科学化，减少和杜绝行政管理部门对旅游企业正常经营活动的干预，促进旅游企业面向市场，在国家宏观调控下自负盈亏地从事各种旅游经济活动。

第三，要改善单纯依靠国家作为投资主体的做法，在统一旅游规划的前提下，建立

能调动各方积极性的经济机制，促进国家、集体、个人及外资等多渠道投资的格局，加快旅游产品的开发和旅游基础设施的建设，促进旅游业的进一步发展。

第四，必须加快国有旅游企业制度改革，建立适应社会主义市场经济要求的现代旅游企业制度，明确国有旅游企业所有者和经营者的地位和身份，促进企业行为规范化，建立合理的利益动力机制，调动各方面积极性，不断提高旅游经济效益。

3. 加快旅游设施建设，提高旅游服务质量

旅游业的发展和旅游宏观经济效益的提高，离不开旅游“硬件”和“软件”的建设。

所谓“硬件”，就是指旅游产业的基础设施和接待设施等方面。具体包括：第一，要对构成旅游经济活动的基本条件，如水、电、交通、通信等基础设施进行适度超前建设，为旅游者安全、快速地抵达和退出旅游目的地创造条件，满足旅游活动安全、舒适、方便的要求；第二，要抓好旅游产品的开发，在搞好生态环境保护的前提下，加快旅游景区景点的建设，不断完善各种旅游接待配套设施，努力开发对国内外旅游者具有吸引力的旅游产品，增强旅游目的地的市场竞争力。

所谓“软件”，是指旅游服务质量，即旅游行业员工的服务态度、服务技能和服务水平。旅游服务质量是旅游业的生命线，是旅游业发展过程中永恒的主题。因此，强调质量意识，抓好管理监督，不断提高服务质量，是改善旅游形象、增强竞争能力的关键。

4. 抓好旅游市场管理。加强法制建设

旅游业是一个新兴产业，涉及面广，因此在经济管理、行政管理及法制建设等多方面都有待进一步规范化和法制化。针对目前我国旅游市场建设和发展中存在的问题，应着重抓好以下工作。

第一，加快旅游业的法制化建设，建立健全旅游法规，使旅游业的发展有法可依，做到违法必究、执法必严，促进旅游业健康持续地发展。

第二，要依法规范旅游市场主体行为，提高旅游市场管理水平，严厉打击各种违法经营行为，制止各种不正当竞争手段，使旅游行业管理逐步实现法制化、规范化和国际化，加快与国际旅游市场的接轨，促进旅游服务质量和旅游经济效益的不断提高。不断完善各种旅游接待配套设施，努力开发对国内外旅游者具有吸引力的旅游产品，增强旅游目的地的市场竞争力。所谓“软件”，是指旅游服务质量，即旅游行业员工的服务态度、服务技能和服务水平。旅游服务质量是旅游业的生命线，是旅游业发展过程中永恒的主题。因此，强调质量意识，抓好管理监督，不断提高服务质量，是改善旅游形象、增强竞争能力的关键。世界旅游组织在1994年提出了口号：“高质量的员工、高质量的服务、高质量的旅游”，必须不断改善和提高服务质量，更好地满足旅游者的消费需求。同时，还要求对旅游目的地的社会治安、环境卫生、市容市貌等进行综合治理和改善，创造一个良好的旅游环境和氛围，促进旅游业长期持续稳定地发展，不断提高旅游经济效益。

相关知识

旅游卫星账户

一、旅游卫星账户

旅游卫星账户（Tourism Satellite Account，TSA）又称为旅游附属账户，是一种宏观统计计量方法。它是以国民经济核算为统计基础，按照国际统一的国民账户的概念和分类标准，在国民经济核算总账户下所单独设立的一个子系统。通过编制这一账户可以把由于旅游消费而引发的国民经济各行业中的直接和间接的旅游产出，从相关行业中分离出来单独进行核算，从而达到在国际统一的统计框架下对旅游经济进行全面测量和分析比较的目的。

二、作用

旅游卫星账户区别于传统的旅游统计体系，为各旅游发展国家提供了一个国际统一标准的计量方法，不仅大大提高了旅游统计数据的可信度和区域间的可比性，还能够准确全面地测度旅游经济在整个国民经济中的地位和作用，实现国际间的可比和对旅游业经济影响的量化分析。

三、我国建立旅游卫星账户的尝试

我国先后在厦门、秦皇岛、桂林、江苏等地区，开始建立区域旅游卫星账户进行试点。2002 年 9 月江苏省旅游卫星账户编制试点工作组完成了《江苏旅游卫星账户体系构建》，较系统的提出了江苏区域旅游卫星账户的构想。2006 年国家旅游局和国家统计局联合组成工作组，正式启动国家级旅游卫星账户研究编制工作。2007 年 3 月 1 日“中国国家级旅游卫星账户”项目工作组召开的汇报鉴定会，由国家统计局和国家旅游局有关专家组成的研究小组，经过长期的研究工作，以联合国统计委员会批准的《旅游附属账户：建议的方法框架》为基本原则，利用 2004 年全国第一次经济普查和国民经济核算的相关资料，初步编制完成“中国国家级旅游卫星账户”的部分账户表。

四、世界各国旅游卫星账户的建立情况

2001 年 5 月，由加拿大旅游委员会、世界旅游组织、世界旅游理事会和世界经合组织主办，在温哥华举行了“旅游卫星账户——为良好决策提供可靠数据”的国际会议。目前，加拿大、澳大利亚、西班牙、法国、新西兰、瑞士、美国等国相继进行了旅游卫星账户编制的实践。他们以联合国统计委员会批准的“旅游卫星账户：推荐方法框架”为基础，并根据本国的实际情况进行了相应的调整和补充。许多发达国家通过旅游卫星账户的成功编制，为制定旅游业发展政策和规划提供了决策依据。在对旅游卫星账户的界限与分析中，许多国家从中受益。

课外阅读

“门票经济”何时变身“旅游经济”

——从“景区票价进入‘百元时代’”看山西旅游业发展

据报道，自2012年4月1日起，井冈山景区门票由130元调整为162.5元；曾经免费的枣庄台儿庄古城景区也由100元升至160元，涨价幅度高达60%。伴随着新一轮旅游旺季的到来，国内景区门票涨价声音响起，国内5A级景区门票也集体跨入了“百元时代”。一时间，国内景区涨价成为广大民众热议的焦点。那么，在此环境下，山西的旅游业该如何发展？难道“门票经济”能带动旅游业发展？省内旅游界专家一语道破：发展旅游业，要变“门票经济”为“旅游经济”。

票价成出游主要支出，“门票经济”正在改观

经常出游的人都知道，我们旅游时所支出的门票费高于住宿、交通以及娱乐、餐饮、购物等，不断高涨的门票实在让人感到无奈，有人甚至戏称“景区门票跑赢了CPI”，旅游花销中“门票高”受到社会各界广泛关注。作为山西旅游业，旅游“六要素”同样分布不均。不过可喜的是，我省的要素市场短板得以提升，“门票经济”现象正在改观。

近日，中国旅游研究院与携程网联合发布了《中国休闲旅游客户需求趋势研究报告》。该报告通过在代表性景区发放的超过3万份现场调查问卷，并参照携程网的数据库，依据科学模型权威统计得出，客观反映了中国休闲旅游消费趋势、旅游者的需求和行为及目的地关注变化。在休闲旅游者花费方面，报告显示，目前国内休闲旅游已是重要的大众消费行为。国内游客旅游的人均花费在501~1 000元、1 001~2 000元、500元以下的游客分别占29.42%、25.67%和24.02%，比例较高。总体来看，较多国内游客认为景区门票占总花费比例最高。景点门票和交通花费分别占21.92%和20.92%，其次才是购物、餐饮、住宿、文化娱乐等。对此，省旅游局席局长也表示，长期以来，旅游六要素在我省旅游收入中的构成比例严重失调，门票收入占据所有旅游收入的首位，餐饮、娱乐、购物比例较小。尤其是购物和娱乐，两项加起来的比例还不足13%。

提到高门票，太原市民何女士表示，无论是自驾还是自由行，前往著名的旅游目的地的开销去除交通成本，最大的部分就是景点门票，高额的门票实在让人感到无奈。不少热衷携家庭成员自驾出行的游客也表示，票价高的景点景区对我们这类游客而言简直就是“鸡肋”。

说到这里，我们不得不反问：我们的景点景区究竟怎么了？难道高票价为景区带来了人气，让你们收益丰厚？还是这样可以带动当地旅游业的发展？其实，我们不否认这些效应，但是从长远看，这种只靠门票经济来发展旅游业的做法只会带来反作用——票价高了，游人少了，如何收效？在此，我们也不得不提到国外。与国内景点门票价格相比，外国有些景点的票价即使兑换成人民币也普遍低廉，如珍藏了世界大量文化瑰宝的巴黎卢浮宫，收费8欧元，绝对值相当于人民币70多元，但与法国人的平均收入相对比，也就相当于中国人的7~8元人民币，而且逢周六、周日是免费的。意大利的古罗马斗兽场收费也仅6欧元。在日本，自然景观更是不收费……

多途径为景区增值，变“门票经济”为“旅游经济”

“门票经济”不是“旅游经济”的主要形式，以涨价为手段来解决旅游业发展的问题，不利于整个旅游产业链的完善。只有通过发展和旅游密切相关的购物、餐饮、休闲、娱乐等相关服务产业，增强软实力，提供人性化的服务，才能让游客感到物有所值，才能形成良性循环。

“高品质的旅游资源是一种稀缺资源，适当调价是可以理解的。”山西省社会科学院旅游研究中心主任李永宠认为，“景区的收入与支出必须透明化，相关部门应建立长效机制，规范景点收费行为。如果以涨价为手段来解决旅游业发展的问题，不利于整个旅游产业链的完善。”

“国外很多景区都不收门票，或者是只收很低廉的门票，除了部分来自政府补贴外，另外一些私人景区的管理运作模式，很值得国内景区学习。”我省从事导游工作多年的岳玉凤表示：“虽然从事旅游业多年，但是一直以来很少购买纪念品，不过一次在日本的经历让我难忘，当时景区内的纪念品深深吸引了我，无论创意还是质量，那些纪念品都堪称经典，我毫不犹豫花钱买了下来，而过后算了一下，购买纪念品的价格已经远远超过了景区的门票价格。”因此，景区需要通过多途径多方式为景区增值，而不能仅仅盯着门票，仅靠门票的单一收入显然不是维持景区正常有效运转的最佳方法。

讨论题：有人说“门票经济”是杀鸡取卵，为什么？除了门票经济你认为如何提高旅游地的经济效益？

任务结论

提高经济效益是旅游经济活动的基本原则，是判断旅游业对国民经济贡献大小的主要标准。上述内容并分别从旅游微观经济效益和旅游宏观经济效益两个层次对旅游经济活动的成果进行了分析，重点在于探索提高旅游经济效益的途径，促进旅游业的持续发展。

课堂训练与测评

1. 何为旅游经济效益？其有何特点？
2. 试分析影响旅游经济效益的因素？
3. 试比较旅游企业和旅游宏观经济效益的评价指标。
4. 如何提高旅游宏观经济效益？
5. 结合实际，阐述提高旅游经济效益的重要意义。

模块十

旅游经济发展战略与模式

学习目标

理论目标：了解旅游经济发展战略和模式的含义；理解旅游经济发展战略和模式对旅游经济发展的重要意义；理解旅游经济发展的原则。

实训目标：能够掌握制定旅游经济发展战略方案的相关方法；能够掌握设计旅游经济发展模式方案的相关技巧。

项目一 旅游经济发展战略的制定

任务一 把握旅游经济发展战略的原则

任务描述

"香格里拉"一词，是1933年英国小说家詹姆斯·希尔顿在小说《失去的地平线》中所描绘的一块永恒、和平、宁静的土地。1937年好莱坞根据小说拍成电影《桃源艳迹》，立刻风靡全球，"香格里拉"一词更广为人知。电影主题曲《这美丽的香格里拉》传唱一时。后来，香格里拉一词成为酒店的商号，进而风靡世界，成为世界酒店品牌的至高象征之一。《失去的地平线》成了西方人的《桃花源记》，为西方的文化价值观念，植入人间乐土的意境。从此，"香格里拉"就成了"伊甸园"、"乌托邦"和"世外桃源"的代名词。

2001年12月17日云南中甸正式易名"香格里拉"，香格里拉的含义与中甸古城藏语地名"尼旺宗"相一致。通过易名，提高在国际市场的知名度，很多游客慕名而来，极大刺激当地旅游产业发展。

通过该案例来看，如何把握旅游经济发展战略的原则？

任务实施

制定旅游经济发展战略一般应坚持以下主要原则：

1. 因地制宜，循序渐进

发展旅游经济需要有自然或者社会资源作为基础，各地资源禀赋不同，不能强求一律。因此，要因地制宜，结合自身条件发展旅游经济，让旅游资源丰富、区位条件又好的地方优先发展旅游业，或创造条件后再发展旅游业。

2. 与经济发展水平相适应

旅游经济的发展与经济发展水平紧密相关。经济的发展为旅游经济发展提供必要的基础和前提，包括技术水平、资金保障、市场基础和社会环境等；旅游经济的发展又为经济其他产业的发展提供所需的积累、外汇和市场环境等。因此，旅游经济的发展战略应坚持与经济发展相适应的原则。

3. 与国际旅游经济发展同步

旅游业天生就是一个国际性产业，作为一个外向型产业，旅游经济的发展必须与国际旅游经济发展同步，参与国际旅游市场的竞争，这就要涉及旅游产品的设计、产品标准、接待规范、价格标准、市场运作等方面的工作，只有这样才能使旅游经济面向国际市场，适应国际市场的要求。

4. 旅游产品间相互平衡

旅游经济是一个复杂的整体，它由众多的旅游活动所组成，这些活动都是旅游企业和旅游者共同构建起来的。旅游产品构成是连接旅游企业和旅游者的纽带，形成旅游经济的需求与供给体系。因此，在旅游经济发展中必须保持旅游产品相互间平衡，保持食、住、行、游、购、娱等各个环节的平衡，以充分发挥旅游综合生产力的作用。

任务分析

该案例中云南中甸易名“香格里拉”，正是把握了制定旅游经济发展战略的原则，即与国际旅游经济发展同步的原则。

随着世界经济的发展，人们的经济收入和生活水平不断提高，旅游将不再是少数人奢侈的生活方式，而是一种大众化的活动，如同人们的一日三餐，很平常。同时人们长期在城市生活，渴望亲近自然，回归自然。基于以上原因，人们对观光旅游将失去兴趣，传统走马观花式的观光旅游将让位于休闲度假旅游。休闲度假旅游已成为发达国家旅游者外出旅游的主要形式，也是国际旅游经济发展的大趋势。其具有以下特点：一是休闲度假旅游的访问地相对固定。旅游者到达目的地后，一般活动范围不大，往往局限于度假村及其周围地区。二是休闲度假旅游更强调休息。观光旅游者着意于游山玩水，欣赏异国风情，以开阔视野、增长见识；而休闲度假的目的则主要是在工作紧张之余，寻求消遣、消除疲劳、增进身心健康。三是休闲度假旅游在一地的停留时间相对较长，而观光旅游者则不然，往往是走马观花式的。四是休闲度假旅游者一般不需要导游。

“香格里拉”在西方社会就是“伊甸园”、“乌托邦”、“世外桃源”的代名词，对广大发达国家的旅游者具有不可抗拒的吸引力，是休闲度假旅游的理想场所。易名“香格里拉”，就是要适应当前国际旅游经济发展的需要，是把握旅游经济发展战略原则的成功例证。

任务二 制定旅游经济发展战略的方案

任务描述

当前旅游经济发展有以下趋势：

1. 旅游将成为人们一种新的生活方式
2. 旅游业在国民经济中的地位和作用不断提高
3. 旅游业经营将实现集团化、网络化和国际化，旅游业竞争将进一步加剧
4. 旅游服务将走向个性化
5. 旅游的方式从团体转向散客
6. 传统的观光旅游将让位于度假旅游
7. 无主题旅游向主题旅游转化
8. 旅游业的可持续发展将成为未来旅游业发展所追求的永恒主题
9. 生态旅游将成为一种新的旅游潮流

以上是当前旅游经济发展的主要趋势，如何结合这些趋势制定旅游经济发展战略的方案？

任务实施

目前旅游经济发展战略方案的制订，主要存在着两种旅游发展观。一是经济导向型发展观；二是可持续发展观。

1. 经济导向型发展观

经济导向型发展观是指从经济或生产角度出发，国家和企业将旅游发展的经济功能置于首位的发展观念。

这种发展观多适于欠发达地区，由于经济不够发达，需要发展经济，又缺乏必要的资金，因而把旅游的发展作为获取资金的一条重要渠道，同时也是解决就业问题的很好举措，增加地方财政收入，发展了地方经济。事实证明，许多欠发达国家或地区通过发展旅游得到了可观的财政收入，尤其是资源比较贫乏的地方，通过发展旅游来带动相关行业的发展，从而提高其地方经济的总体发展水平。如湖南湘西通过大力发展旅游经济，实现了经济的快速增长，使部分人在短时间内脱贫，2009 年旅游收入占到了财政总收入的 20% 。

经济导向型发展观指导下的旅游经济发展的主要特征。具体如下：

第一，旅游经济发展以入境旅游为主；

第二，政府主导下的超常规发展；

第三，外延型的数量扩张，以数量增长来衡量经济发展。

但是，这种发展观也容易引起旅游业的发展与当地原有生产的矛盾，外来文化与当地文化的冲突以及生态环境的破坏等。同时数量扩张消耗资源巨大，尤其在缺乏有效的管理时，甚至会造成许多破坏性的影响，经济效益可能低下的情况往往被忽视。

2. 可持续发展观

可持续发展观是指旅游业的发展要从经济、社会、文化和环境等领域相协调的角度出发，确保旅游发展可以利用的资源能用来“满足当代人的需要而又不危及满足今后各代人需要的能力”的发展观念。

按照这种发展观，一是旅游业的发展要实现满足当代人的需求；二是旅游业的发展要与自然、文化和人类生存环境形成一个整体，必须建立在生态环境可承受能力上，符合当地经济发展状况和社会道德规范，使之与经济、社会和文化等其他领域的发展相协调；三是旅游业的发展既要满足当代人的需要，又要从长远观点出发，考虑今后各代人需要的满足；四是维护和改善自然、社会环境，节约使用资源是所有参与旅游活动者的共同责任，与持续旅游业息息相关。当前发达地区多采用这种发展观。

可持续发展观指导下的旅游经济发展的主要特征。具体如下：

第一，政府主导下的循序渐进发展；

第二，资源得以永续利用的发展；

第三，经济效益、社会效益和环境效益相统一的发展。

可持续发展观是旅游经济发展的必由之路，当前发达地区多采用这种发展观，其建立在良好的社会经济基础之上，欠发达地区多采用经济导向型发展观。

任务分析

结合以上旅游经济发展观，分析当前旅游经济发展趋势，依据不同地区实际情况，旅游产业发展所处阶段不同，影响旅游经济发展战略方案的制订主要因素有：

第一，社会经济发展水平。社会经济发展水平是影响和决定一个国家或地区旅游经济发展战略的基础条件。一方面，社会经济发展水平的高低会对旅游产业的发展提出不同的要求，即经济发展水平较高，居民收入水平也高，旅游需求也强烈，要求旅游业快速发展；经济发展水平低，国内或地区内居民旅游需求虽然薄弱，但为了促进经济的发展，吸取外汇，积累资金，而要求发展入境旅游。另一方面，经济发展水平会对旅游产业的发展形成制约，即与发展旅游业相关的其他产业，能对旅游业提供多大的支持。如经济发展水平高，这种支持就比较有保证；如经济发展水平低，这种支持就会很有限，从而制约了旅游产业的发展。所以在制定旅游经济发展战略时，尤其是考虑战略目标时，必须考虑不同时期社会经济发展会对旅游业提出什么要求和能提供多大的支持。

第二，旅游资源的丰富程度与开发潜力。一个国家或者地区的旅游资源状况是其旅游产业发展的前提条件，对制定旅游发展战略有直接影响。如果旅游资源丰富，品种又齐全，就可以提供多种类型的旅游产品，满足各种不同的旅游需求，并且，由于开发潜力大，其旅游产业的发展后劲也大。因此，在制定旅游经济发展战略时，其战略考虑就可放宽、放远。反之，若旅游资源不够丰富，又比较单一，例如某些岛国主要旅游形式就是海滨度假，其旅游产业的发展便会受到一定的限制，旅游经济发展战略也可能有别于前一类型的国家或地区。

第三，旅游产业发展所处的不同阶段。不同的发展阶段意味着旅游产业发展的基础不同，进一步发展的要求也不同，这对旅游经济发展战略的制定也有影响，一般来说，旅游产业若处于初期发展阶段，其发展速度较快，需要的基础设施投资也大，旅游产业的发展主要表现为数量型增长；旅游产业若处于中期发展阶段，其发展速度相对缓慢，所需投资仍然较大，但与初期阶段相比将有所减少，而且其发展开始注重质量和效益，表现为从数量增长向质量提高转换，从速度型向效益型转换；进入成熟阶段的旅游产业，各种基础设施已成一条龙配套，各种接待设施也已完善，服务质量和管理水平也较高，产业体系健全，经济运行畅通，旅游产业的发展主要表现为低速度、高效益和高质量，即以内涵扩大再生产为主的效益型发展。

由于旅游产业所处的发展阶段不同，其发展的任务和提出的要求也不同，其发展战略也会不同。在初期发展阶段，主要任务和要求是创汇，即增加外汇收入为经济建设积累资金；在成长阶段，要求同时兼顾速度和效益；而在成熟阶段，由于基数大，速度会减慢，主要获取更高的发展效益。

总之，影响制定旅游经济发展战略的因素除上述三个主要方面外，还有其他因素，如政治制度、经济发展模式、产业政策、旅游市场需求与格局、周边环境与国际环境等。在具体制定的过程中，应对这些因素进行深入分析，通盘考虑。

相关知识

鉴于当前世界旅游经济发展趋势，遵循科学发展观理念，旅游经济发展战略的选择，应该采取以人为本、全面协调可持续发展战略，结合所在地具体实际情况，应该是制定适度超前的旅游经济发展战略方案。

适度超前的旅游经济发展战略方案应包括两个方面：一是适度超前发展；二是可持续发展。二者的关系是相辅相成的，它们都是经济发展对旅游发展提出的基本要求。

体现在以下六个方面内容：一是发展速度超前。旅游经济发展速度应略高于经济发展速度和工农业发展速度。二是发展水平超前。旅游管理水平、技术水平和服务质量应按照国际标准要求。三是人才培养超前。旅游业是国际性行业，要争取尽快达到国际水准，首先必须建立政治、业务素质相当高的职工队伍。因此，对从业人员必须在政治素质、管理水平和操作技能方面提出更高要求，在队伍建设、人员培训教育方面均应适度超前。四是旅游业超前是适度的。适度的含义是在发展速度上要略快于经济和工农业的发展，但又必须与和旅游业相关产业，发展相协调，不能盲目超前，超前适度可能带来消极影响。五是旅游业的超前是指总体超前，它并不排斥相对滞后，因为超前是有条件的，即只有旅游资源丰富、配套设施较完善、发展旅游效益比较显著的地区才能超前发展，而一些不适合发展旅游的地方决不能盲目发展。六是旅游业适度超前发展的提出，不是主观臆造的结果，而是客观的必然要求，是以旅游业的基本性质、主要特点和所处的地位为出发点，并考虑其发展前景提出来的。其主要依据有三个方面：第一，旅游业适度超前发展是经济长远发展的客观要求与旅游业诸多特点相结合的必然选择；第二，是旅游业作为新兴的朝阳产业的内在要求与发展现状相结合的必然选择；第三，是国家进一步改革开放与旅游业作为国际化竞争性产业相结合的必然选择。由此可见，发展旅游业，坚持适度超前的发展战略是国民经济、旅游业自身和国际竞争三个不同层次提出来的共同要求。

课外阅读

案例一　山东沂水旅游经济发展战略助推县域经济发展

近年来，山东省沂水县把旅游业作为促进县域经济又好又快发展的主导产业来抓，积极实施“政府主导，科学规划，市场运作，集群发展”的旅游发展战略，坚持走“区域整合、优势互补、共塑品牌”集群式发展路子，旅游业由小到大、由弱变强，从“风生水起”到“千帆竞发”，形成了独特的“沂水旅游现象”，成为业界一匹“黑马”。

2011 年是沂水旅游转型升级的关键一年，也是促进沂水旅游持续快速发展、管理服务全面提升、打造全国优秀旅游目的地的关键一年。沂水确定了今年旅游工作的主要思路：积极实施“一六四五”工程，即围绕“一个中心”、完善“六大体系”、促进“四个转变”、实现“五个一样”。“一个中心”，即围绕旅游目的地建设这个中心；“六大体系”，即完善旅游组织保障、产品集群发展、服务配套、市场营销、行业管理和人文生态环境建设六大体系；“四个转变”，即促进旅游业发展由粗放型向精品型、由产品集群型向产业集群型、由产品打造型向目的地体系建设型、由满足基本需求型向提供优质服务型转变；“五个一样”，即乡村环境面貌与城市环境面貌一样整洁，旅游景区外的景观与旅游景区内的景观一样美丽，晚上的旅游项目与白天的旅游项目一样精彩，沂水居民对待游客的态度与旅游从业人员对待游客的态度一样热情，来沂水旅游与回家一样亲切。

2010 年 12 月 24 日，“好客山东贺年会”县域旅游经济发展研讨会、山东省县域旅游经济发展研究基地暨山东亲情沂蒙旅游集团挂牌成立仪式在沂水县举行。这是沂水县树立旅游整体品牌，壮大旅游企业经营规模的重要举措，将有力推动沂水旅游业实现又好又快发展。

推进旅游产品体系建设，加快旅游产品转型升级。去年以来全县 21 个重点旅游项目建设共投入开发建设资金 7.5 亿元。山东龙岗旅游管理有限公司已于去年 10 月 6 日在美国成功挂牌上市，实现了全省旅游企业上市零的突破。加大了饭店建设速度，目前正在建设的银河大瀑布酒店、沂河世纪广场酒店、中和花都等总投资 6.2 亿元，其中按 5 星级标准建设的 1 个，4 星级标准建设的 2 个，建成后可新增客房 1 200 多间，床位 2 500 多张。积极建设休闲步行街、购物一条街、特色餐饮一条街等设施，打造城市中央游憩区。

建立环境保障体系，促进经济社会和谐发展。先后投资 30 多万元对县境内的旅游交通指示牌进行了规范整合。在汽车站、火车站等游客集散地设置了旅游交通示意图、旅游咨询服务台。投资 80 多万元，建成了旅游咨询服务中心，着力改善城乡生态环境。利用 5 年时间，全面完成通往景区的 7 条道路两侧可视范围内的荒山绿化。建成了沂河大道、沂河公园和小沂河湿地公园，规划建设了长 6 000 多米的沿河休闲景观带，做活了沂城“休闲滨水生态”文章。

配套完善交通体系，增加旅游交通舒适度。沂水县先后对城区 17 条道路进行了高标准改造，开通了至烟台、新沂、汉口的客运列车，青莱高速在沂水县设有两个出入口，沂水新汽车站已投入试运营。投资7 500万元新建、整修农村公路75.5公里，大中桥梁5座。三条旅游重点道路得到了改造提升。

加强市场营销体系建设，塑造旅游目的地品牌形象。由县分管领导带队，赴北京、天津、河北、河南、江苏、安徽等地进行系列宣传促销活动，参加各类旅游交易会、旅游博览会，承办了山东省旅行社协会第五届年会暨创新合作发展论坛，成功举办了"第二届中国（沂水）地下河漂流节"、"2010世界旅游小姐年度冠军总决赛国际巡游活动山东沂水巡游"等旅游节庆活动。出台了针对省外的大团队奖励政策，增强了沂水旅游的吸引力。

为把沂水旅游这张名片打造得更靓丽，真正使"黑马变为千里马"，县里针对旅游业存在问题，打出了一系列"组合拳"：以服务管理提升年活动为切入点，提出了"沂山、沂水、宜居、宜人"的主题口号和"五个一样"的目标要求；加大投入，提升旅游主打景点内涵和品质；加快资源整合，严格行业自律，整顿旅游市场秩序，把沂水作为一个大景区来构建，"沂水旅游模式"有了深化和提升。沂水先后被评为"中国优秀旅游目的地"、"山东省十大（特色）产业集群"、"山东县域旅游品牌十强县"、"山东最具竞争力旅游强县"等荣誉称号。2011年全县旅游项目规划投入9.58亿元，截至5月底已投入2.04亿元；全县各景区共接待游客185万人次，实现旅游总收入16.2亿元。目前，全县AA级以上旅游景区达到11家，其中AAAA级6家；建成星级宾馆、餐馆12家。

任务结论

通过对旅游经济发展战略的原则认识，以便进一步把握原则，结合旅游经济发展趋势，对比旅游经济发展观，分析其影响因素，规避风险，更好的制定旅游经济发展战略方案。

项目二　旅游经济发展模式的设计

任务一　开展旅游经济发展模式的调查

任务描述

广西北海银滩东起北海半岛大冠沙，西至冠头岭的大墩海，绵延24公里，其面积超过北戴河、青岛、大连、烟台、厦门海滨浴场的面积的总和。这里的沙子不含泥，纯净度极其高，沙子洁白如雪，细腻如脂，松软如棉。阳光下，一望无际的沙滩，银光闪闪，与蔚蓝的大海交汇在一起，构成一幅奇特瑰丽的图景，美不胜收。

银滩的空气新鲜宜人，人们形容这里的空气可以罐装出口，是疗养休闲的好地方；

银滩的海水碧清蔚蓝，海水水质各项指标均达到一级〔优质〕。概而言之，银滩具有“滩长平，沙细白，水温静，浪柔软，无鲨鱼”是北海银滩最大的特点，是我国南方不可多得的理想海滨浴场和海上运动场所。在中国素以“天下第一滩”而闻名。

海南三亚亚龙湾是海南最南端的一个半月形海湾，全长约7.5公里，是海南名景之一。亚龙湾沙滩绵延7公里且平缓宽阔，浅海区宽达50～60米。沙粒洁白细软，海水澄澈晶莹，而且蔚蓝。能见度7～9米。海底世界资源丰富，有珊瑚礁、各种热带鱼、名贵贝类等。年平均气温25.5℃，海水温度22～25.1℃，终年可游泳，被誉为“天下第一湾”。

如今，亚龙湾已经美名远扬，并成为国内外知名的旅游品牌。在国内，选择亚龙湾度假已是一种时尚，这里如诗如画的自然风光、舒适完善的旅游度假设施和独具特色的旅游项目已成为旅游者向往的度假天堂！

广西北海银滩和海南三亚亚龙湾同为国家级旅游度假区，两者自然资源相仿，地理位置相近，旅游发展战略相同，都是打造滨海休闲旅游度假区，但两者旅游经济产值和旅游品牌效益相差较大，分析其原因？

任务实施

不同地方由于旅游业地位、资源质量、客源市场、区位环境等方面的情况不同，在旅游经济发展过程中需要考虑自身现状及优势，选择不同特色的地方旅游经济发展模式。基本上旅游经济发展模式分为以下四种主要模式：

1. 政府主导模式

政府主导模式是指政府通过强效的行政干预管理，在旅游经济发展中对资源开发建设、产品宣传营销、行业规范管理等方面进行全方位的宏观调控。这种模式的优势表现在地方旅游开发初期政府对当地旅游业发展的支持和投入有效缓解了资金不足的问题，保证旅游资源开发、基础设施建设的顺利进行。保障旅游业在较短时间内的快速增长以及产业规模的初步形成。但是，地方旅游业发展达到一定规模水平后，仅仅依靠政府主导就会影响市场调节机制的有效运行，制约资源的合理优化配置，可能造成投融资渠道过于狭窄，阻碍旅游开发进度，不能充分调动市场主体参与竞争的主动积极性。

河南栾川模式作为政府主导模式的典型代表，发展旅游业的优势表现在政府统筹主导、资源特色明显、市场营销有力。栾川模式的成功经验能够为那些经济基础和区位环境都不具备优势条件的地方给予参考借鉴。

2. 市场运作模式

市场运作模式是指通过发挥市场机制调节作用，对地方优良资源进行招商开发建设，以此带动地方旅游业的快速发展。通过转让企业经营权，吸纳民营资本参与投资开发，激发旅游企业参与竞争的主动性和积极性。这种以内资吸引外资，外引内联的旅游投资模式，提高了旅游经济发展的市场化程度。这种模式的优势表现在积极吸纳民营资本投入，有效解决发展中资金不足，激活市场主体的竞争参与性。然而完全依赖市场调节作用存在局限性，主要是市场经济的无序性、自发性和事后性决定的。政府仍然需要发挥必要的监督管理职能来规范市场秩序，防范投资者的各种短视经营行为，积极保护资源与环境质量。

江西婺源模式作为市场运作模式的典型代表，其发展旅游的优势在于灵活运用市场手段，以乡村旅游资源作为特色。其成功经验是秉持“放手民营、多元投入”的经营思想，积极广泛吸纳社会资本。例如，婺源旅游集团公司的民营股份占了绝大多数，国有股份仅占27%。采用多种投资方式促成了企业、政府和社会资本合力发展旅游业。

3. 资源优势模式

资源优势模式是指依赖于具有特色、品位较高的旅游资源优势，以资源强烈的吸引力推动县域旅游经济的较快增长。这种模式要求旅游资源具有较高质量品级，需要根据自身资源特色进行准确定位，整合资源开发配套的旅游产品，这样才能在激烈的市场竞争中拥有相对竞争优势。但是，旅游资源的吸引力不具有永久性，随着游客经验的丰富以及消费趋势的变化，即便是高质量的旅游资源也需要进一步改进，培育开发新的旅游产品，强化长久性的吸引力。

四川九寨沟模式作为资源优势模式的典型代表，其发展旅游业的优势条件在于优质独特的资源条件产生了强烈的市场需求。九寨沟进行旅游开发过程中对资源保护极为重视，当地政府明确永续开发利用资源，以保护为前提进行开发建设。在缓冲区保留藏族村寨，实行沟内游和沟外住相结合。

4. 产业协作模式

产业协作模式是指地方最初依靠第一、第二产业的优势力量发展旅游经济培育区域特色，经过一段时间的资金积累之后，地方旅游经济达到一定规模水平，再转而以其他产业基础条件带动旅游业为龙头的第三产业发展，实现其他产业与旅游业优势互补，三大产业间优化互动的特色发展道路。

福建永安模式作为产业协作模式的典型代表，发展旅游业的优势条件在于依靠工业发展积累了较为雄厚经济基础，加上稳定农业经济的支持，经济发展达到一定规模水平后，逐步提高第三产业在经济发展中所占比例，进一步优化和调整产业结构，以保障经济持续增长。第一、第二产业给旅游业为龙头的第三产业发展提供足够资金资源支持，而旅游业发展又促进带动了相关产业的发展。

任务分析

旅游经济发展的四种基本模式呈现出动态的变化发展，表现出以下发展趋势：

1. 资源导向弱化，品牌意识增强

从旅游经济不同模式的发展现状来看，不同地方都较为重视优势资源的选择和开发建设，将其作为吸引游客的核心力量。但是，由于具有垄断性的旅游资源数量有限，资源吸引力可能会逐渐减弱，将更加重视塑造具有独特魅力的旅游品牌形象，使自身能够从众多地方中脱颖而出，增强竞争实力。

2. 模式动态变化，呈现多样类型

由于经济基础、资源条件、政府行为及市场运作等方面存在着不同现状及特色，因而不同地方会根据自身发展实际选择不同的旅游经济发展路径、模式呈现出多样性的特点。随着市场需求的不断变化，旅游经济模式不会一成不变，而是表现出动态变化趋势。

3. 注重质量提升，相互融合借鉴

目前，旅游经济发展大多数仍然处于数量扩张阶段，随着今后旅游业逐步实现产业转型和调整，旅游发展会更加注重质量的提升。各地方通过主动思考自身旅游经济模式的不足之处，积极借鉴其他成功模式经验，实现不同模式之间的相互融合借鉴。

明晰旅游经济发展模式的不同类型，深入梳理总结了旅游经济发展四种基本模式的优势及不足以及这些模式所表现出的发展趋势，期望根据各地实际情况，能够摸索建立符合自身发展需要的旅游经济发展模式。广西北海银滩在旅游经济发展模式选择上走了一段弯路，十几年前在政府主导下大搞房产旅游，没有切合实际，把握好旅游经济发展模式的趋势，找出符合自身发展需要的旅游经济发展模式。

任务二 设计旅游经济发展模式的方案

任务描述

太平湖位于黄山市黄山区境内，是黄山旅游区的重点风景区之一，位于合肥至黄山黄金旅游线上，距市府屯溪143公里，介于黄山、九华山之间，北距佛教圣地九华山南大门30公里，南距国之瑰宝黄山北大门30公里，地理位置十分优越。太平湖旅游资源位置十分优越。太平湖旅游资源丰富，湖光山色得天独厚，湖水清澈碧透，青山起伏连绵，水风姿绰约，岛屿散落如珠，被誉为“黄山情侣”、“中华翡翠”、“世界明珠”、“东方日内瓦湖”。

太平湖四周青山环抱，翠岗连绵；湖内秀岛错落，星星点点，犹如繁星点缀。在全湖控制流域面积达2 800平方公里的范围内，覆盖着松、柏、檀等上百种树木，郁郁葱葱、鸟语花香，加之湖区内无工业污染源，无泥沙淤积，故山绿树绿水绿，湖水澄碧幽深，清澈如镜，水天相接，翠绿相映，兼有西湖的妩媚、太湖的坦荡、漓江的秀丽、三峡的神奇，是一块未经雕琢的绿色翡翠。游人盛赞：“天池无此亲切，太湖无此幽深，三峡无此青翠，漓江无此烟云，富春无此高寒，西子无此胸襟，乾隆无此眼福，江南无此水程”。

太平湖靠近著名风景区黄山，又紧挨长三角旅游客源地，旅游资源也相当丰富，可谓自然禀赋优越，但旅游经济发展与千岛湖相比却较落后，试想其原因，与旅游经济发展模式的选择是否有关？

任务实施

旅游经济发展模式的形成和确立受到多种因素的影响，通过对比分析筛选出六个最为重要的影响因素。

1. 经济基础

经济基础是否雄厚以及经济发展速度的快慢直接影响到旅游业发展的规模与水平，经济条件较好的地方发展旅游业具有充实的资金基础，能够促进旅游业快速发展。在旅游经济发展初期，经济基础雄厚可以较好地解决发展所需的大量资金，同时为进一步开发奠定了经济条件。

2. 政府行为

政府对旅游业所起的宏观调控作用非常重要。由于各地经济水平和发展状况的差异，政府在旅游开发中扮演的角色不同。有些政府成为旅游业发展的主导力量，推进旅游业全面发展；有些则作为服务者，负责协调旅游开发中市场主体的经营管理行为。

3. 市场需求

市场需求是指游客在多个旅游目的地，多种旅游产品及服务之间做出选择，对某个旅游目的地产品和服务的选择意愿及购买水平。旅游开发首先需要了解游客需求，采取策略吸引客源市场，最终形成竞争优势。

4. 资源禀赋

资源禀赋是指经过开发建设能够为旅游业发展所利用的一切资源表现形式。旅游资源是其中最为重要的部分，凡是能够对旅游者构成吸引力的一切客观事物均是旅游资源。它反映了不同地域的旅游特色，构成对旅游者的核心吸引力。旅游业的竞争性还表现在拥有人力资源的数量和质量，旅游业的持续发展需要多方面人才提供智力支持。

5. 企业运作

旅游企业是指直接为游客提供所需的产品及服务，自主经营自负盈亏的企业法人。旅游企业参与市场竞争的强弱，经营管理水平高低直接影响游客对旅游服务质量的感受评价，从而决定旅游业发展的规模和质量。

6. 区位环境

区位环境是指县域地区与周边地区相比所处的相对地理位置以及县域地区与周边地区所表现的竞合关系。它影响到距离中心城市和客源市场的远近以及客源市场距离目的地的交通便捷程度。

任务分析

结合六个影响因素，对太平湖和千岛湖所采用旅游经济发展模式进行对比分析。如下表：

	太平湖	千岛湖
经济基础	位于黄山市，黄山市 2011 年国内生产总值为 346.42 亿元	位于杭州市，杭州市 2011 年国内生产总值为 7 011.8 亿元
政府行为	政府支持，但相对较晚	政府支持
市场需求	长三角	全国
资源禀赋	水、岛、森林、气候等等资源非常适合旅游开发，但景区面积相对较小	水、岛、森林、气候等等资源非常适合旅游开发
企业运作	政府开发为主	民营企业参与较多，多企业化运作
区位环境	交通便利，但各种交通设施建成较晚，且位于两山之间	交通便利，紧靠杭州、上海等大城市

相关知识

近几年来，爱尔兰旅游业发展迅速，现已成为该国的支柱产业之一。爱尔兰吸引游客有三“宝”：一是优美的自然风光和优越的气候与环境；二是人民的真诚友好；三是生活的和平与安宁。

爱尔兰素有“翡翠岛国”之称，首都都柏林是游客的重要目的地。该城与英国威尔士隔海相望，有着悠久的文化历史。许多名人都曾在这里居住过或出生于此，如诺贝尔奖获得者叶芝、萧伯纳、贝克特和希尼，文学大师乔伊斯和王尔德，曾在滑铁卢大败拿破仑的威灵顿公爵等，他们的居所自然成为游客拜访的对象。

从1989年以来，爱尔兰政府和欧盟向旅游基础设施建设的投入已达40亿欧元，同时，爱尔兰和英国政府还合作对整个爱尔兰岛的旅游市场进行国际推销工作。在促进旅游方面，十多年来政府对修建旅游设施施行优惠政策，推动旅游设施不断完善，特别是旅馆如雨后春笋大量增加。仅在都柏林，上档次的饭店就从十几年前的十几家增加到2002年的120多家，有些政府部门的原办公地点，如原劳动部大楼，以及与名人有关的房舍，如威灵顿小时居住的楼房，都改建成饭店。全国大大小小的旅馆在800家左右。

另外，爱尔兰的旅游服务人员也比较专业。爱尔兰的许多大学都开设了旅游专业或培训课程，包括旅游管理、酒店经营、市场营销、娱乐业管理、旅游经济以及旅游理论等等，为旅游行业的健康发展和完善服务提供了坚实的人力资源基础。

利用品牌效应是爱尔兰吸引游客的重要手段之一。尽人皆知的《吉尼斯世界纪录大全》就起源于都柏林的吉尼斯啤酒。该书由生产这一品牌啤酒的吉尼斯公司于1955年开始出版。现在，吉尼斯啤酒厂已成为爱尔兰吸引游客的一个品牌，品尝吉尼斯啤酒和参观啤酒生产老厂是其重要旅游项目之一。在老厂址通过影像和实物对吉尼斯啤酒的历史典故、制作工艺、运输和贸易，从木桶到石制品再到玻璃等容器的历史变迁等，集中生动的展示满足了游客们的巨大好奇。而主楼7层360度的玻璃墙壁观光大厅，可让游客们一面品尝着吉尼斯黑啤酒，一面俯瞰都柏林的整个城市风貌。

此外，旅游部门还想出各种促销手段。都柏林环城主要景点的双层观光游览车上配有导游解说，循环往复昼夜不断，游客持一张日票，可随上随下，极为方便。对于丘陵矮山地带的远足游客，旅游部门还提供行李接力服务，游客只需按照自己选定的路线一路走去，晚上到达下一站旅馆时，行李已自有人送到。

到2002年，爱尔兰吸引的外国游客已连续3年超过600万。他乐观地预计，几年之后旅游业每年对国民经济的贡献率将从现在4.5%左右再有所上升。爱尔兰政府9月中旬公布了《旅游政策研究》，规划了今后的旅游战略，将从以吸引英美游客为主，向以欧洲大陆游客为重心转变，并将在回报潜力比较大的亚洲地区加大旅游推介力度。

课外阅读

案例　山东乳山银滩旅游地产的发展模式

乳山银滩的地产市场已经红火了5个年头，在全国的影响还在不断扩大。透过现象看本质，我们会发现，银滩没有拘泥于旅游地产的既定发展模式，而是合理利用自然资源，坚持自己的特色，发挥市场的活跃机制，严格控制发展节奏，同时，加大基础设施投入，蓄水养鱼，协调发展，有效保证了地产和旅游的双丰收。

（一）打造人居工程

威海在2003年被联合国评定为“最佳人居”城市，也是中国唯一获此殊荣的城市，而银滩更是威海市人居环境的佼佼者，同时也是国家AAAA级旅游旅游度假村，年进区游客达50多万人次。银滩的房地产市场正是利用了度假区“最佳人居”的内在价值而发展起来的。相对于其他旅游地产，银滩更注重人居环境的建设。他们深知要想让购房置业者留得住，就必须让银滩具备更多的生活设施和更好的生活条件。为此，银滩旅游度假区先后投资12亿元人民币对区内的水、电、路、暖、通讯等基础设施进行了改造，全面达到了七通一平。一是投资2亿元人民币建设了银滩热力厂，到2006年底已经能够全面满足区内的热气供应；二是投资4 500万元建设了高标准的区内生态化污水处理系统，对污水进行处理后所产生的中水达到了国家一级B标准，目前日处理污水量在150吨左右；三是加强了区内的社会配套建设。银滩医院、银滩康复中心等保健设施也全面启用。此外，银滩高中、银滩初中、银滩小学等教育配套建设都已经投入使用；四是加强了区内的服务配套设施，多家超市已经对外营业或正在进一步建设中。

为全面打造建设滨海精品新城区，完善银滩的城市功能，银滩管委投资20多万元聘请中国石油天然气华东勘察设计院对沿海13个村进行了旧村改造规划设计，以全面建设社会主义新农村建设。同时，全国最大的老年公寓——百合老年公寓建设项目经乳山市发改局批复同意，于2006年11月开工。这个项目的开工建设，更加彰显了银滩适合居住的价值。另外，山东外事翻译学院威海校区作为银滩旅游度假区内的高等级大学已经于2004年落成招生，为银滩添加了更多的学术格调。在近几年的发展过程中，银滩通过营造出以人为本的绿荫环境，发展多元化经济，引进大型的会展等方式保证了一定数量的常住人口。在选择行业进入的时候，坚持所引进的企业和项目既能促进银滩经济的发展又不能违背于旅游度假区的定位宗旨，紧紧围绕大人文环境建设，坚持科学化、合理化发展，使银滩逐步成为更加适宜居住的人间天堂。

（二）打好旅游牌

为了全面展示银滩的美，特别是大海的美丽壮观，银滩管委对5 600多亩沙滩进行了全面规划开发，聘请专家对沙滩进行了总体规划，针对海沙堆积有碍观海视线的实际，银滩管委把南部沙滩全部推平，栽植了各种观赏树木，这样走在银滩的银海路上，坐在车里就可欣赏到银滩美丽蔚蓝的大海；在此基础上，银滩管委还投资1 300万元修建了银滩广场，为银滩的美增添了又一道风景。

20公里的海滩是银滩旅游度假的金字招牌，但如果仅靠沙滩来维系银滩的旅游，则远远不能满足游人不断发展的需要。为了使旅游地产和经济发展相得益彰，银滩在保障开发商利益的前提下，优先选择旅游项目、旅游产业来开发运作，为他们提供更多的优惠发展政策。同时加大配套设施建设的力度，为这些项目尽可能多地提供便利。对新申报的投资项目坚持综合考察，科学评定，严格把握有利于促进长远发展的原则。部分项目即使在短期内对银滩的发展极为有利，但如果从长远来看将有损于银滩旅游度假区的生态环境以及和谐发展，那么就坚决放弃。

随着乳山市新一轮城市规划的全面实施，打造建设滨海精品新城区和胶东半岛的旅游目的地已经成为银滩旅游度假区的发展方向和目标。在发展的进程中，为提升整个银滩的旅游内涵，丰富旅游活动，银滩着重抓了旅游大项目的引进和建设。在规划上，主要构筑了以东方如意国际城、福如东海文化园等为主体的海上旅游和以堕崮山、威茗茶园等为主体的山上旅游大框架，形成了南北呼应、山海相连、多点布局的区域旅游格局。特别是近两年开展的“渔家乐”、“茶园采摘”、“夜宿渔家炕，泛舟吃海鲜”等旅游大项目取得了突破性进展，极大地丰富了银滩的特色旅游活动，为银滩大旅游业的发展奠定了坚实的基础。如果说旅游地产是银滩要倾力培育的“大鱼”，那么好的旅游环境就是养鱼的一汪活水。有了旅游度假区内优美的自然环境和配套的基础设施这汪活水，全国各地的异地置业者才会纷至沓来，推动了地产业的健康发展。

（三）打造放心工程

作为异地购房者，在下决心购买房产之前，最关心的是房产项目土地的合法性及销售行为的合法性，谁都不愿意自己的血汗钱被无良开发商骗走。在20公里长的工地上，哪怕只有一个人被骗，或者有一个农民因被违规占地引发纠纷，影响就会波及每一个有意向的购房者。作为银滩的监管方，面对分散于全国各地甚至是海外的购房者，他们经营城市最重要的王牌就是规范立市，取信于业主。为避免开发商一哄而上、只重数量不顾质量，乳山着重抓好规划审批环节，控制发展节奏。2004年，银滩的楼盘销售异常火爆，已建成的楼盘纷纷销售告罄，甚至好多楼盘刚动工就已名花有主。而恰在此时，乳山对银滩的房地产开发来了个点刹车，不仅对待开发的地段严格控制，就是对批准在建的项目，开发要求也相当苛刻：土地容积率不超过0.7%，绿化率不低于50%，严格把关，决不松口。在寸土寸金的银滩，这意味着单位土地上可盖的房子少了，白花花的银子丢了。但政府是清醒的，银滩的滨海好地是稀缺资源，每一处楼盘都必须打造成精品工程，唯如此，才能保证业主的利益，同时也保证银滩的长远发展。为此，乳山投入巨资高起点规划设计和配套基础设施，甚至对每个小区、楼盘都严审图纸，确保每个小区都是一个景区，每座建筑都是一个景点。正因如此，几乎每一个到过银滩的人，都会在陶醉于自然风光的同时，也被每一座花园般的小区深深吸引，期待着在银滩安家落户。

任务结论

在当今的旅游经济发展中，旅游经济发展模式日益显示出它的重要性，起到吸引游客、改变旅游观念，起到促进旅游经济更好发展的功用。在设计旅游经济发展模式中，经济基础、区位环境等都是不可或缺的因素，应充分考虑，再进行系统的模式调查，分析对比各个模式的优缺点，进而设计更适合的方案。

课堂训练与测评

通过对自己家乡旅游资源的认知，分析并设计一个旅游经济发展模式的方案。